本书出版经费受到绍兴市社科特色智库—绍兴市越商研究院(周鸿勇教授负责)与绍兴文理学院院士工作站补助经费(冯根尧教授负责)支持。

绍兴市社科特色智库成果

新民营企业：战略管理创新、公司治理提升与法律风险控制

袁建伟　魏柏峰　王宇建

张　恬　吴利芬　著

浙江工商大学出版社
ZHEJIANG GONGSHANG UNIVERSITY PRESS
·杭州·

图书在版编目(CIP)数据

新民营企业:战略管理创新、公司治理提升与法律
风险控制 / 袁建伟等著. —杭州:浙江工商大学出版
社,2022.10

ISBN 978-7-5178-5111-0

Ⅰ. ①新… Ⅱ. ①袁… Ⅲ. ①民营企业—企业管理—
研究—中国②民营企业—企业法—研究—中国 Ⅳ.
①F279.245②D922.291.914

中国版本图书馆 CIP 数据核字(2022)第 166058 号

新民营企业:战略管理创新、公司治理提升与法律风险控制

XIN MINYING QIYE: ZHANLUE GUANLI CHUANGXIN、GONGSI ZHILI TISHENG YU FALV
FENGXIAN KONGZHI

袁建伟　魏柏峰　王宇建　张　恬　吴利芬 著

责任编辑	唐　红
责任校对	李远东
封面设计	王　辉
责任印制	包建辉
出版发行	浙江工商大学出版社
	(杭州市教工路198号　邮政编码310012)
	(E-mail:zjgsupress@163.com)
	(网址:http://www.zjgsupress.com)
	电话:0571-88904980,88831806(传真)
排　版	杭州朝曦图文设计有限公司
印　刷	杭州宏雅印刷有限公司
开　本	710mm×1000mm　1/16
印　张	23.75
字　数	340千
版 印 次	2022年10月第1版　2022年10月第1次印刷
书　号	ISBN 978-7-5178-5111-0
定　价	78.00元

目　录

Contents

第一章

新民营企业商业模式创新

一、战略引领篇

(一)不确定时代已来,危机孕育卓越企业

2020年"黑天鹅"满天飞,新冠肺炎疫情暴发并扩散至全球,全球经济陷入危机。例如:石油输出国组织(欧佩克)和俄罗斯检查协议谈判破裂,WTI出现"负油价";中美加速脱钩,从贸易摩擦升级到科技、军事、政治领域的多维度对抗;美股10天4次熔断,让股神巴菲特"我活了89岁,也没见过这个场面"迅速成了网红金句……这些事件看似出现的概率很小,可是一旦出现就会产生极大的冲击性。频发的"黑天鹅"事件使不确定性成为这个时代的新常态,也让应对不确定性成为摆在每个企业面前最棘手的挑战。

面对不确定性带来的极大冲击,有些企业走上了机会主义的冒险之路,如瑞幸、康美药业等昔日明星企业在2020年上半年陨落;有些企业举棋不定、徘徊彷徨而错失转型升级的重大机遇;也有些企业贸然进入一个新的赛道,因方向偏差或资源能力准备不足而蒙受重大损失……

纵观历史长河,每一次危机都伴随着重要的机遇。每一次危机都诞生了一批优秀的企业和企业家!比如我们熟知的全球科技巨头微软(1975)是在美国1973年"石油危机"时期建立发展起来的,Google(1998)和Salesforce(1999)是在2000年互联网泡沫破裂之前成立的。2008年美国次贷危机爆发,彼时"钢铁侠"马斯克卖掉了PayPal,并将全部资产投入特斯拉和

SpaceX 中——这在当时看来是一笔非常"不靠谱"的投资。在中国，类似的情形也曾出现在 2003 年的非典时期，如阿里巴巴和京东都曾在非典时期陷入困境，但他们同时也抓住了电商这一特殊时期下的机遇。2003 年淘宝成立、2004 年京东上线，也是成就今天阿里和京东最为重要的时期。

　　身处不确定环境下的企业和企业家们应对不确定性的不二法门就是笃定和坚守商业长期主义，寻找长期不变的理念与战略架构来驾驭短期的变化，以相对恒定的理念和准则来应对高度的不确定性。苦练内功，保持战略耐心、信心和决心。通过研究大量逆势增长的企业，我们发现，"以客户为中心、以终局看布局"是长期主义者战略思维的关键。2020 年，几乎所有企业都受到疫情等事件的影响，但被美国极度打压的华为在 2020 年上半年的销售收入却达到了惊人的 4540 亿元，同比增长 13.1%，全年营收达到 8914 亿元，同比增长 3.8%。"以客户为中心，以奋斗者为本，长期坚持艰苦奋斗"是华为面对外部不确定性时唯一的内部确定性。同样，亚马逊创始人杰夫·贝佐斯经常被别人问道："在接下来的 10 年里，会有什么样的变化？"然而，贝佐斯觉得更重要的问题是："在接下来的 10 年里，什么是不变的？"贝佐斯说："在零售业，我知道客户想要低价，这一点未来 10 年不会变，他们想要更快捷的配送，他们想要更多的选择。"在不确定环境下，"确定"唯一真实可靠的来源是顾客——顾客不变的是希望购买到更丰富、更便利和更便宜的产品。因此，在过去的 20 年里，贝佐斯的亚马逊战略非常清晰——为客户提供无限的选择、顶级的购物体验和最低的价格。

（二）用"飞轮模型"讲好公司的增长故事

　　战略就是讲故事。小米手机创始人雷军先生直言不讳地要求创业者要学会讲故事："我觉得你要能把故事给我说明白了，你就可以从我口袋里面拿到钱。"

　　战略故事就是将一连串战略目标和战略行动以某种因果顺序串联起来的生动表述，其核心是"逻辑清晰的因果关系"。当然，这种逻辑清晰的因果关系并不像侦探小说那样充满冷冰冰的理性思考，而必须渗透情感，将自己的激情和洞察力相融合,将盈利的前景和使命的意义有效平衡,将严格的理性逻辑与朴素的常识高度融合,将WHY(为什么做,机遇和意义何在)、WHAT(我们给什么样的顾客提供什么样的价值)和HOW(我们在这项业务中如何赚钱)完美连接在一起。

1. 杰夫·贝佐斯的战略故事和亚马逊"飞轮模型"

让我们听一下亚马逊创始人杰夫·贝佐斯在创业之初所讲的战略故事。

在简陋的车库中,创始人贝佐斯将创业战略写在了一张餐巾纸上。从1995年至今,亚马逊一直遵循着这张餐巾纸上所写下的策略:我们意识到,WWW过去是、现在仍是World Wide Wait。因此,我们便想为客户提供某种他们以任何其他方式、在任何地方都无法得到的购物体验(WHY)……我们坚持关注购物体验的改善,我们大大降低了价格,进一步提高客户价值(WHAT)。这么一来,我们的网站访问量就会增加。只有我们成为拥有大量访问者的网站,才能吸引更多的书商。这样的话,我们网站的商品种类就将得到进一步扩充,进而充实了客户体验,提高网站的访问量(HOW)。

贝佐斯战略故事的背后逻辑是亚马逊"飞轮模型",这也是亚马逊成功的秘密武器,如图1-1所示。

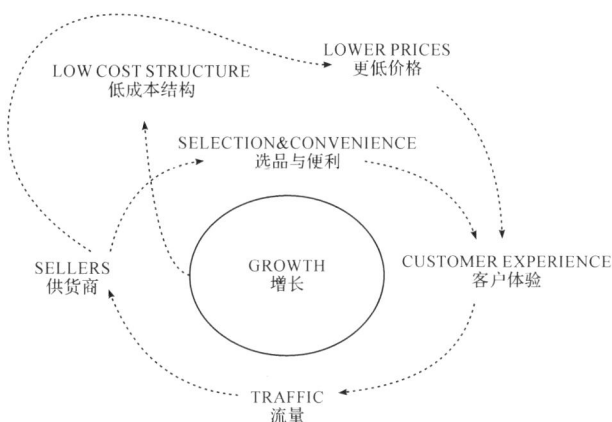

图1-1　亚马逊"飞轮模型"

2. 如何构建飞轮

构建飞轮主要有以下几个基本步骤：

第一步，列举出你的企业已经实现的、重大的、可复制的成功，包括远超预期的创举和新产品。

第二步，列举出你的企业经历过的失败，包括公司那些远没达到预期或彻底失败的举措和产品。

第三步，对比成功与失败的案例，并思考"从这些经验与教训中我们能发现哪些可以组成飞轮的构件"。

第四步，利用你发现的飞轮构件（4—6个），草拟出一个飞轮。首先要确定飞轮始于何处，也就是飞轮循环转动中最重要的部分；再构思接下来依次是什么，你必须能解释构件之间的逻辑顺序，并据此描绘出回归循环到顶部的路径；最后，你还必须能解释清楚这个闭环是如何自驱加速的。

第五步，如果构件超过6个，飞轮就会过于复杂；要通过巩固并简化构件才能抓住飞轮的本质。

第六步，用你的成功清单和失败清单检验飞轮，你的实践经验是否可以验证它？你需要不断地调整飞轮结构，直到它既能将你最关键的、可复制的成功显而易见地呈现出来，也能将最重大的失败和最明显的痛点清晰地暴露出来。

第七步，根据刺猬理论（三环理论）来检验飞轮。这一理论其实是一个简单、透彻的概念，它来自对以下三环交叉部分的深刻理解。

◎你对什么充满热情？

◎你能在什么方面占据优势？

◎是什么驱动你的经济引擎？

飞轮与你的热情是否匹配，尤其与企业的长期目标和核心理念是否匹配？飞轮是否建立在你达到顶尖水平的能力优势之上？飞轮能否驱动你的经济引擎？对于初创公司这类还没有找到自己飞轮构件的组织，可以通过借鉴其他组织现有的飞轮框架来快速构建自己的飞轮。

吉姆·根茨（Jim Gentes）依靠设计轻量化风洞自行车头盔而创立了

Giro Sport Design这一运动品牌公司,该设计相对于其他头盔来说更轻便也更符合空气动力学。佩戴Giro头盔,骑行者骑行时可以更快、更凉爽、更安全,同时还兼具时尚感和色彩感,而其他方方正正的头盔则会让骑行者看起来像20世纪50年代恐怖电影里来自外太空的怪物。将头盔首版模型带到长滩市自行车展之后,根茨带着8万美元的订单回到了他的小公寓,并开始在车库中批量制作头盔。

对于一个以车库为起点的创业公司而言,如何将单一的产品转化为一个可持续的飞轮呢? 根茨通过研究耐克,获得了一个重要发现:运动装备的社会影响力是分阶层的。比如,你让环法自行车赛冠军戴上你这款头盔,那非专业的自行车手也会想要佩戴你这款头盔,从而带来持续的影响力,并由此产生品牌效应。根茨将公司大部分资源用来赞助美国精英自行车运动员格雷格·勒蒙德(Greg LeMond)佩戴Giro头盔,此举恰恰验证了这一发现。在1989年环法自行车赛激烈的决赛中,在巴黎赛段,莱蒙德在最初落后50秒的情况下,最终以8秒的优势赢得了为期23天的巡回赛。在香榭丽舍大街的最后冲刺阶段,他戴的正是Giro头盔。一瞬间,佩戴Giro头盔成为专业骑行领域一件非常酷的事。

因此,创始人根茨将对耐克飞轮的发现与创造伟大产品的热情相融合,构建了自己的飞轮,并推动Giro头盔不断发展,远远超越了最初的那个小作坊。他的飞轮是:创造伟大的产品→让明星运动员使用它们→激励业余爱好者模仿他们的偶像→吸引大众消费者→随着越来越多的运动者使用这个产品,就可以建立品牌影响力。然后,为了保持"酷"这个元素,公司需要将高定价产生的利润和渠道节省的费用,用于生产明星运动员想要的下一代优秀产品。

(三)用三大经济学推演特斯拉市值进入全球前十

1. 特斯拉

(1)特斯拉进入全球前10市值公司排名

2020年,伴随着特斯拉股价的不断刷新,特斯拉总市值一度突破1850

亿美元。那么，特斯拉公司市值快速增长的原因是什么？特斯拉为何能进入全球市值前10？

对比1987年和2020年全球前10市值公司，可以发现，1987年全球市值前10的企业中，有能源行业2家、医药2家、汽车2家、科技2家、制造和烟草各1家。而2020年的全球前10市值公司中，互联网科技企业占据了9家，剩余1家为能源。以能源、医药、汽车为代表的工业经济时代的企业正逐步被移动互联时代的互联网科技企业所追赶和替代，如图1-2所示。

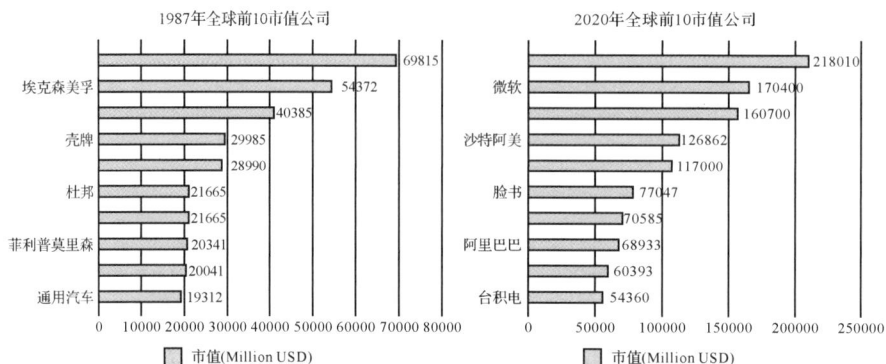

图1-2　1987年及2020年全球前10市值公司排名①

因为传统汽车制造商持续不断地追求规模经济效应和范围经济效应，而特斯拉正在努力发挥网络经济效应，且特斯拉的网络经济效应才刚刚开始，特斯拉卖得越多，其网络价值与节点数量平方成正比，开启指数级增长。

对特斯拉进入全球前10市值公司的预测，正是运用了三大战略经济学的底层逻辑和基本法则。所有企业的战略选择都源于这三大战略经济学，如图1-3所示。特斯拉运用"网络经济效应"来对抗"规模经济效应"和"范围经济效应"，以速度对抗规模，实现后来者居上。

---

① 数据来源：S&P100. Fortune 100. 截至2020年12月20日。

三大战略经济学	战略逻辑	代表企业
规模经济效应	·通过大规模生产提高生产效率，降低成本，甚至产生垄断来获得市场	Ford　Shell　tsmc
范围经济效应	·由厂商的范围而非规模带来的经济，它同时生产两种产品的费用低于生产每种产品所需成本的总和	GM　DUPONT　MERCK
网络经济效应	·随着用户数量的增加，所有用户都可能从网络规模的扩大中获得更大的价值，网络的价值呈指数级数增长	TESLA　aws　Alibaba Group 阿里巴巴集团

图1-3　三大战略经济学及代表企业

（2）特斯拉："网络经济"战胜"规模经济"和"范围经济"

2020年6月，特斯拉市值超越丰田，成为全球市值第一的汽车公司。而2019年，特斯拉的汽车销量远远落后于丰田汽车。到了2020年8月31日，特斯拉进入全球市值公司前10。

市值是将企业未来的利润按照一定的折现率进行折现而形成的现值，将当前情况与未来相结合，通过这个数值来反映企业的发展状况。市值反映了投资者对上市企业价值的认可程度和对未来经营状况的预期。

特斯拉在诞生的时候就确信：这个世界并不缺少一家新的汽车公司。重复其他汽车公司走过的老路对特斯拉创始人埃隆·马斯克来说毫无意义。在马斯克的设想中，特斯拉要生产的汽车应当拥有运动员般健美的外形和超快的速度，它要运用现代科技及新能源给车主带来前所未有的崭新体验，彰显非凡格调和独特品位。

从特斯拉的估值模型来分析，一方面，特斯拉所处的新能源汽车赛道未来10年将保持高速增长。据市场调研机构预测，至2030年，全球新能源汽车市场份额占比将达到三分之一，年销量将达到3110万辆。而我们从乐观角度预期，特斯拉能拿下全球电动汽车市场20%的占有率，对应全球销量为600万辆左右。

假设特斯拉未来单车平均售价为3万美元，净利润率为8%，则全年特斯拉汽车销售的净利润为144亿美元,对应目前的600亿美元市值,PE仍在40倍以上。

支撑特斯拉如此高估值的另一个重要原因是,传统汽车制造商卖出的每辆车都是一个"孤点",而特斯拉把"孤点"变成了"节点",特斯拉的每辆汽车和每个用户都是生态网络中的"节点"。网络价值发展遵循"梅特卡夫定律",即某一网络的价值与该网络联网的节点数(用户数)的平方成正比,用公式表述就是:$V=k×n^2$,其中 V 代表一个网络的价值,n 代表这个网络的节点数,K 代表价值系数。只有1名用户的网络是毫无价值的。随着用户数量的增加,所有用户都可能从网络规模的扩大中获得更大的价值,网络的价值呈几何级数增长。

未来消费者购车,买的不仅仅是汽车本身,还包括汽车的软件功能服务,包括自动驾驶、娱乐、联网等功能。特斯拉未来提供的不仅仅是新能源汽车硬件,也包含了软件及服务。以自动驾驶为例,特斯拉全产品线均支持基础自动驾驶功能(仅包括行驶车道内自动辅助实施转向、加速和制动),但解锁全部自动驾驶功能(包含自动泊车、自动辅助变道等功能)需要额外付6.4万元,并且该项功能每年的价格将持续增加;在车载娱乐系统方面,视频、音乐服务在未来收费均有一定可能。

就像苹果公司"硬件＋软件"的生态体系一样,相较于硬件(手机、电脑、手表)的一次性付费,软件的使用只要设备存储空间充足,理论上是无上限的。苹果可以通过用户在 App Store 安装软件进行抽成,对应边际成本几乎为零。仅2019年,中国 Apple Store 上的苹果抽成收入高达200亿美元,相当于5个富士康利润。

2. 其他汽车公司

1987—2020年,全球市值第一的汽车集团四易其主,分别是福特汽车、通用汽车、丰田汽车及特斯拉。汽车产业的发展史是个后来者居上的历史。

(1)福特汽车:单品成就大规模生产

1987年,全球市值第一的汽车集团是福特汽车。福特汽车的成功是典型的"规模经济效应",即通过大规模生产提高生产效率,降低成本,甚至形成垄断来获得市场。

就像亨利·福特的经典语录"我不管你们喜欢什么车,我只生产T型车;不管你们喜欢什么颜色,我的福特只有黑色",福特创造性地引入流水线工艺是工业经济时代开启大规模生产的标志。与之前制造汽车的小作坊不同,福特发明的流水线把汽车制造分解为上百个环节,大量工人在流水线上几分钟之内便可以完成自己的工序。福特在大规模生产提高工作效率的同时,也降低了生产成本。

在福特T型汽车诞生之前,轿车的价格就没低于2000美元/辆,而当时美国国民的平均年收入只有600美元。通过流水线生产的福特T型车价格颠覆性地降到850美元/辆,且T型汽车每年价格都会下调,到了1925年,其价格已经降到290美元/辆,这使汽车从奢侈品变成了普通消费品。从1908年T型车诞生到停产,一共销量1500万辆,巅峰时期T型车的产量甚至占据了世界汽车总产量的56.6%。

(2)通用汽车:"范围经济"对抗"规模经济"

1988年,通用汽车替代福特汽车成为全球市值最高的汽车集团。通用汽车的成功是典型的"范围经济效应",即由厂商的范围而非规模带来的经济效益,它同时生产两种产品的费用低于分别生产每种产品所需成本的总和。

随着低端市场的饱和,人们不再喜欢千篇一律的福特T型车。1921年,通用汽车公司的规模比福特公司小得多,通用汽车公司拥有8个汽车品牌及10条产品线,占据美国汽车市场12%的份额,但各产品线之间的竞争激烈且多个产品线亏损十分严重。时任通用汽车公司副总裁阿尔弗雷德·斯隆提出了新的产品策略,即"通用汽车的产品线应该系列化,应从整体角度妥善考虑产品线中各款汽车之间的相互关系",并提出了比较竞争优势的战略思想,即在市面上较低价格档次的汽车中,通用汽车的价格最高、性能也最优异;但与高一个档次的汽车相比,这款通用汽车又是最便宜、配置最简单的。因此,低收入顾客只要稍微多花一点钱,就能拥有一辆外观和性能都远优于福特T型车的雪佛兰。

在斯隆的理念指导下，雪佛兰、别克和凯迪拉克这3个品牌的汽车也呈现出明显的差异化，甚至可以通过住宅区门前停放的通用汽车品牌来判断住户的类型：普通人开雪佛兰，工头开庞蒂亚克，经理人开别克，而首席执行官开凯迪拉克。

通用汽车通过产品多样化来满足不同消费者的需求，同时通过各品牌共享兼容平台、动力系统及营销资源等，实现了规模化增长及利润最大化。

（3）丰田汽车：融合"规模经济"及"范围经济"

2007年，丰田汽车打败通用汽车成为全球市值最高的汽车集团。丰田不但借鉴了福特公司"降低成本"的思想，而且吸纳了通用公司"多品种小批量生产"的理念。

丰田公司制造汽车时，日本的汽车市场一大半是通用汽车和福特汽车，且日本购买汽车的人数完全无法与美国相比，美国是只要汽车生产出来就能马上卖出去，而日本开始生产汽车时刚刚战败，汽车的销售速度远不如美国。所以丰田无法通过大批量生产的方法来降低成本，如果为了降低成本而大批量生产，多余的产品就只能放在仓库里，这样就会产生库存成本，而且存放时间太长还会导致产品品质下降。

为了在少量生产的前提下尽可能地降低成本，丰田创始人丰田喜一郎提出了"JUST IN TIME"的生产方式。丰田生产方式推进过程大致如下：后工序自助取件（1948年），在发动机组装生产线上导入安灯（1950年），设定标准作业（1953年），导入看板方式（机械工厂1953年），装备工厂与车身工厂实现同步化后开始向所有工厂导入丰田生产方式（1960年），公司全面采用看板方式（1962年），缩短冲压工厂的准备时间（1962年）……伴随着丰田生产方式的推进，丰田公司在1951年实行"创意改善体感制度"，这是一项全员参与的改善提案制度。自该制度开展以来，丰田员工提出了超过5400万个改善方案。

丰田生产方式的本质是提高劳动生产效率及精益求精，从而成为保持全行业最高利润率的公司。

(四)战略推演的情境规划六步法

未来的不确定性难以预测,但情境规划使我们能够想象"未来时代"的可能情境,洞察产业终局、提早布局、顺势而为。利用情景分析来确认未来的新增长机遇,制订具有弹性的举措,并明确不同的未来对关键人才的要求。确保在最佳情境中保证最大收益,并能在最糟情境中将损失最小化。

利用情境规划通常会分为运用所处行业范围、明确驱动因素、筛选最大不确定性、运用2×2矩阵描述情境、预测情境发生概率及制定战略举措六步法。

第一步,定义所处行业范围:定义某个公司所处的市场/业务"池塘边界"。当某个业务定义为聚焦在某个"小池塘"时可能是条"大鱼",但是当定义到一个"大池塘"时可能就是条"小鱼",影响不同"池塘"的关键驱动因素及情境分析不同,同时要为情境定义时间框架,通常我们建议要"看清5年,看到10年"。

第二步,明确驱动因素:分析将来会影响公司的驱动因素,分析度可以从STEEPC的角度出发,即社会(Social)、科技(Technological)、经济(Economic)、环境(Enviromental)、政治(Political)、竞争格局(Competitive)。比如科技方面,5G作为新型移动通信技术,将会对智能制造、智慧农业、智慧城市、智慧能源等诸多领域产生深刻影响,诸多产业会受5G等技术带动实现智能化升级,更好地服务客户。突发的新冠肺炎疫情对人们的思维及生活方式产生巨大影响,更加速了传统产业的数字化转型。

第三步,筛选最大不确定性:从以上驱动因素中筛选出将会为您定义的"池塘界限"的两个最大不确定性。影响不同产业的最大不确定性各不相同。比如对农村信用社来说,最大的两个不确定因素分别是政策和金融科技,政策上体制机制的改革会影响公司未来的发展方向和业务范围,而金融科技将会影响公司业务模式及资源分配等。

第四步,运用2×2矩阵描述情境:将两个最大不确定因素分别定义两个极端后果,并将这些后果输入一个2×2的表格,按客观、中性、易记的原则为每一格定义情境名称。

第五步，预测情境发生概率：就该情境发生的可能性为每一格指定一个概率，4个概率相加应为100%。

第六步，制订战略举措：利用情境分析制订战略举措，通常可以分为无悔行动、大赌注和MVP（最小化可行性产品/模式）3类。无悔行动即无论哪种情境发生，都要无怨无悔地执行，这是打造公司持久竞争力的举措；大赌注即像赌博一样，当某个情境发生后，实施该举措给公司带来的价值和收益极大，但同时投入也较大，要承担一定的经营风险；MVP（最小化可行性产品/模式）就像测试一样，用最小的代价进行产品或模式的测试，边试边学，并不断调整方向。

情境规划六步法可以让一家企业重新定义战略举措。战略举措就像解放战争时期的辽沈、淮海和平津三大战役一样，往往是非打不可、条件艰巨，但又输不得，一旦打赢则会为企业带来真正的成就。战略举措的确定方法必须紧扣业务增长和组织能力建设，采用"重点、难点、变化点"的方式进行梳理。重点即企业面临的主要矛盾和矛盾的主要方面，如陷入业务增长困境企业的主要矛盾就是要实现增长。难点是指一定阶段内，战略举措所面临的重要障碍和挑战。变化点是指企业面临的业务环境变化越来越快，甚至有些变化是颠覆性的，企业需要在尽量短的时间内识别出变化的信号或指示物，确认微弱信号及其对战略举措的潜在影响。

（五）周黑鸭如何在逆势下实现破局增长

1. 中国卤制品及周黑鸭简介

卤制品在中国烹饪传统中拥有逾2000年的历史，是中国人喜爱的食品之一。周黑鸭是首家由销售未包装产品，完全成功转变为销售MAP产品的卤制品公司，是中国领先的休闲卤制品品牌及零售商。

2017—2019年3年间，在中国休闲卤制品行业年均实现14%复合增长率的前提下，曾经被誉为"鸭界BAT"之一的周黑鸭，却开始掉队了。2018—2019年，周黑鸭连续2年营业收入为负增长，且利润大幅下滑。

截至2019年底,周黑鸭门店数为1301家,而其直接竞争对手绝味的门店数已经超过10000家。周黑鸭长久以来采用的是在核心商圈/交通枢纽开直营店的商业模式,开店节奏缓慢的迹象在近两年愈发严重,又由于交通枢纽及高势能商圈的流量被其他零食产品竞争对手稀释,单店营收连续5年出现负增长。

为了应对以上挑战,周黑鸭开启了"第三次创业",开始制定"2020—2024年五年战略规划"。笔者作为战略顾问参与并见证了周黑鸭第三次创业历程。

通过"定战略、调组织、盘人才"三步走的核心策略,周黑鸭力求突破增长瓶颈,明确增长目标、增长策略及增长路径。如今,昔日"鸭界之王"的蜕变正在加速到来。

2. 周黑鸭的王者之困——企业一旦陷入增长停滞将极具破坏性,且停滞后想要"重新站起来"并非易事

一份关于《财富》100强企业的调研显示:87%的企业曾经遭遇过增长停滞,54%的企业在停滞出现后的10年内增长率较低或出现负增长,67%的企业在停滞发生后的15年内面临被收购或破产的窘境,仅有7%的企业在遭遇停滞之后能够起死回生。复兴并非毫无希望,但也是艰险无比的。

我们通过调研分析发现,周黑鸭出现增长停滞的主要原因如下:

(1)产品组合挑战

由于产品难以满足年轻消费者多元化口味的消费需求,占据销售额80%左右的前5大单品中有4个单品出现了销量下滑;加之新产品的开发规划缺乏系统科学的方法及流程,近3年推出的新产品未形成有效的增长动力。因此周黑鸭迫切需要在产品研发及组合上进行重大创新。

(2)渠道分销挑战

由于多年来坚持直营模式,周黑鸭渠道结构相对单一,未抓住拓展特许经营、便利店/商超等渠道快速增长的趋势;而直营门店迫于增长及产能压力导致开店速度过快,而销售额增速并未同步跟上,单店平均营收全面出现下滑,亏损门店比例增加。

（3）品牌营销挑战

由于缺乏针对目标消费者精准的营销主题，品牌投入更像是短暂的"强心剂"，未能有效促进销售，整合营销有待进一步加强。

（4）组织效率挑战

现有组织架构在统一化与差异化之间未能清晰定位，且存在产品管理、战略等关键职能弱化及缺失，部门之间的横向协同配合低效不畅等情况。

与此同时，部分休闲零食行业内的互联网新贵正在快速崛起。如三只松鼠、良品铺子等迅速突破年50亿元销售额大关。业界普遍预测，随着居民可支配消费收入的增加，以及年轻人口的崛起，休闲零食行业未来5年将形成超过2万亿元的市场规模，行业将进入发展快车道。而对于陷入增长停滞的周黑鸭来说，颇有几分"冰火两重天"的意味。

3. 周黑鸭的王者之心——做中国休闲零食品牌的长期领导者

经过公司中高层反复探讨，周黑鸭明确了企业发展愿景，即成为中国休闲零食品牌的长期领导者，并绘制了未来5年的战略蓝图。为了实现这一宏伟蓝图，周黑鸭明确了未来的三大转型方向，并制定了新的六大发展战略以支持公司的长远发展和企业变革，如图1-4所示。

图1-4　周黑鸭新的六大发展战略

（1）新思维：从产品导向到需求导向

○"鸭子"也可以不辣

周黑鸭诞生于20世纪90年代武汉电业村菜场支起的一个卤味摊。创始人周富裕通过反复试验,调制出了卤制秘方,制出的卤味颇受欢迎。在辣味的基础上,周黑鸭又加入了麻味、甜味,用甜味去中和口味。从此,周黑鸭便拥有了自己独特的产品口味,即以麻辣甜为主。这成为周黑鸭多年来一张独特的名片,一个独有口味的产品因为其稀缺性而获得了话语权。

"消费者对于某个产品是有记忆的,他们不一定忠于某个品牌,但是一定会忠于自己的味蕾。"独特口味是周黑鸭创业成功的关键要素,但也同样成为制约周黑鸭进一步创新发展、扩展全国市场的羁绊。

由于口味单一,周黑鸭的覆盖人群有限。研究显示,如今消费者的口味正在变得越来越多元化。线上零食 TOP 10 口味销售额已经从 2015 年的 70% 降至 2017 年的 60%;即便同样是辣味,也变得越来越丰富,从经典的麻辣、香辣扩展到泡椒味、藤椒味、甜辣等六七个口味。

2019 年下半年,曾经以"麻辣甜"独步天下的周黑鸭,为满足口味清淡区域消费者需求,终于推出不辣口味系列。在华南市场试行成功后,随即在全国市场推广并获得良好的市场反响。4 个库存量单位(SKU)在 2 个月的时间内销售额超过 5000 万元,占 2019 年收入的 4%;同时,丰富更多元的辣味,如针对四川推出藤椒味,在疫情期间贡献了 3% 左右的营收。这一系列新产品、新口味的推出,可谓是对周黑鸭过去产品的一场自我颠覆。"鸭子也可以不辣"的背后,得益于周黑鸭改变了过去以产品为导向的思维模式,转而以客户需求为导向,重新自我审视,重建了新产品研发体系,成功搭建了一个贯穿市场洞察、立项、研发、测试、营销的产品全生命周期管理流程。

○我懂你想要的

从周黑鸭全球吃货之旅,到"双十一"回家带上周黑鸭,再到女神节,周黑鸭推出的品牌营销活动十分丰富,紧跟节庆,往往能带来网络热度的提升。尽管有着强劲的品牌势能,却没有带来销售业绩的同期增长。过去周黑鸭的品牌营销动作更像是短暂的"强心剂",既缺乏话题性新产品,也缺乏营销主题的统一性与创新性。

为了应对上述挑战,周黑鸭成立了整合营销中心,并制定了全域整合营销的品牌建设策略。

如果说传统营销的目标是将产品和服务带给更多的客户，是以"产品"为核心的，那么整合营销传播（IMC）的目标则是针对特定目标客户量体裁衣，深耕小范围客户，并建立目标客户对品牌相对稳定、统一的印象，更侧重以"客户"为中心。周黑鸭通过对消费者更加细分及详细的认知调研，了解了各细分市场下消费者的真实需求，并据此来制定具有针对性的营销战略。

如今，针对年轻消费群体，周黑鸭的品牌营销开始持续发力。未来有望不断积累消费者数据，通过大数据分析实现消费者及产品标签化，并围绕消费者购买旅程进行精准营销。

从传统营销到整合营销，背后的本质是一场从产品到客户的思维变革。营销的起点是客户，而不是产品；营销人需要从首先思考企业"能做什么"，到首先思考"该做什么"。周黑鸭的整合营销之旅，已经在路上了。

（2）新通路：从自营门店到全渠道融合

○"人不能两次踏进同一条河流。"——古希腊哲学家赫拉克利特

周黑鸭的全直营模式，一直以来是其相较于同类型零售企业最为显著的特性。财务报表显示，2019年周黑鸭的1301家门店全部为直营门店。与之相比，绝味食品、煌上煌则以加盟门店为主，绝味主营收入中90%以上来自加盟门店。自2016年港股上市以来，周黑鸭股价高开低走，目前仅为绝味市值的三分之一。

周黑鸭坚持自营17年，自有其背后的故事。2006年周黑鸭曾经尝试过做加盟，但因加盟店售假而最终选择放弃。当发现加盟商发生以次充好等行为时，对于品控有着执着追求的创始人周富裕不得不把加盟门店收回来，甚至为此多花了30多万元。从那以后，为了做好长期品牌建设，周黑鸭一直坚持全自营模式，放弃了通过加盟的方式进行扩张。

然而，自2019年下半年，坚持自营的周黑鸭却选择再次踏入"加盟"这个"大池塘"。由于目前单一的自营门店渠道面临"规模不经济"及消化产能过剩的两难选择，只有推出特许经营模式才能缓解当下的产能困境。

直营的好处是能够稳健地把控产品品质，但是成本较高。2019年周黑鸭开直营店带来的销售费用占其营收比为35.5%，远高于特许经营模式下绝

味的销售费用占比8%。而特许经营策略有助于周黑鸭开拓新市场,提高现有市场密度,释放其品牌力和产品力优势。周黑鸭决定以坚守品质为前提,在现有直营模式基础上开放特许经营,将商业模式升级为"直营+特许经营"的复合模式。

如今,在经过多年的品牌建设积累的基础上,周黑鸭不仅能够向加盟商输出品牌,而且能够输出成熟的管理经验,并提供强大的供应链支撑。通过品牌、管理以及供应链的全方位赋能"特许经营",周黑鸭力求做到产品质量的稳定可靠。无论是直营还是加盟,都是周黑鸭品牌,品质始终如一。

"要冲数量太容易了,但我们的逻辑是一定要先保证质量,然后要保证特许商赚到钱。"CEO张宇晨表示。

自周黑鸭正式官宣招募特许经营合作伙伴以来,市场反响热烈。截至2020年9月,周黑鸭已收到近2万份特许申请,且已经累计开业300家加盟店。根据公司的目标数据,未来2年公司的特许经营店扩张速度会继续加快,新规划预计在3年内增设1500—2000家特许经营门店。

我们有理由相信,勇敢选择再入加盟"大坑"的周黑鸭,这一次,会打出一场漂亮的翻身仗。

〇想与不想,我已在那里

除了签约特许经营商之外,周黑鸭也在持续推动线上线下的全渠道融合。

如何吸引并满足各类消费者的消费需求,进一步多维度覆盖各种消费场景,提升周黑鸭品牌的可见性与便利性呢?

周黑鸭在全渠道融合方面迈出了大胆的步伐。通过进一步深化电商营销战略,积极开拓与线下便利店、商超的合作机会,并持续加大外卖力度等,周黑鸭对各种消费场景进行了持续打磨与优化,力求拓展更多消费者及消费场景的同时,给予消费者更好的体验。

如今,对于热爱周黑鸭的消费者而言,只要你想到,甚至尚未想到,都可以最便捷的方式与品牌零距离接触。

（3）新组织：从熵增到熵减

○为有源头活水来

战略方向大致正确，组织必须充满活力。——华为创始人任正非

万物发展的自然倾向是热力学第二定律的熵增。在一个相对封闭而未施加有效干预的环境中，企业的自然走向是熵增：组织懈怠、流程僵化、技术创新乏力以及业务固定守成。让组织始终充满活力与动力，是保障战略能够得到有效执行的基石。

近几年，周黑鸭的组织动力有所下降，存在整体架构缺乏规划、关键职能弱化缺失、部分职能边界不够清晰、职能协同有待加强等急需优化的地方。

周黑鸭过去矩阵式的组织架构，不再能满足转型后业务发展的需求。新的战略方向强调以客户为中心、构建创新产品体系、拓展客户渠道，进行整合营销，打造敏捷的供应链系统。因此，周黑鸭借鉴了互联网公司的通常做法，围绕以客户为中心，打造"前中后台"新型组织架构。

前台以绩效为导向，理解、洞察客户的需求和行为变化，并最终实现提升客户价值的职能。基于新的商业模式，周黑鸭新增了特许经营、便利商超、电商等业务部门。

中台主要发挥协同赋能作用，为前台业务运营和创新提供专业支持的共享平台。基于新的战略要求，周黑鸭在中台设置了创新研究中心、整合营销中心、供应链中心等，从研发、生产、供应链、营销等各项职能为前台部门不断输送炮火，提供强大的火力支撑。其中作为公司业务成长关键之一的产品创新，独立出来由董事长直接管控。

后台为组织提供管理支撑，承担为整个企业提供基础设施建设、服务支持与风险管控的职能。周黑鸭设置了财务中心、人力资源中心及战略发展中心等，支撑各部门以客户为中心的业务活动。

完成新的组织架构调整后的周黑鸭，各部门的战略职能和执行及协作能力均得到加强，并在引入平衡积分卡和关键绩效指标相结合的综合考评体系之后，进一步发展了以绩效为导向的人才激励计划。在未来的激励机

制中,周黑鸭将启动更符合上市公司运营的股权激励机制。2018年,周黑鸭回购了约3亿港元的股票,目标就是用于激励未来能出结果的人才。一番组织优化调整之后,激发组织活力的源头之水终于找到了。

○良将如潮的秘密

路线定了,干部就是决定组织能否打胜仗的决定因素。

创始人周富裕认为:"公司管理层的变动就像动物蜕皮,通过更加符合现阶段战略的人才体系,才能将周黑鸭提档升级,并推向下一个高度。"

周黑鸭新任行政总裁张宇晨于2019年5月加入,之前曾在宝洁工作13年,在消费品行业有20多年的从业经历,有着丰富的管理经验和出众的国际视野,他的加盟给周黑鸭组建新的管理团队,开启"第三次创业"提供了重要动能。

自2019年下半年起,周黑鸭与凯洛格紧密合作,启动了对全体中高级管理人员的多维度人才盘点,并从各个大区贯穿到一线人员,逐层逐级实现对所有员工的全方位评价。通过人才盘点结果辨识人才,输出人才地图,实现人岗匹配,真正将人力资源与战略贯穿在一起。在能力和学习层面,确认现有人才与组织未来发展的差异度,通过加强对核心人才系统化的培养、任命和赋能,充分实施人才竞争机制。

在人才引进的过程中,周黑鸭认为企业的内部精神必须高度统一,任何加入周黑鸭的员工必须高度认同周黑鸭的企业文化,与公司有相同的价值观。相同的价值观是企业的凝聚力所在。例如,周黑鸭秉承:革新自我、祖训传承、"食"字文化与"树根"文化。其中"食"字文化,把食字拆解开是"人"和"良"。周黑鸭相信,倘若引进的人才信奉利益多过于良心,企业的品牌声誉早晚会毁于一旦。

(六)"赋能式并购王者"丹纳赫实现长期增长的DBS系统

突如其来的新冠肺炎疫情为中国绝大多数行业及企业带来了严峻的挑战。调研显示,24%的企业全年营收会下滑20%—50%。疫情是考验中国每一位企业家及管理者战略管理能力的一把双刃剑,在重大战略决策上稍有不慎，就可能让公司掉入万劫不复之境；而优秀的公司通过出色的战略设计及苦练内功也会在疫情之下逆势成长。正如英特尔前总裁安迪·格鲁夫所说："坏公司遭到危机摧残，好公司挺过危机考验，卓越公司则因危机而更上一层楼。"

"他山之石，可以攻玉"——丹纳赫是一家全球领先的工业及医疗设备制造商，成立于1984年，成立至今丹纳赫给股东创造了超过700倍的回报，股价增长的速度甚至让苹果公司望尘莫及。解密丹纳赫在资本市场获得的奇迹般增长及数次穿越周期的发展之道，其核心就是坚持长期主义，保持战略定力和耐心；苦练内功，打造内部的赋能系统。

1. 坚持长期主义，保持战略定力和耐心

坚守价值观及使命感，锤炼工匠精神，以此为基础设计好持续的增长路径，并保持战略的定力和耐心。丹纳赫以"持续改善"为核心价值观，运用市场份额增长、业务组合增长及投资并购增长三大增长引擎，不被突发的危机或短期的困难所动摇。

提升市场份额：丹纳赫以创新能力最强、成本最低的制造商为目标，且每一条产品线要么占据数一数二的市场地位，要么居于一个特殊的利基市场。基于这种理念，即使是在经济衰退期间，丹纳赫的研发和销售比率始终保持不变，这与其他公司同时全面削减的情况形成了鲜明对比。如在2008年全球金融危机爆发期间，丹纳赫凭借稳定的研发投入，于2009年推出一大批重点新产品，更快地摆脱了经济危机所造成的影响。

优化业务组合：丹纳赫坚信沃伦·巴菲特的名言，"当某个行业以经济状况不佳而著称，某位管理者以卓越运营而闻名遐迩，两者相遇，通常后者都无法改变前者"。丹纳赫在过去的30多年间不断优化自身的业务组合，适时剥离"瘦狗型"业务及不良资产来削减成本。早期丹纳赫的业务以汽车电子仪器、精密部件及塑料制品为主，经过不断优化组合，目前已形成了包含生命科学、诊断、牙科和环境与应用方案为核心的四大业务板块。

投资并购增长：投资并购是丹纳赫持续增长的DNA，成立至今丹纳赫并购超过400次，被誉为"赋能式并购王者"。丹纳赫在筛选、收购并进入某一细分行业时遵循一套清晰且合理的标准,这使得丹纳赫能够在鼎盛时期每月至少完成一笔收购。

（1）丹纳赫行业筛选的5条具体标准

标准一:市场规模超过10亿美元。

标准二:核心市场的增长率至少应该在5%—7%,对海外市场增速目标需要"量体裁衣",且周期性或波动性不应过大。

标准三:寻找集中度不高的"长尾"行业,收购销售额介于2500万—1亿美元之间的企业,得到这些企业的产品,且无须承担较高的间接费用。

标准四:目标行业应该给予DBS大展身手的良机,发挥丹纳赫精益管理专长。

标准五:寻找"有形"的,以产品为中心的行业,如金融服务业就不符合这些原则。

（2）丹纳赫选择收购的3种类型（根据满足以上收购标准的目标与丹纳赫现有业务的关系,选择擅长的收购类型）

新平台型收购:业务组合显著扩大,以一家大公司的某事业部、一家独立上市公司或非上市企业为切入点,进入新的市场和产品领域。这一类型收购频繁出现在2001—2009年期间,如2006年通过收购来重点建设医疗技术平台,为丹纳赫打开一个可以利用自己技术和能力创造价值的全新市场。

补强型收购:补强型收购是最高效的收购方式,目的是在现有业务和新的收购目标之间产生协同效应。丹纳赫通过在管理、组织和分销等方面,把被收购公司全面整合到核心业务中,从而加强现在的业务竞争力。

临近业务收购:与某个平台有一定联系,但收购后作为相对独立的公司开展运营。如丹纳赫2004年收购加拿大特浩安技术公司,该公司与丹纳赫的环保平台有关,但它的水处理产品占领了一个细分市场,收购后仍作为一个独立的组织运营。

2. 苦练内功,打造独特的赋能系统DBS

丹纳赫的成功离不开其独特的业务系统DBS（Danaher Business System）。DBS脱胎于丰田的精益管理系统,重点在于推动公司创新和增长,在对目标企业实现收购后,运用DBS系统进行整合,创造附加价值,实现共同成长。

如2014年12月11日,丹纳赫成功完成了总部位于瑞士苏黎世的Nobel Biocare的收购。公司收购Nobel Biocare主要是因为该公司在全球具有强大的牙科品牌效应,并且能够给公司带来种植牙技术和数字化牙科技术。并购完成后,丹纳赫应用DBS系统对Nobel Biocare进行了改造,改造的重点领域主要有产品及研发、市场及营销,精细化管理。至2018年,DBS系统对Nobel Biocare公司的改造起了巨大作用,相较被并购前,标的公司毛利增长逾70%,营业利润增长逾20%。

DBS是丹纳赫的灵魂,它指导着公司的规划、部署和实施。如果把丹纳赫比喻成一部智能手机,它的业务是手机里面的各种功能程序、各种App,那么DBS系统则是这部手机的操作系统,虽然看不见、摸不着,却是整个手机运营管理的核心,详如图1-5所示。

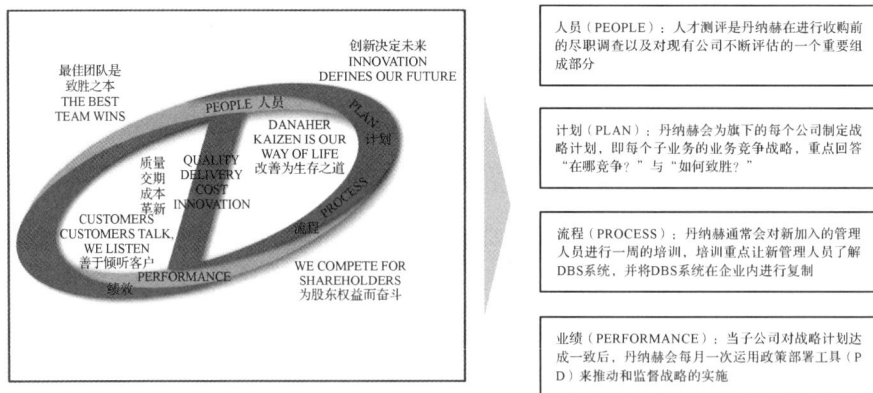

图1-5 丹纳赫业务系统DBS全景

DBS业务系统的全貌体现了丹纳赫的核心价值观。蓝色环由字母C和D构成,其中C代表Customer,D代表Danaher,圆环内部的"Customers Talk,We Listen",意在传达丹纳赫以客户为核心的企业文化,"Kaizen Is Our Way Of Life"表示丹纳赫持续改进,不断挑战自我,精益求精的追求。蓝色环上的4P策略是DBS的核心,即人才管理、战略计划、流程改善和业绩改善。

人才管理（PEOPLE）：人才测评是丹纳赫在进行收购前的尽职调查，以及对现有公司不断评估的一个重要组成部分。在丹纳赫收购新公司的两年内，高管的置换率控制在50%以内，并在接管公司后，丹纳赫会尽快拟定人事决策，包括评估出可能不适应丹纳赫文化的管理人员名单，以及制订其替补计划。

战略计划（PLAN）：丹纳赫会为旗下的每个公司制订战略计划，即每个子业务的业务竞争战略，重点回答"在哪竞争"与"如何制胜"。丹纳赫会拿出一份180页的战略指南，并针对新成员制定一个百日计划，旨在形成一个共同的长期愿景，促使管理人员意识到工作改进的可能性，及现阶段工作改进存在的障碍。

流程改善（PROCESS）：丹纳赫通常会对新加入的管理人员进行一周的培训，再举办一周的持续改善活动。丹纳赫CEO会对管理人员进行一整天的培训，DBS Office则讲授其余培训内容。培训重点为让新管理人员了解DBS系统，并在企业内进行复制。

业绩改善（PERFORMANCE）：当子公司对战略计划达成一致后，丹纳赫会每月一次运用政策部署工具（PD）来推动和监督战略的实施，评估内容包含显著改善公司业绩的3—5年目标。为了保证战略正常实施必须达到的年度目标，丹纳赫会对目标进行必要的管理改善。

注：为执行好DBS系统，在丹纳赫有个跨部门、跨地域的组织叫DBSO（DBS Office）。DBSO由15—20名管理人员组成，成员均为资深的运营管理人员，如目前办公室负责人是丹纳赫一家子公司的前任总裁。

DBS培训工具箱：丹纳赫DBS系统目前已开发出50多种工具，涵盖一系列流程，包括业务流程、精益生产、供应链、销售队伍管理、员工发展、领导力发展等，如图1-6所示。

业务流程	精益、供应链、减少变化的工具		12E及增长工具	业务流程	领导力
战略规划	5S直观管理	（OMP）丹纳赫材料工艺	（VOC）客户的心声	BBS简介	BBS沉浸式
政策部署（PD）	价值流图析	材料评估工具	价值销售	BBS工具认证MBB流程	高管培训（ECO）
日常管理	标准作业	（PSI）产品销售库存	细分客户群	DBSL新人训练营	DBSL领导力培训
持续改善事件基本知识	细胞模型	精益供应链	产品开发速度加快	培训和促进技术	关键对话（凯洛格）
收购整合	（SMED）减少转换时间	采购研讨会	产品生命周期管理	根本原因/防范措施	访谈和选拔培训
JIT会计	（3P）生产准备过程	供应基地管理	项目管理	变革管理	Danaher领导力计划
应收帐款的基准设定	（TPM）全面生产管理	商品管理	构思	DBSL继续教育研讨会	DBS狂热新人训练营
金融才能	流程/5S/标准作业	（VRK）减少变化的持续改善	TG-2持续改善		
（IPP）知识产权流程	精益转换新人训练营	（MSA）测量系统分析	开放式创新		
	（TPI）交易过程改进	（FMEA）失效模式与有效分析	定价间距管理		
	均衡化生产	六西格玛	销售人员方案		
	精益转换路线图	供应链与物流最佳实践	突破性构思		
			精益软件涉及		

图1-6　丹纳赫DBS培训工具箱

DBS培训工具箱是丹纳赫增强组织实力、文化实力的一种方式。其中政策部署工具（PD）是绩效改善的源泉，要求管理者不能满足低标准，而要追求高成长，并拥有竞争制胜的意识。通过运用DBS培训工具箱，丹纳赫的毛利率从2007年的45.7%一路持续提升到2016年的55.3%。

（七）从星巴克曾经的"败局"和瑞幸现在的"败局"，我们能学到什么

1. 星巴克曾经的"败局"和瑞幸现在的"败局"

2020年4月2日晚，瑞幸股价崩盘，盘前跳水80%！瑞幸这一败局和2007年星巴克的如出一辙，均是因为过分追求增长而埋下了危险的种子！不幸也是相同的，2008年，星巴克遭遇了金融危机，而2020年瑞幸亦遭遇了疫情黑天鹅。星巴克在2008年敏捷转型后，于2009年重回增长轨道，而瑞幸或将难续辉煌。

瑞幸以强大的资本支持及迅猛的开店速度。从2019年第一季度的2370家门店扩张到2019年第四季度的4507家门店，门店数量上升了90%，

并在2019年年底超越星巴克（中国），成为中国门店最多的连锁咖啡品牌。瑞幸正在上演一出"以速度超越规模"咖啡连锁大战。如果我们再分析瑞幸单店和星巴克（中国）单店的收入情况，会发现瑞幸的单店收入虽然从2019年Q1的3万美元/季度提升到Q4的5.92万美元/季度，但仍不到星巴克（中国）单店收入的三分之一，如图1-7所示。

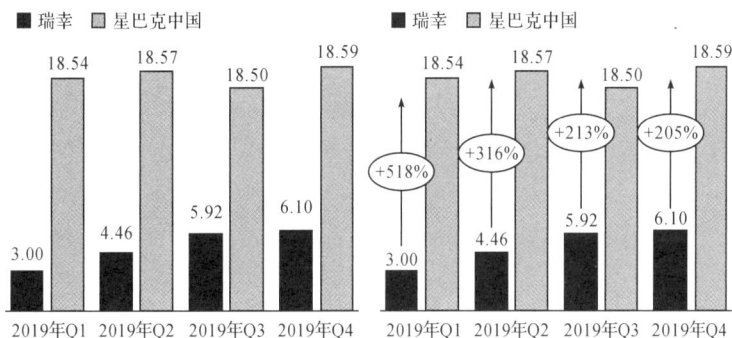

图1-7　瑞幸门店数量超越星巴克，单店收入却不足星巴克三分之一

　　我们似乎从这张反差巨大的图中看出了点端倪，更可怕的是，瑞幸掉入了"规模不经济"的陷阱，开店越多亏损越大，如图1-8所示。

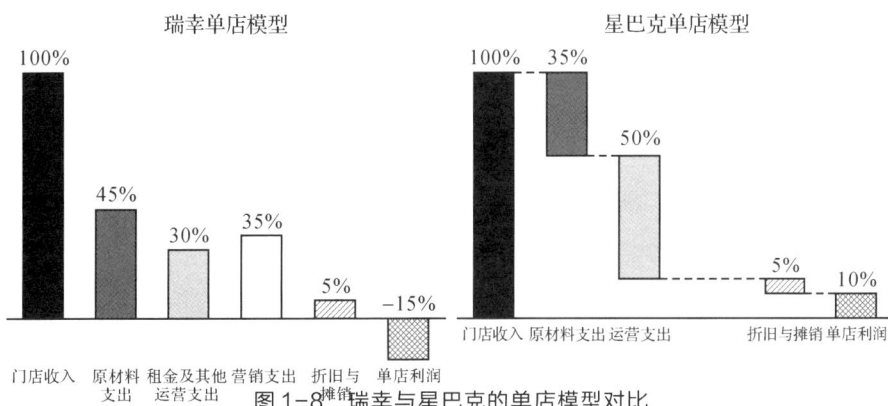

图1-8　瑞幸与星巴克的单店模型对比

　　瑞幸披露的单店经营模型中，是不包含营销支出的。我们日常获取的咖啡优惠券、各种广告等支出均放在总部层面进行核算，门店成本仅包含原

材料、房租水电、人员工资和固定资产折旧等。如果将瑞幸的营销及推广支出分摊到各门店，其平均每个单店的净利润率为–15%，门店每销售1亿元，就会亏损1500万元。而星巴克财报中单店层面将营销费用作为运营支出分摊到各门店，平均每个单店仍可以保持10%的净利润率。

2. 瑞幸败局的原因分析

瑞幸败局的根本原因，就是忽视了商业的长期主义，过分追求增长速度，忽视了苦练内功的重要性，更谈不上工匠精神，是短期主义的典范。

而伟大的企业一定是坚守价值观与使命感的企业，坚守企业的"真北"，同时还具备自我刷新的能力。历史上的星巴克曾经出现过一次非常严重的危机，由于过分追求增长，业绩出现了连年下滑；在通过一系列敏捷改革之后，才重新回到增长的轨道。2007年，星巴克拥有7100家门店，在快速扩张的同时，也埋下了诸多危险的种子。

◎门店的快速扩张，导致部分门店选址不够谨慎。

◎供应链部门疲于应对诸多的门店，无法做到精益管理，造成资源浪费。

◎大量新招聘的咖啡师由于没有得到足够的培训，造成饮品品质和口味出现下滑。

◎标准化生产牺牲了消费者体验，运送与储存方式的改进使得门店内研磨咖啡的醇香淡失。

更不幸的是，第二年（2008年）遭遇了金融危机，让星巴克的净利润一下子下滑了47%。

3. 星巴克是如何重新回到增长轨道的

（1）星巴克重新回到增长轨道的措施

强化培训，提升产品品质：包括对7100家门店停业3小时，同步进行流程优化培训；研究如何优化咖啡制作过程，提升咖啡成品稳定率，降低原材料损耗率。

优化门店成本，关闭亏损店：经过评估后关闭约600家门店，其中70%均为近3年盲目扩张时期新开的；精益管理高低峰期间门店人员安排，提升人效。

优化营销成本，加强数字化营销：降低传统广告等营销费用支出；利用社交媒体账号、会员App等自有渠道与消费者进行沟通,提升忠诚度与复购率。

优化供应链成本,提升供应链效率:优化生产与物流流程,降低供应链运营成本;重新选择供应商,更新合同条款,强化本土化采购。

经过以上"组合拳",星巴克节约了4亿美元成本(约占收入3%),并在2009年三季度迎来首次盈利增长。此次改革为星巴克接下来10年的健康发展奠定了坚实基础。

持续增长是富有挑战的。10年之后,星巴克再次遇到危机。2018年Q3,星巴克亚太区同店出现负增长,利润率出现波动,如图1-9所示。

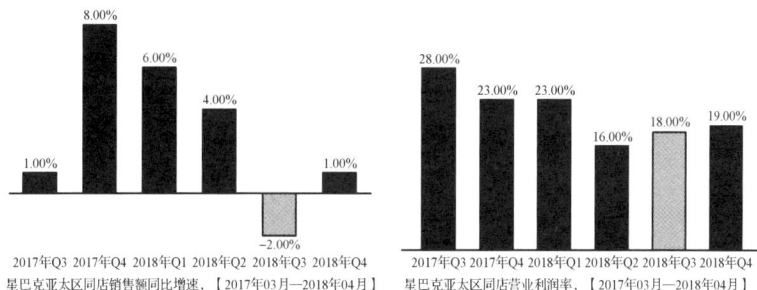

图1-9　星巴克2017年Q3—2018年Q4亚太区同店销售额和利润率

(2)星巴克的危机来源

如果说2007年星巴克的危机更多来自内部,那么星巴克2018年的危机更多是来自外部市场及竞争对手的挑战。

首先,以瑞幸为代表的互联网品牌,以7—11为代表的便利店品牌正在抢占星巴克无法覆盖的中间市场,并争夺星巴克的客户资源;其次,冷饮、茶饮和其他新型饮品在中国市场的崛起正在切割咖啡的整体市场;另外,星巴克第三空间的优势正在遭遇线上生活方式崛起的冲击……

(3)星巴克(中国)变革举措

星巴克在经历了一段犹豫期后,开始采取一系列调整和变革举措(以中国为例)。

业务重组:星巴克(中国)现有全部业务将重组为"星巴克零售"和"数字创新"两个业务单元;以"星巴克(中国)数字化飞轮"为核心打造"第四空

间"，以数字化技术驱动业务创新和经营管理体系升级。

优势再造：全面升级"第三空间"，在战略市场引入更多甄选店，升级传统竞争优势，保留和吸引核心目标客群。

门店扩张：继续保持门店数量增加计划，向三、四线及以下城市的区域市场拓展。

生态合作：与阿里巴巴、饿了么等线上平台开展合作，开拓线上订单和外送服务。

品类创新：加速冷饮甜品、茶饮等品类的新品测试和产品线体系建设。

营销创新：进一步发挥周边商品、限定产品、品牌联名等特色营销手段的效力。

经过以上改革，星巴克（中国）2019年Q3同比2018年营收增长13.9%。

星巴克不断刷新自我，根据内外部环境的变化适时进行战略局部调整及重大升级的敏捷转身，值得中国企业家们学习与借鉴。

正如星巴克创始人霍华德·舒尔茨所言："要持续拥有精彩的未来是多么富有挑战！每个企业都有自己的记忆，为利润而牺牲品质只能使星巴克人一辈子都抬不起头来，这将会是一种无法补偿的代价。在这个不断变化的世界上，最强大、最持久的品牌是建立在人们心里的——这才是真正可持久发展的品牌。"

（八）让战略落地，否则一切都是空谈

1. 战略没有执行，一切归零

战略执行通常会出现摇摇欲坠、枯燥重复和转型成功3种典型情景。摇摇欲坠往往是缺乏持续跟进的战略举措，在初始阶段后失去动力，流于形式；枯燥重复往往是有定期回顾机制，但缺乏持续推进的企业仅在项目回顾或定期检测时有短时的绩效提升；而转型成功则必须通过有效的、持续的落地执行管理机制，并基于外部变化敏捷迭代。为此，必须建立行之有效的战略执行管理机制以保障各项战略举措成功实施，实现企业的战略破局增长。

经过对大量咨询项目的总结,以下5项机制在保障战略执行方面尤为重要。

机制一,建立战略管理委员会组织架构。细化战略管理委员会内部组织架构与职能定位。

机制二,建立战略执行跟踪体系。建立战略执行跟踪、汇报流程及工作模板,定期跟踪项目进度,及时发现偏离归口上报,提高决策时效性。

机制三,定期开展战略工作坊。以战略工作坊形式,定期进行战略执行回顾;总结成绩监视差距,讨论在新形势下对战略目标的补充与修订,明确下一阶段战略推进重点。

机制四,加强"图卡表"的使用。图卡表分别指战略地图、平衡卡和行动计划表,通过以上工具实现战略目标自上而下层层分解,明确战略实施路径与各中心及分公司的衔接。

机制五,关键领域辅助式智囊服务。在关键领域通过引进外部专家智囊团服务,通过高层管理决策辅导、关键硬仗领域指导和反馈,骨干人员关键议题培训、高层国内外领先机构实地考察等。

2. 战略复盘进化组织心智

除了建立五大战略管理机制外,根据内外部环境的变化快速地进行战略复盘,作出战略的局部调整或重大升级,是企业适应当今时代市场竞争挑战的重要制胜法宝。

战略管理不是静态的,而是循环的、周而复始的动态管理过程。就像华为任正非2018年在接受索尼首席执行官吉田宪一郎先生的采访时所说:"企业长期成长的两大法宝就是:战略要大致正确,组织要充满活力。"在不确定时代,战略不可能完全正确,因此需要不断地迭代矫正。与此同时,组织活力递减是企业面临的更大问题,由于活力减退,企业会逐渐走向消亡。

战略复盘通常采用GRAA四步法:一是回顾目标(Goal),即最初的战略意图是什么,基于怎样的内外部战略假设,制定了哪些战略举措及预测到了哪些趋势和事件。二是评估结果(Result),要回顾战略目标的达成情况,战略举措取得了何种成果,核心竞争力和资源是否得到了强化。三是分析原因（Analysis），预期目标和实际结果存在差距的主客观原因有哪些。四是总结规划（Action），战略复盘不是批斗会，而是要面向未来，通过复盘总结具体的经验和教训，并为开展下一阶段行动的原则和方法做更新和升级。

（九）三一如何引领重工业品牌营销

2020年，三一重工占据全球工程机械市场5.4%的市场份额，在全球工程机械制造商排行榜中以营业额109.56亿美元位列第五。在混凝土机械行业，三一重工稳居世界第一。这家前身是湖南涟源焊接材料场的地方小企业是如何成长为行业龙头企业的呢？

1. 品牌战略突围

工程机械产业竞争的核心在于产品，产品的好坏决定了公司在行业内竞争力的强弱。三一集团在品牌成立之初，既没有技术作为支撑，也没有资金作为保障，是如何发展成为行业龙头企业的呢？关键在于，公司管理层制定了务实的策略和明确的战术。

第一阶段：打造爆款单品，提供只换不修服务，快速抢占市场。

1992年，三一集团提出"双进战略"——标志着公司从小城市涟源进军大城市长沙，从材料焊接进军到工程机械的大行业中。集团将业务重心放在被外资企业垄断的混凝土机械设备行业上。1994年，三一集团研制出第一台大排量高压混凝土输送泵，打破外资企业在大排量混凝土输送泵模块的垄断地位；1998年，三一集团研制出37米长臂泵车——这是中国拥有的第一台自主研发的长臂泵车。相较于国内混凝土机械的霸主施耐德和普茨迈斯特，三一重工的产品具备超高的性价比优势；同时三一重工提出"只换不修"的售后服务策略，从而使之在激烈的市场竞争中快速脱颖而出，抢占了大量的市场份额。

第二阶段：持续注入优质资产，持续高性价比策略，丰富产品种类。

2003年，三一重工在中国A股市场上成功上市，集团获得了大量的资金，于是三一重工开始了多样化的品牌战略。2007—2010年，公司先后注入北京三一重机、三一重机、三一汽车起重机和湖南汽车等优质资产,公司的产品组合扩大至混凝土机械、挖掘机械、汽车起重机械、履带起重机械、桩工机械、路面机械。在此期间,三一重工持续高性价比的战略,在每个产品系列中,打造一款最具性价比的爆款单品,通过单品的宣传,推动产品系列的销售。

第三阶段:扩张商业版图,细分产业业务,双品牌运营,打造差异化战略。

2012年,世界工程机械领域的里程碑事件,莫过于三一重工成功收购国际混凝土机械的龙头企业——普茨迈斯特。在成功收购普茨迈斯特集团之后,三一重工并没有将普茨迈斯特业务拆分纳入三一重工的业务版图,而是施行双品牌战略:中国本土市场运营由三一重工负责;中国以外市场由普茨迈斯特继续负责经营。普茨迈斯特提供先进的技术,三一重工提供资金和平台,在混凝土装载机市场上强强联合。双品牌业务战略,提高了三一重工在全球混凝土机械设备市场的占有率,普茨迈斯特的高价值产品和三一重工高性价比的产品组合,加强了公司的品牌竞争力。

与此同时,三一重工按产品种类划分为不同子公司和事业部。三一重工旗下包含三一重机、三一汽车、三一路面机械和普茨迈斯特4个业务品牌,同时成立南美、印度、欧洲和美国4家海外子公司。针对不同市场和行业的需求,组建相应的品牌和子公司应对生产和制造。除三一重工外,集团进行产业多元化发展,成立三一重装国际有限公司、海洋重工有限公司、石油智能有限公司、重能有限公司、太阳能有限公司、久隆财产保险有限公司和三湘银行。

2. 内容营销创新

抓准时机,进行公关宣传。在丰富产品种类的同时,三一集团抓住公关机会,进行品牌宣传。2005年,三一重工参与竞购徐工集团,打乱凯雷收购徐工集团的计划,稳住中国工程机械产业的前途,获得了社会各界的关注和赏识,提高了品牌的影响力。2010年,三一集团提供1000T全液压起重机参与智利矿难的营救活动,将困于井下的矿工救出,打响了品牌在国际上的影响力。2011年，三一重工无偿提供一台62米的臂架泵车用于抢救福岛核电站的核泄漏事故，在国际上广受好评。

完善线下服务，打造竞争优势。三一重工的机械产品具有高性价比和性能外，服务也是其亮点。三一集团坚持以"客户的需求"为中心，成立ECC企业控制中心，建立了一流的服务网络和管理体系；率先在行业内推出了"6S"中心服务模式和"一键式"服务，在行业内率先作出了"123"服务价值承诺、"110"服务速度承诺和"111"服务资源承诺，将服务做到无以复加的地步；依托物联网平台"云端＋终端"建立了智能服务体系，实现了全球范围内工程设备2小时到现场，1天内解决问题。在全球拥有1700多个服务中心，7000多名技术服务人员，立志24小时全年无休地为客户提供专业服务；组织客户参观三一总部，集团提供规范的参观接待流程和专业的讲解为客户展示厂房和生产车间。

发展线上传媒，进行营销创新。三一重工在线上营销上作出理念创新。传统的新闻、会展、活动和广告等宣传手段适用于针对单一的工程机械使用者人群。三一重工的线上宣传渠道，将目标人群从工程机械的使用者转移到一般网民，再通过线上渠道将一般消费者转换成客户。

如图1-10所示，三一重工的5A内容营销包括5点。

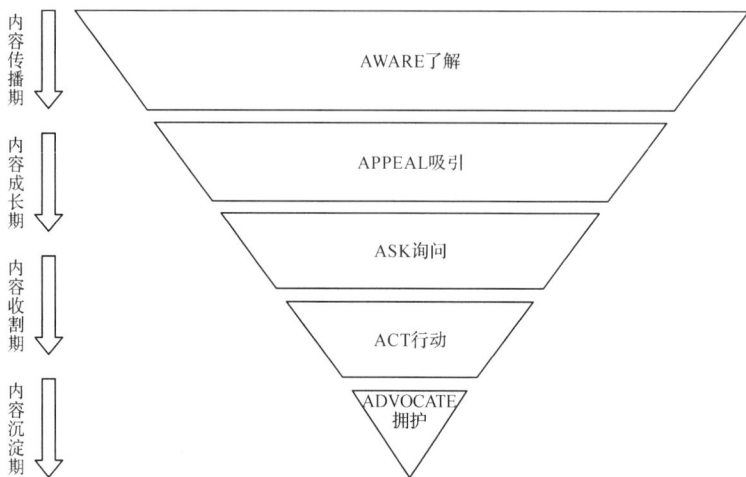

图1-10　5A内容营销模型

了解（Aware）：三一重工采用"短视频＋公众号"的新传媒渠道进行流量导入。

随着人们阅读习惯的改变，快手、抖音等短视频App取代了传统媒介的领导地位。三一重工布局新媒体、短视频平台进行品牌营销推广。其在快手和抖音段视频品牌总计粉丝量超过90万。在微信公众号、微博和头条新闻上的关注度也超过50万。三一重工抓住消费者新媒介的使用偏好，进行产品和品牌推广，成本低、传播快、范围广，提高产品营销转化率。三一重工改变传统机械行业销售以经销商面对有购买意向消费者的模式，面对大众消费者进行品牌内容传播。

吸引（Appeal）：三一重工在内容上做到创新和有趣，提高品牌的知名度。

三一重工将部分宣传账号外包给广告公司，进行内容创新。在内容上，三一重工深耕公众号和短视频的趣味性、可读性和专业性，让一般消费者认可三一重工的品牌，让有需求的消费者找到合适的产品，继而进一步提高品牌的认可度。以三一重卡为例。三一重卡在抖音平台上采用故事营销的模式，设计获得消费者同理心的短视频，吸引大量一般消费者的关注，同时宣传三一重卡的品牌。在此阶段，三一重卡改变营销模式，运用短视频低成本、高传播等特点，将宣传的目标人群从工程机械产品的消费者，转化成一般的网民，拓宽流量的覆盖人群，在更大范围的人群中累积品牌口碑。

询问（Ask）：让消费者尽可能多地询问品牌和产品。

在三一重工短视频平台上，有意向的消费者可以简单地找到购买和咨询链接。品牌线上宣传的内容引起消费者兴趣后，消费者会主动向三一重工进行咨询；同时，三一重工建立了智能化的客户服务中心（CRM），进行数字化营销转型。服务中心向消费者提供专业的技术服务，对消费者的需求进行定向转接。

行动（Act）：将潜在消费者转化成付费用户。

在询问阶段后，三一重工的线上服务品牌（抖音、快手、微信公众号、官网）采取行动，提供产品服务给潜在高价值客户；同时设置指标，放走一些即将离开的客户。在此阶段，三一重工产品质量和价格，售后服务的质量，品牌的认可度都将影响订单转化率。2020 年，三一重工在疫情期间通过抖音直播向消费者讲解从装配生产线到零配件，从路测、售后、质检再讲到重型卡车司机的生活，如图 1-11 所示。在最后 2 小时，斩获 186 个订单，共计 5000 万元销售额。

——————抖音直播销售——————　　　　——————快手短视频传播——————

· 三一重卡抖音直播销售额破 5000 万

为打破疫情期间的销售困境，三一重卡在抖音连续打造了工厂大直播、开春直播、万台抢购节三场直播活动。

· 三一重工一条 57 秒的快手视频卖出了 5 台挖掘机

三一互动营销中心策划的快手账号《小成课堂》主打挖掘机的技巧培训，解决开挖机的老司机和小白用户的实际工作问题。

从装配生产线到零配件——解密，从路测、售后、质检再讲到重型卡车司机的生活。通过发放生活补贴、超长提车期、保价等政策，直接刺激了最后 2 小时斩获 186 个订单、共计 5000 万的销售额。

快手短视频赢得了粉丝的信任，有很多粉丝在快手账号下面咨询产品和价格，这些用户最终通过销售咨询，一周就成交了 5 台挖掘机。三一重工以短视频培育用户社群，进而促进集团的产品网络销售。

图 1-11　三一重工短视频平台销售事件

拥护（Advocate）：将价值拥护转化成品牌粉丝，通过用户进行品牌再次宣传。

在此阶段，三一重工向消费者提供体系化的服务，将品牌用户转化成品牌粉丝，让用户在同行间宣传品牌。通过短视频等方式重点宣传客户服务事件，例如集团董事长免费为某重卡使用者提供 1 台新卡车等，通过提高客户对于品牌的好感度来培养忠诚度。

三一重工通过务实的品牌策略、明确的运营战术，加上行之有效的内容营销手段，在中国工程机械"诸侯乱战"的环境下，突破重围，成为中国工程机械行业乃至世界范围内不可忽视的一线品牌。

二、模式创新篇

"颠覆式创新"是近年来在创业者和企业家群体里特别流行的词汇。很多创业者能随手画出一张颠覆式创新的图，里面有多条非连续曲线，每一条都昂扬向上，预示着创业者将颠覆在位者，折射出画图的创业者的澎湃斗志。然而,企业面临的是一个复杂的营商环境,充满不确定性和不连续性,企业的发展也是一个系统性和动态性的演化过程。如果不理解构成企业的战略要素,不理解企业的生命周期,不理解企业的发展路径,很可能成为"逝者"而非"适者"。笔者通过整理服务过的多个行业10余家企业的创新案例及故事,以飨读者,希望"他山之石,可以攻玉"。

(一)新兴消费品品牌的最佳商业模式创新

1. DTC(Direct To Consumer)

通过研究国内外诸多快速兴起的消费品品牌,发现新兴消费品品牌均是通过DTC模型直达消费者,从"渠道为王"转向"消费者导向",以实现快速增长。

DTC模式主要有三个特点,即缩减中间渠道,摆脱原有"品牌商—代理/经销商—零售店"的网络依赖,降低渠道成本;消费者需求导向,以消费者需求作为决策的出发点,达到精准、及时、灵活地满足消费者的需求;创新营销,直面消费者模式更重视社交媒体营销、品牌理念和消费体验。

我们按照消费模式是否为长期绑定或即用即连、产品或服务是标准化还是个性化,这两大维度4种情景,对DTC模式的消费品公司进行分类,可以规划为4种模式,如图1—12所示。

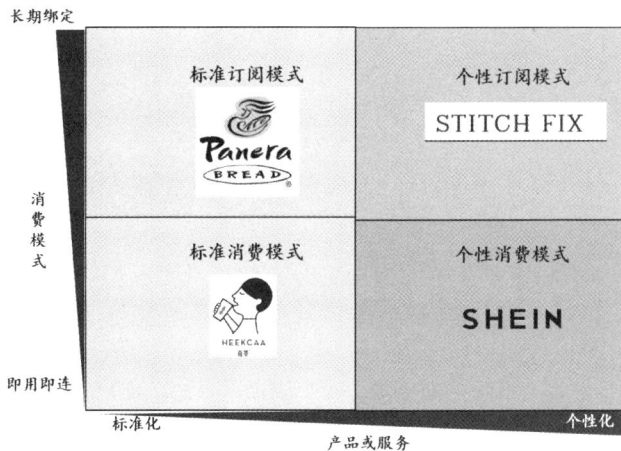

图1-12　DTC模式的消费品公司分类

标准消费模式：即为消费者提供标准化的产品，产品SKU一般较少。消费模式为即用即连型，消费者与品牌商之间的链接往往较弱，典型代表如喜茶。2012年，喜茶HEYTEA诞生于一条名叫江边里的小巷，原名皇茶ROYALTEA，后全面升级为注册品牌喜茶HEYTEA。喜茶通过把用户数据沉淀在自己的小程序上，给用户提供了一种不经过天猫、京东、美团、饿了么等第三方平台，可以直接购买的渠道；并根据沉淀的用户数据，对消费者购买偏好进行分析，如消费者更偏好是线上下单还是到店自取，更偏好哪些口味，哪些甜度，根据这些消费者购买偏好反向研发新品，并使用社交媒体及抖音、微信等新兴媒介与消费者进行互动，属于DTC模式之一。

标准订阅模式：即为消费者提供标准化的产品，产品SKU一般较少。消费模式为长期绑定型，为消费者提供订阅式服务，消费者与品牌商之间的链接往往较强，典型代表如Panera Bread。Panera Bread是美国最大的面包轻食餐厅，是全美规模最大、最受欢迎的烘焙品牌之一，拥有2000家以上门店，年销售额高达50亿美元，拥有超过2800万会员，50%的收入来自会员。Panera Bread的成功离不开其"盲盒＋订阅模式"的差异化竞争模式。盲盒即2010年推出的会员计划Mypanera，针对会员采取抽奖般的福利发放。在发放福利（免费赠品、特邀活动等）时，不明确告知消费者何时会给出福利，指不定哪天刷卡就收到一份福利，这不仅给消费者带来了惊喜，也充分利用了消费者的得失心理，使得消费者不得不提高去店里消费的频次，以免错过"中奖"机会。这一模式培养了极高的用户忠诚度。订阅模式即2020年2月，推出极具创意的每月8.99美元咖啡订阅服务。消费者支付8.99美元的月费后，就可以在正常营业时间，每2小时免费喝一杯热咖啡、热茶或冰咖啡，而且可以免费续杯。将咖啡这种令人上瘾、消费频次多、复购率高的硬通货，变成"流量产品""低毛利引流产品"，提升了连带率（70%的用户还购买面包等小食）。

个性消费模式：即为消费者提供个性化的产品或服务，产品SKU往往较多。消费模式为即用即连型，消费者与品牌商之间的链接往往较弱，典型代表如SHEIN。SHEIN被称为专注快时尚领域的跨境电商，"中国版

ZARA"。2004年,SHEIN品牌创立,至2020年估值高达150亿美元。SHEIN的核心优势为"快""时尚"和"品牌力"。SHEIN初期定位为时尚女装,以Dresses裙装作为第一品类切入女装市场,市场得到巩固后发展为Clothing大品类,涵盖女装、裙装、上装、下装等。随着市场的发展,品类线不断扩张,覆盖男性、女性、儿童三大人群。SHEIN具有超强的库存周转能力和合作生产能力,SHEIN的新品从设计到出成品只需短短2周时间,产品能在1周内运往主要市场,比ZARA快7天,一整年开发超过10000个SKU。SHEIN抓住欧美市场网红KOL营销的早期红利,在Facebook,Instagram,Twitter等平台与网红KOL进行合作带货,起初几乎100%的流量都来自KOL的推荐,后期注重品牌形象的打造,包括出"网红联名款",如与歌手Kate perry、电影演员Madelaine Petsch等合作;IP联名包括跟海绵宝宝、迪士尼的花木兰等大型IP合作。通过电商平台为消费者提供个性化的服饰,属于DTC模式之一。

个性订阅模式:即为消费者提供个性化的产品或服务,产品SKU往往较多。消费模式为长期绑定型,消费者与品牌商之间的链接往往较强,典型代表如STITCH FIX。STITCH FIX是美国订阅式时尚电商,自2011年成立以来一直顺风顺水,2017年在美国上市。2020年STITCH FIX营业收入达到17亿美元。

STITCH FIX以数据驱动服装搭配,体现个性化、智能化配件搭配,从而提升用户体验和用户黏性。

2. STITCH FIX的业务模式

STITCH FIX的业务模式分为三步。第一步是进行线上个人风格测试。用户要填写预先设定的问卷调查,为每个用户创建个人数据档案,用来记录该用户所有数据更新、变动,比如每次用户收到FIX盒子后的反馈信息;询问用户的内容不仅包括尺码和体型,还有对风格、合身度和价位的偏好,通常还要关联到其兴趣图谱账户。

第二步是寄送个性化服饰盒子。STITCH FIX公司使用"数据科学＋造型师"模式,精心选择包含服装、鞋子和配饰在内的5件商品,寄送至客户家中,定制盒子内通常会附上一张造型师亲笔写的纸条,对每件商品进行描述,并提供穿搭建议。

第三步是留下喜欢的,其余可退回。用户可以从盒子中挑选中意的服饰,为其付费,不合适的可以退回。STITCH FIX 公司会给客户3天时间,决定留下哪些商品。同时,Stitch Fix 对每个定制盒子收取20美元的造型费用,客户如购买其中1件商品,便可抵消该费用。此外,定制盒子可以每个月订阅,也可以仅尝试一次或按需使用。

(二)健身设备行业的"苹果公司"——PELOTON 的创新启示

当下最时尚的休闲活动莫过于健身,各种健身房打卡照充斥着微信、微博等社交媒体。更有甚者,一时兴起把跑步机、划船机、动感单车等个头合适的健身器材直接抱回家中。可是,激情终归是激情,扛不过3个月,各种抗拒健身器材的理由都会被搬出来劝慰自己,最终这些大几千乃至上万元的器材沦为晾衣架、储物架……这就是健身器材界著名的"90日吃灰"定律。

这里要分享的就是这个定律的"终极粉碎者",我们来看看"别人家"的动感单车。不过,大部分拥有光明结局的故事都有着灰暗的开局。

John Foley 的创业项目是动感单车,他的品牌叫作 Peloton。和很多颠覆行业的创业者的经历类似,John Foley 的创业冲动源自这个行业内传统的产品和服务带给他的糟糕体验。John Foley 和他的夫人 Jill 都是健身运动的忠实爱好者,除了保持自主运动的良好习惯外,他们在几家健身房拥有会员资格,定期接受教练的专门指导,当然也会使用到一些大型的健身器材,动感单车就是其中之一。对于健身爱好者而言,动感单车有其独特的魅力,但时间一长,这款产品的使用体验就显得乏善可陈。John Foley 并不是第一个尝试改变动感单车的人。

Soul Cycle 是美国第一家凭借动感单车体验出圈的精品工作室(Boutique Fitness),他们给这项运动增加了不少全新体验:充满设计感的室内装修陈设、顶级的声光电设备和背景音乐、技术出众且擅长营造气氛的教练、不亚于高端酒店的沐浴和护理设施……这些创新举措一度让美国中产阶级彻底沦陷。Flywheel不仅最大限度地效仿Soul Cycle,同时做出了另一项创新,他们给动感单车装上一块大屏幕,可以播放个性化的影音娱乐内容,同时可以监控数十项身体指标和运动数据,堪称健身器材智能化的先驱。但这些创新和改进还不足以让John Foley满意,他本人作为健身爱好者面临的最大挑战还没有得到解决:工作和家庭上的负担使得他并不能充分自由地决定自己到底什么时间去运动,而健身房的课程和教练是没法根据他的个人诉求去调整时间安排的。由此,John Foley开始思考另一个问题:优秀的教练是健身行业最稀缺的资源,他们每节课最多指导30名学员,但现实是对教练指导有需求的人何止千万?纵然教练浑身是铁,又能打几颗钉子?John Foley的结论是:市场上没有一款真正性感的动感单车,我要自己做出一台来!

John Foley最初的创业愿景是要做出一款最好的健身器材,先从动感单车下手。在对众多健身爱好者进行深度访谈后,结合自己的切身体验,他对"最好"做出了这样的定义:

顶级的硬件:最好的设计、最好的材料、最好的做工、最好的骑行体验。

最合适的时间:随时。

最舒适的地点:家。

最专业的指导:顶级的教练及其输出的教学内容,随手可得。

最愉悦的氛围:独乐乐不如众乐乐,人越多越好。

最长期的坚持:不间断地为健身爱好者提供坚持的动力。

2013年,Peloton的第一台动感单车原型机从中国台湾地区下线并随即快递到纽约。但这台原型机竟然会在设计尺寸这种基础问题上出现如此巨大的纰漏,好在这个问题及时暴露了出来,让John Foley意识到打造"最好"的产品光有热情是不够的,还需要"最专业"的人来做专业的事情。

在经历一系列改进后,Peloton的团队打造了三套"硬件＋软件"系统,一套家用版,一套线下工作室版本,还有一套健身教练版本。他们不惜成本地取悦用户的结果就是:品牌和口碑开始在广大的消费者群体中口口相传。

虽然Peloton暂时还没受到资本市场的青睐，但消费者的热爱是不可阻挡的。2014年4月，Peloton终于迎来了自己的第一笔机构融资，足足1050万美元。一年后，同一家机构再次投资3000万美元，Peloton开启了大规模扩张的道路。John Foley当年吹下的牛，正在一桩一桩变成现实。上市之前，Peloton再次完成5.5亿美元F轮融资。2019年9月，Peloton在纳斯达克上市，募资12亿美元，市值高达80亿美元。而当年John Foley向个体融资者募集第一笔40万美元资金的时候，Peloton的估值只是区区200万美元，尽管经历了多轮次融资的稀释，他们当初的投资都收获了超千倍的回报。

2019年Peloton的营收超过9亿美元，2020年的疫情进一步助推了Peloton倡导的"家庭健身"模式和业务增长。2020年报显示，Peloton全年营收达到18.25亿美元，连续5年保持三位数增长。Peloton一跃成为继Zoom、Lululemon和Tesla之后，美国资本市场上又一只现象级股票。

Peloton做对了什么？

创造了奇迹的Peloton被江湖人士赠予了一个美号：健身界的"苹果＋奈飞"。这个称谓很大程度上精准地概括了Peloton的成功之道："硬件＋生态＋内容"，这基本符合John Foley当初定义的"最好的"健身器材应有的要素，也基本反映出了Peloton的成功秘诀。

◎拥有顶尖工业设计和制造水平的硬件且持续迭代，每次迭代还会配合上一代产品的降价。

◎打造了一个具有极强社交属性的"学员—学员"和"学员—教练"多向互动的系统界面，形成了链接"学员"和"教练"两端的网络效应。

◎聚合了业界最顶尖的教练团队并持续产出优质的教学内容。

Peloton的业务模式突破了传统的健身器材和健身服务在时间、空间、人数等维度的制约因素，大幅提升了消费者参加健身活动的频次和绝对时长，同时近乎无限地放大了教练的产能。与此同时，通过社交机制和内容产出机制的相互融合、相互强化，创造出了惊人的客户黏性。用户锻炼时间更长、效果更佳，教练收入更高、粉丝更多，Peloton则卖出了更多的单车、获得了更多长期付费订阅用户。Peloton的生态体系已经形成了完善的正向循环。在这个生态中,各方都从中获得了此前从未有过的体验和价值,而整体的运行成本并没有增加,完美实践了"把饼做大"的成长理念。

当然,针对Peloton杀出重围、奇迹崛起的原因,有众多见仁见智的分析。在此,《战略罗盘》提供一个新颖的视角:Peloton的成功在于它重新定义了动感单车这个品类或是说重新定义了健身这件事情。在《战略罗盘》的"学习视角"模块,详细地阐述了"重新定义"的原则和方法论。我们以"重新定义"这个概念下最核心的工具"RRCE"模型来简要阐释Peloton如何完成对动感单车的重新定义。现在,Peloton不只拥有动感单车,而且开始向更多健身项目和更多的区域市场扩展。John Foley和他的团队正继续推进他们的神奇之旅。

(三)运动服饰产业的商业模式创新

1. 户外服饰行业面临的挑战

随着国民健康意识的提升和运动参与意识的增强,政府的全民健身运动的政策推动,包括"2016—2020全民健身计划""体育产业发展'十三五'规划"等,以及80后、90后为核心的新中产的崛起,中国运动服饰产业在2016—2020年增速非常迅猛,成为整个服装产业最靓丽的一道风景线。相较于运动服饰的持续增长,户外服饰增长却比较萎靡,细分行业过去5年的平均增速仅为运动服饰的四分之一。户外服饰行业正面临着以下四方面的严峻挑战。

挑战一,跨界竞争加剧。在整个服装产业中,将户外类产品纳入自身产品线的体育品牌、休闲品牌、快时尚品牌和冬装品牌企业,分流了部分户外服饰市场,冲击传统户外品牌市场空间。

挑战二,产品同质化严重。传统户外服饰的产品风格同质化,与主流消费群体的时尚化、年轻化需求相脱节。

挑战三,行业成熟度较低。尽管户外行业在国内初步完成了小众到相对大众的人群拓展,但户外运动参与率不足10%,相对美国50%的参与率仍差距巨大,市场的消费者教育有待进一步提升。

挑战四,渠道结构发生改变。过去5年户外用品行业的主要渠道为商场或百货中心,而百货中心及街边店自然流量下滑明显也制约了行业规模的增长。

整体来看,户外运动行业边界和竞争格局正被打破,户外用品市场未来5年将进入大调整、大整合的关键时期。从户外运动行业的价值链布局来看,户外服饰价值链毛利率符合微笑曲线,生产环节毛利率最低,且呈现逐步向头部集中的趋势,竞争加剧。

2. 户外运动行业按品牌控制力及品牌数量划分后的类型

通过对整个行业内的玩家按照品牌控制力及品牌数量两个维度进行划分,可以将户外运动行业的主要参与者分为单品牌聚焦型、渠道分销型、多品牌布局型和生态整合型四种类型,如图1-14所示。

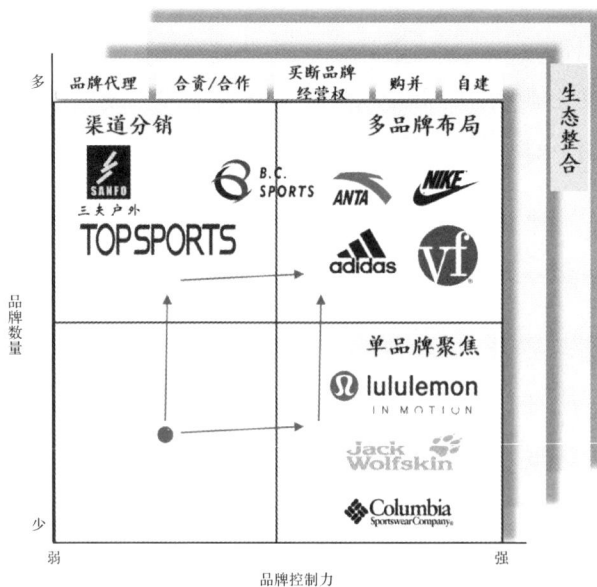

图1-14　户外运动行业按品牌控制力及品牌数量划分后的类型

类型一,单品牌聚焦型。企业通过自建或者并购获得单品牌的控制权,从产品的研发、生产、销售及运营中获得收益,典型企业如北面(The North Face)、哥伦比亚(Columbia)、狼爪(Jack Wolfskin)等。以北面为例,北面采取从面辅料研发环节、产品研发与设计、服装生产、企划营销、销售渠道、客户运营环节全覆盖的模式达到纵向一体化,从而增强对各环节的控制,提高其在户外运动市场中的竞争力。

　　类型二,渠道分销型。主要表现为代理商负责多个品牌的全球销售等。即代理商与品牌拥有者签订许可合同,以特许的方式获取品牌在特定区域的使用权,合同具有期限,典型企业如三夫户外、滔搏体育、边城体育等。以三夫户外为例,三夫户外与国内外知名户外运动品牌建立持久稳定合作关系,代理并经销400＋品牌,包含登山、滑雪、潜水等运动的鞋、服装、设备等多个品类,达到横向一体化,从而提高竞争优势、巩固市场地位。

　　类型三,多品牌布局型。通过自建、购并及买断品牌经营权等方式获得产品控制权,然后通过品牌孵化、整合,使产品焕发新的生机活力,典型企业如安踏、耐克、阿迪达斯和威富集团等。以安踏为例,安踏在纵向及横向发展方向上均有详细布局,纵向占据产业价值链的各个环节达到纵向一体化,横向收购Amer Sports、孵化新品牌达到横向一体化。

　　类型四,生态整合型。通过自建、收购、整合等方式布局户外生态,包括户外服饰、装备、户外旅行服务、培训等。通过业态整合,构建闭环户外生态系统,典型企业如探路者。探路者曾积极探索户外生态整合,但效果不佳,生态整合策略有待进一步验证。如探路者2013年,先后投资Asiatravel、绿野网、极之美、图途,从户外用品品牌管理公司努力转变为户外一站式综合服务商,打造线上线下联动的户外O2O平台。2015年,出资4000万元发起规模3亿元的探路者基金,投资体育垂直媒体及大众赛事领域,从户外行业进军大户外体育产业。然而探路者的营业收入2015年达到历史高峰38亿元后,便开始一路下滑。到2020年底,探路者的营业收入已跌破10亿元,生态整合的战略并未取得成功。

3. 户外运动服饰行业的业务创新方式

　　为了应对跨界竞争加剧、产品同质化严重、行业成熟度低和渠道结构发生改变四重挑战,户外运动服饰行业的参与者均在进行不同形式的业务创新,主要体现在场景创新、产品及服务创新、渠道创新、供应链创新和跨界创新5个方面。

场景创新：从销售单品（卖货）走向生活方式的场景化转变，从单一功能的销售展示走向生活方式的场景创新。比如，The North Face位于纽约的全新户外探险主题概念店。

产品及服务创新：从销售单件产品走向从销售产品与提供服务相结合的综合解决方案。比如，Lululemon推出付费会员，打造销售产品与健身服务相结合的模式。

渠道创新：从单一的传统销售渠道或电商渠道，跨渠道、多渠道销售模式走向全渠道融合。比如，Lululemon在部分门店推出"线上购买门店取货"服务，打通线上线下。

供应链创新：从满足大多数人基本需求，走向满足细分族群的改善型和个性化需求。比如，VF集团推出数字化产品创新平台，可针对客户需求打造定制化产品。

跨界创新：从非标、杂乱的功能性销售服务，走向规范化、品质化的消费服务体验，并通过跨界整合形成更多衍生服务能力，提供全流程极致服务体验。比如，The North Face与众多品牌跨界合作，提升品牌影响力。

（四）家居业品牌制造商和零售商的创新能力建设

随着中国家居行业正进入大众消费、品牌消费和品质消费共存的消费分级时代，家居行业正在迎来产业转型期。

在产业转型期直面战略转折点的时候，容不得任何一家家居企业有松懈的机会。对于很多传统家居企业而言，常年依赖经销体系和大宗工程业务单，基本都是经销商或者合作方来直面终端消费者，甚至有一些中小家居企业从来没有做过消费者研究。一些中小型家居企业在产品研发过程中基本上不考虑消费者需求，常常看到别人家哪款卖得好，就拿回来抄一抄，或者去国外展会上看看有哪些流行元素，就拿回来加上去。卖得好的皆大欢喜，卖得不好的就进入库存。

目前，家居消费主体的转变带来了消费观念与习惯的改变，线上线下融合的消费方式成为主流，消费者对于新技术、新服务更有尝试的意愿，对于个性、环保、品质需求不断增加，这给家居行业带来了前所未有的挑战和机会，企业继续沿用过去的生意逻辑必将遭到无情的淘汰。对于家居企业来说，必须要以"终局看布局"，根据未来推导现在，从顶层设计上进行创新，构建长期核心竞争力，才能在产业转型中脱颖而出。

1. 家居行业5年后产业终局呈现趋势

基于对消费者的洞察及行业终局分析，家居行业5年后产业终局将呈现出以下几个趋势。

趋势一，行业集中度大幅提升。中国家居业集中度与欧美国家相比较低，未来5年将进入产业集中度提升期，龙头企业体量或将成倍提升。

趋势二，细分市场出现寡头。随着产业集中度的提高，部分标准化程度较高细分行业/品类将出现寡头，如床垫等，市场结构从现在的竞争型走向寡占型竞争。

趋势三，精装房将挤压全屋定制。精装房普及将进一步挤压定制行业生存空间，对建材、橱柜等配套产品销售模式产生巨大影响，部分定制企业布局已进行调整。

趋势四，龙头制造商布局零售业务。顾家、欧派等国内领先制造商开设大店，布局零售业务，以宜家、Nitori、汉森为代表的全品类零售商将继续扩大市场份额，吞噬部分单品类零售商生存空间。

趋势五，新零售初现峥嵘。以消费者体验为中心、价格透明、全渠道打通、数据驱动的新零售形态快速发展。

2. 品牌制造商必须加强核心竞争力

结合家居行业的价值链特征，通常可以把家居行业内的主要玩家分为两种类型，即品牌制造商和家居零售商。品牌制造商即产品品牌是由制造商推出，用自己的品牌标定产品并进行销售，典型代表企业如顾家、索菲亚等。家居零售商即以家居零售为主，以大卖场的形式存在，典型代表企业如宜家、汉森、红星美凯龙等。

对于品牌制造商来说，要赢得未来市场的竞争，必须要读懂你的消费者,顺势调整公司战略及经营策略,打造新零售的5项关键能力,才能赢在战略转折点。"成功的企业不是赢在起点,而是赢在转折点"。并不是所有企业都能够有效利用产业转型期实现弯道超车,更多公司跌落在转型谷底。对于品牌制造商而言,在产业转型期,需要围绕消费者的新消费需求去重新定义自身的战略布局及核心竞争力。战略大师普拉哈拉德(C.K Prahalad)在深入研究诸多日本企业的成功战略之后,提出了著名的"核心竞争力"理论(Core Competence)。普拉哈拉德指出,"从长期来看,竞争优势将取决于企业能否以比对手更低的成本和更快的速度构建核心竞争力,这些核心竞争力将为公司催生出意想不到的产品。管理层有能力把整个公司的技术和生产技能整合成核心竞争力,使各项业务能够及时把握不断变化的机遇,这才是优势的真正所在"。

品牌制造商在未来5年需要重点打造5项核心竞争力,如图1-15所示。

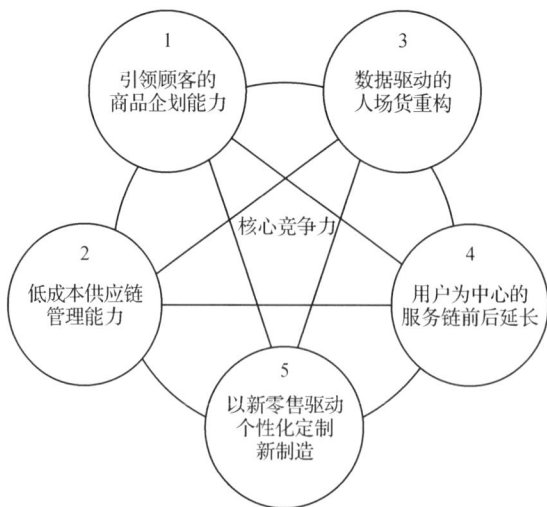

图1-15　品牌制造商需要重点打造的五项核心竞争力

引领顾客的商品企划能力。家居商品场景化分类,转变单品式销售为组合式销售,重点引入多品类管理(店面运营、买手体系)经验丰富的操盘手,缩小与业内标杆间的差距。

低成本供应链管理能力。以更低库存和生命周期,满足顾客期望前提下实现更低成本。建立小批量敏捷型供应链体系,快速试错并建立定量分析体系,分散供应商风险的同时提升采购规模效益,严格供应商资质审查,积累运营数据,进行需求预测并计划生产和库存准备。

数据驱动的人、场、货重构。完善消费者数据收集体系,量化消费者行为模式及消费习惯。借助新科技推动卖场立体化,提升评效比,提前预知客户画像及销售图谱。推动信息管理系统,引入库存准确率等作为绩效考核指标,提高数据准确度,实现线上线下库存、价格、销售一体化。利用新模式(如无人零售/机器视觉)推动零售效率提升。

用户为中心的服务链前后延长。关注消费前期的数据采集、精准营销,中期的线上线下联动,后期的物流配送、售后服务、智能家居使用数据。从提供产品,扩展到提供内容、产品及服务,如设计服务、保养服务等。如设计师品牌,设计选购供货一体化。如万师傅家装物流,送货上门安装全套服务。

以新零售驱动个性化定制新制造。以顾客需求为核心进行个性化定制,新零售驱动新制造。探索家居业柔性化、模块化生产实现路径,满足顾客的个性化定制需求,提高顾客忠诚度。传统家居制造业是个物理性的产业,互联网和大数据技术驱动原本独立环节实现链接,形成软装市场和服装市场的C2M模式,例如索菲亚、红领。

3. 家居零售企业未来要重点打造的核心竞争力

环顾全球,世界前五大家居公司,及在美、日、韩等国家市场占有率为第一的公司均为全品类家居零售商,典型代表企业如宜家(全球市占率第一)、汉森(韩国市占率第一)和Nitori(日本市占率第一)。通过对国际家居零售商的核心能力总结提炼,"全品类管理、高低混频的空间展示、客户拉新、精益运营"是家居零售企业未来要重点打造的核心竞争力,如图1-16所示。

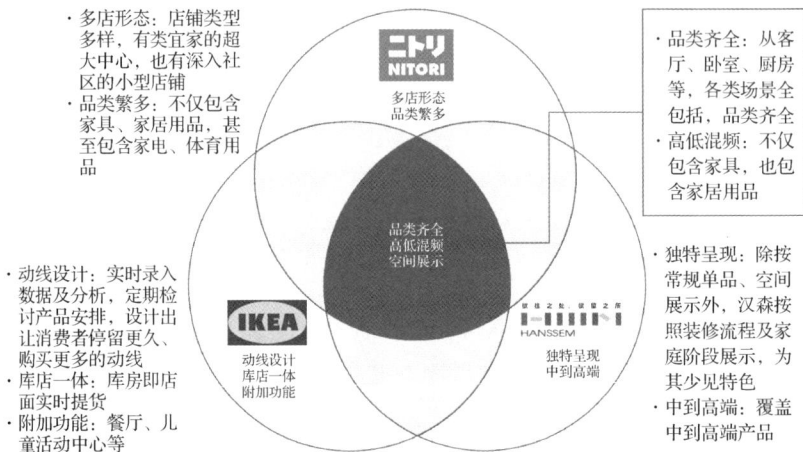

图1-16　家居零售企业未来要重点打造的核心竞争力

全品类管理能力，即通过扩大家居产品品类，更全面地展现公司旗下产品，扩大消费者选择空间，提升购物体验，达成"一站式购物"；通过不同样板间及风格体现不同生活方式，更易让消费者通过自我标签找到适合产品。

高低混频的空间展示能力，即通过将低频消费的家具与高频消费的家居用品、餐厅进行混合展示，有助于加强品牌与消费者之间的联系与提高品牌认知度，当低频消费需求再次出现之时，就能占据有利位置；有助于延长消费者在商场内的逗留时间，带动家居、饰品等产品销量的增加。

客户拉新能力，宜家、汉森、Nitori风格多为简约、百搭的基本款，受众覆盖面广。宜家、Nitori每年都会有商品永久降价，建立低价形象，并通过执行亲民价格，拓展新客户。

供应链精益管理能力，国际家居巨头大多对供应链有极强的把控能力，且能将其精益生产能力进行输出，甚至让部分供应商即使短期亏损也愿意学习。

(五)电商代运营行业利用增长公式实现的创新

1. 国内某电商代运营面临的挑战

电商代运营是指代运营商为品牌方实现网络零售所提供的一系列综合

服务,具体内容包括开店前的品牌咨询、店铺建立,及运营中的商品管理、店铺运营、营销推广、消费者管理、客户服务、仓储物流以及IT服务等多个环节,部分代运营商还会利用其市场信息优势为品牌方提供关于产品定位以及推广等方面的建议。

国内某电商代运营领先企业美易达公司经历多年快速发展后,遇到了增长瓶颈,正面临四大严峻的战略困惑与艰难的战略抉择。

挑战一,"大"和"小"的矛盾。新品牌拓展大品牌和小品牌观点不一。一部分高管认为要选择大品牌客户有利于短期盈利,另一部分高管则认为有潜力的品牌更有利于长远发展,两大阵营相互僵持不下。

挑战二,"宽"和"窄"的矛盾。品类聚焦与品类扩张的两难选择。目前过度依赖家电行业发展,以家电品类作为公司核心代运营品类,难以平衡同品类下不同品牌商之间的利益,特别是同品类下的品牌商属于竞争关系的时候,只能被迫做出"2选1"的艰难抉择;而如果选择品类过多,则重点不突出,不能聚焦,现有能力也不支撑。

挑战三,"奇"和"正"的矛盾。基础服务"守正"与高端服务"出奇"地失衡。目前仍是一家以传统基础服务为主的代运营公司,大数据营销等能力不足。

挑战四,"快"和"慢"的矛盾。快速增长与过于追求速度的矛盾。过于追求速度容易导致动作扭曲、资源流失、内部冲突等。如何找到新的成长支点? 是否有足够耐心、韧劲和定力?

2. 美易达公司制定的六大增长杠杆

面对四大挑战,美易达公司借鉴了代运营行业诸多优秀公司的最佳实践,进行组合创新,并根据行业增长公式"销售额=更多流量×更高转化率×更大客单价"制定了六大增长杠杆,即创新营销方案、新奇特赠品开发、重塑产品品牌形象、店铺精细化流量运营、差异化价格带策划和优化产品组合,如图1-17所示。

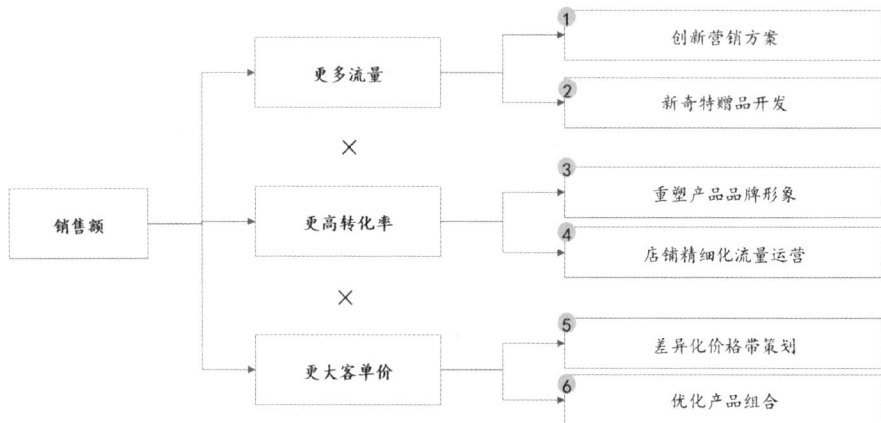

图1-17 美易达公司制定的六大增长杠杆

增长杠杆一，创新营销方案。随着电商代运营的品牌方在电商平台上面临着营销资源争夺日益激烈、平台流量逐渐流失的窘境，电商进入了营销驱动的时代，美易达亟须创新营销能力。如，曾经的"妈妈辈"品牌百雀羚在创意营销方案的加持下，品牌得到了巨大曝光，如图1-18所示。

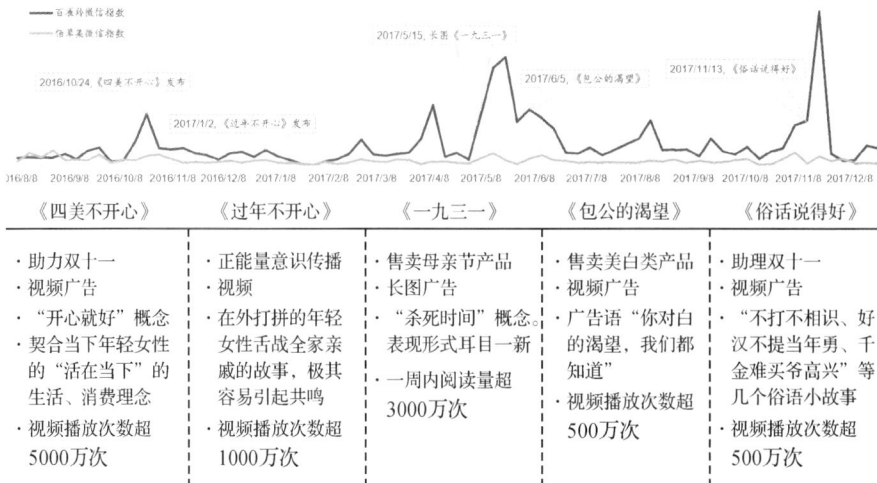

《四美不开心》	《过年不开心》	《一九三一》	《包公的渴望》	《俗话说得好》
·助力双十一 ·视频广告 ·"开心就好"概念 ·契合当下年轻女性的"活在当下"的生活、消费理念 ·视频播放次数超5000万次	·正能量意识传播 ·视频 ·在外打拼的年轻女性舌战全家亲戚的故事，极其容易引起共鸣 ·视频播放次数超1000万次	·售卖母亲节产品 ·长图广告 ·"杀死时间"概念。表现形式耳目一新 ·一周内阅读量超3000万次	·售卖美白类产品 ·视频广告 ·广告语"你对白的渴望，我们都知道" ·视频播放次数超500万次	·助理双十一 ·视频广告 ·"不打不相识、好汉不提当年勇、千金难买爷爷高兴"等几个俗语小故事 ·视频播放次数超500万次

图1-18 百雀羚创意营销方案

增长杠杆二，新奇特赠品开发。每逢"6·18""双十一"等电商购物狂欢节的时候,各品牌商家都会通过价格大促吸引流量;而当价格成为大促中最敏感因素时,跨界打造极具吸引力的新奇特赠品往往能有效提高流量。如,百雀羚通过与故宫文创进行IP合作,打造极具吸引力的赠品发簪刺激目标客户群体购买套盒。

增长杠杆三,重塑产品品牌形象。时间是快消品行业的敌人。很多消费品品牌由于未能及时根据年轻消费者的喜好创新品牌形象,而面临品牌老化的挑战,被认为是"老一辈"的产品。

因此,帮助"老化"的品牌实现线上增长的重要方式,就是帮助其重塑产品品牌形象。以百雀羚为例,"蓝色小铁盒"曾是百雀羚的经典产品,但市场份额受到欧莱雅及玉兰油的严重冲击,2010年的市场占有率跌至0.2%。经过2年的痛定思痛,百雀羚于2012年重塑形象为"为年轻女性做草本类的天然护肤品,功能专注于保湿",并顺势推出新logo及新包装,提炼出"中国传奇、东方之美"全新品牌理念。在重塑品牌形象后,百雀羚在2012—2015年销售额年复合增长30%,市场份额从2010年的0.2%提升到2015年的3.2%,至2017年营业收入已高达177亿元,较2012年翻了10番,成为新国货第一护肤品牌。

增长杠杆四,店铺精细化流量运营。根据消费者购物路径AISAS进行精细化店铺运营,可有效提升流量的转化率,提升用户有效购买量。消费者线上沟通路径通常可以分为5个阶段,即消费者关注阶段(Attention)、消费者感兴趣阶段(Interest)、消费者寻找阶段(Search)、消费者行动阶段(Action)和消费者分享阶段(Share),简称AISAS。实践表明,在消费者关注阶段,应通过平台活动进行产品曝光,并精准推广。在消费者感兴趣阶段,应重点通过微博、微信等自媒体进行口碑传播。在消费者寻找阶段,应进行搜索引擎优化及营销,以期匹配消费者搜索需求。在消费者行动阶段,产品策划团队和页面设计团队应对页面设计、视频制作、详情页文案等消费者的各个感官触点进行全面优化,并通过专业客服导购促进消费转化。在消费者分享阶段,应注重提升消费者的购物体验,并推动消费者使用评论等互动沟通工具,以互动传播和口碑营销的方式提升品牌的受众面和影响力。

如电商代运营头部公司若羽臣通过 AISAS 五步法，对其代运营的店铺进行精细化运营，提升了店铺的营销效率及流量转化率。

增长杠杆五，差异化价格带策划。即对竞品价格进行深度挖掘，与品牌方共同完成新产品的差异化定价策略。如电商代运营头部公司网创科技为百雀羚进行差异化价格带策划，以打包销售提高客单价。网创科技通过数据监测和对市场趋势的预判，发现 60—80 元价格的面膜品类市场存在巨大的潜力，便向百雀羚提出了产品开发和市场投放全案。其提案开发的"小雀幸"面膜于 2015 年 10 月上线，20 片/盒，价格在 60—80 元之间，市场表现良好。

增长杠杆六，优化产品组合。通过 IP/内容/粉丝概念产品组合或打造产品套装，将引流产品与高利润产品组合，可显著提高客单价。

通过运用增长公式，美易达公司在战略上统一思想、明确发展方向，并突出创新，实现了业务增长。

（六）直销行业的新零售模式创新

1. 直销行业面临的变化

2006 年第一批直销牌照的发放，标志着我国直销行业终于步入规范化的发展时代，由最初的 10 家直销企业增加至如今的近百家，行业规模在 2017 年达到历史最高的 2300 亿元。但是我们发现近 5 年行业增速有所放缓，且多数行业龙头直销企业业绩出现明显的停滞或下滑现象。

究其原因，直销行业面对的消费者变了，经营环境变了，市场竞争格局也变了。

首先是"消费者升级"。消费者对产品的品质与个性化等需求的提升，加之网络的发达，使得以往直销通过信息不对称实现的买卖在如今难度大增；同时消费者对购买体验的需求进一步提升，例如直销传统套路"小型家庭聚会"频频遇到无人问津的尴尬。

其次是"电商/微商冲击"。由于电商具有商品价格透明、购买便捷等因素，吸引了更多消费者通过线上电商下单。另外以思埠、云集等为代表的微商，因具有类似直销的奖金模式，且拥有适应时代的线上销售工具，吸引了大量直销从业者加盟其中。

最后是"新零售兴起"。以麦吉丽、拼多多为代表的社交新零售标杆,通过大数据充分分析消费者,结合众多高质低价的商品与优异的线上线下渠道网络,迅速占领许多品类的销量冠军,这是直销企业所望尘莫及的;网易严选也开始涉及保健品的销售,以其品牌背书与高质低价的产品对直销核心品类产生冲击。

2. 直销行业的新零售模式创新

直销行业面临着消费者减少、直销员减少、产品被降维打击等一系列问题,在继续加大直销的传统三大抓手(直销培训、奖金制度、概念产品)投入的同时,"新零售"成为企业从上到下纷纷讨论的热议话题,似乎一夜间"新零售"成了企业弯道超车的利器。然而直销的新零售是什么,直销的新零售要做什么,以及如何才能做好直销的新零售一系列问题依然困扰着企业。新零售的本质是"人货场"的重构,因此,直销的新零售模式创新必然离不开这三大要素。

自阿里巴巴创始人马云在2016年10月提出"新零售"以来,这一概念便成为全民热议的话题且热度持续上涨。与之前的"O2O"概念不同,"新零售"的概念边界更加模糊,引来众多解读,有的侧重于强调线上线下融合,有的突出"最后一公里"物流,也有的强调发掘消费者需求以开发个性化产品等。如马云提道,"新零售是基于互联网思维和科技,整合线上、线下和物流,全面改革和升级现有社会零售,使商品生产、流通和服务过程更高效"。小米的创始人雷军提道,"新零售的本质是改善效率,通过产品升级,释放消费者购买需求",而商务部给出的定义是"新零售是以消费者体验为中心,以行业降本增效为目的,以技术创新为驱动的要素全面更新的零售"。可见,"新零售"并非指代某种特定具体的形式,不同阶段不同类型的企业所展现的新零售形态各具特色,其本质是对三大要素"人、货、场"的重构与升级,即从原有的消费者在特定的场所选择既定的商品,升级到以消费者为中心,基于数据驱动,在任何场景下均可提供消费者所需的产品及服务,实现效率的最大化。

在新零售主题下，不同类型的企业在"人、货、场"的表现上各有侧重，如线上电商强调掌握更多流量与大数据分析，布局线下实体零售和建设物流配送体系；线下零售商则强调建设线上渠道，开发自有品牌产品；品牌商侧重于门店数字化升级改造及定制产品等；直销企业则因独特的业务模式在三要素的升级内容上更加与众不同。

人：当其他行业还在强调消费者需要融入整个零售过程中时，直销行业的人早已是消费者与经营者的二者合一；由于每个消费者均有一对一的直销员跟进，实际上精确到个人的多维度数据都已沉淀到直销员手中。对此，新零售要求直销企业首先要精确识别现有直销员人群画像，再通过直销员掌握终端消费者信息。

货：市场上主要强调的是如何基于用户画像匹配用户所需的产品，并提供额外的增值服务。直销法律规定直销企业仅能销售6类产品，超出范围则存在法律风险；并且由于众多直销企业销售同一品类，高度同质化的产品使其陷入无尽的红海竞争。因此新零售要求直销企业持续改进商品独特性，提升价值感，并且整合非直销产品扩大销售品类实现引流。

场：相比传统零售与电商企业，直销企业不仅拥有线下专卖店与线上平台，更拥有一支庞大的直销队伍。但是目前线上平台多数直销企业做得不尽如人意，距离优秀的微商平台有较大差距；线下专卖店的出现更是历史的产物，其定位与普通实体店差异较大。由于存在上述问题，直销队伍的实力未能得到最大化的施展。所以新零售要求直销企业围绕直销队伍的业务开展，向线上开辟新场景，同时发挥好线下专卖店的潜力。

（1）直销"新零售"的4项关键任务

新零售三要素的升级是一个系统化的工程，直销企业同样面临投入产出的问题。我们基于紧迫性与难易度，建议按"场、货、人"的顺序进行，重点突破4项关键任务，即线上平台模式选择、线下平台功能定位、非直销产品促引流、掌握终端消费者信息。

①关键任务一：线上平台模式选择

从安利提出"2025战略的年轻化、体验化与线上化"以来，触网的直销企业不断增多。在不断上线的新平台中,有一个显著的趋势是平台的运营模式逐步公开化。

因直销行业的特殊性,每一个消费者必然有固定的直销员跟进以便核算奖金,这也导致早期的直销线上平台更像是一个订货渠道,难以承担起为直销企业引流的作用,如安利数码港、国珍在线等非公开平台,仅会员可登录与购物,这也使得安利平台在上线23个月后仅有350万左右的下载量。无限极在此基础上针对游客与会员开放不同的权限功能,帮助直销员更好地开展拓客业务,可以发现其月活跃人数显著高于同类平台,达到近40万人。

随后上线的脉宝云店首次突破直销企业线上订货渠道的传统,开发类似微商的社交电商平台并主打跨境品牌,以原有直销队伍为种子用户,开辟新的盈利空间,同时借助更容易被公众接受的社交电商,吸引潜在的直销业务发展机会。该平台上线8个月即获得250多万的下载量,并实现超过6亿元的营业收入。

国珍优选更深层次地融合了社交电商与直销模式,将其两方的积分打通,社交电商的销售积分可计入直销业务的积分以计算奖金,这极大地激发起直销员的销售热情,在短短一个月内便实现了110多万的下载量。

综上,我们认为未来的直销企业线上平台模式将呈现出公开式自由登录购物、直销+非直销产品与不断融合社交电商新玩法的趋势。

②关键任务二:线下平台功能定位

由于中国直销法律规定直销企业必须开设线下专卖店,这与直销模式初衷的无须开店产生一定矛盾,也导致长久以来直销专卖店的功能定位较为模糊,多数情况下仅作为形象展示、会客接待与商品配送等成本中心的角色独立存在。在新零售时代下,充分发挥现有直销企业线下专卖店的作用十分关键。

其中一类是以安利为代表的自营线下店,通常规模较大、注重消费环境的打造,然而定位依旧仅围绕服务直销业务开展,缺乏自身造血功能;与此同时运营成本较高,拖累了直销企业的利润水平。因此建议自营的大型线下店考虑跨界整合，如全家便利店＋等跨界业务叠加，在提供多样化的综合服务的同时，实现引流与增效。

另一类是以无限极、完美为代表的特许加盟店，通常规模较小、装修简单，依靠直销员邀请才有顾客进店。这类加盟店除面临与直营店同样的问题外，当直销员难以支撑门店成本时，反而会使直销企业陷入被动。因此建议小型线下店在有限的空间内充分促成销售转化与数据留存，如无限极、安利等直销企业均有设置与自身产品相关的体验设备用于服务进店的潜在消费者。

③关键任务三：非直销产品促引流

增加非直销产品与直销企业打造线上社交电商平台一脉相承。由于消费者对直销产品认知度普遍低于大众消费品牌，通过与知名品牌一同销售可促进消费者对直销产品的品质认知，同时扩大平台消费者基数。因此，选择与原有直销产品既不冲突又能产生联动效应的品牌产品是关键。

目前，脉宝云店与国珍优选均有整合非直销产品，两者的主打卖点、SKU类型数量、供货方式与物流方式因企业资源背景不同而有所区别。中脉是主打全球购，通过自建买手团队全球集采；而国珍是主打质优价低的国货。

直销员通过消费者购买非直销产品能更快地与之建立联系，基于非直销产品的偏好，能与直销产品形成销售组合。直销企业整合非直销产品数量无须过多，布局能与核心直销产品形成联动的优质产品是首选，同时思考与众不同的主打卖点，如"新奇特、独家定制、有机绿色"等主题，助力直销员更有方向性地开展业务。

④关键任务四：掌握终端消费者信息

消费者数字化、标签化的作用与意义从未像现在这样重要，对于直销企业而言如何掌握到所需的信息是第一步。虽然直销是一对一的服务，直销员充分掌握消费者信息，然而除了最终的交易信息，绝大多数的终端信息并未传递到直销企业手中，这在新零售时代下是一种莫大的浪费。

许多直销企业也意识到掌握终端消费者信息的重要性，引导直销员与消费者在线上下单以截留数据，或者在线下报单等环节加强管理要求填报更多信息。然而，此类措施常得不到满意的结果，因为一方面填报信息增加直销员的工作量而没有益处;另一方面,增加直销员担心未来被直销企业抛弃的顾虑。我们同时看到,有些直销企业能良性地掌握到直销员手中的终端信息。例如优莎娜等直销企业通过开发针对直销员团队管理的线上工具,包含协助直销员自动生成拜访日程表、潜在顾客清单与针对性顾客的策略建议等功能,使直销员乐于将其所了解的所有消费者信息一一主动填写;而直销企业在越来越多的数据支撑下,能不断优化提供给直销员的数据策略支持,形成双赢。

除了直销体系内的数据,最终形成对消费者360度画像还需要来自社交、健康、交易等维度的数据,此时需要直销企业通过数据平台采购、健康机构合作及数据战略联盟组建等方式持续抓取。

(2)直销"新零售"的两个核心支撑

打造直销新零售的4项关键任务,目的就是实现引流增效,助力直销伙伴更加高效地开展业务,而新零售目标的实现则需要众多组织能力支撑,其中有两个体系最为核心,即数字化体系与企业人才体系。

上述所讲的线上线下融合、大数据匹配产品和实现精准营销等功能无一不是建立在企业完善的数字化体系基础上。我们建议直销企业关注核心业务流程数字化、消费者数字化、商品与服务数字化与供应链数字化的建设,最终打造成动态的网状数字化供应链体系,使数据无缝对接和流通,各个节点能依靠数据做出及时的调整和反馈,从而提供更加高效、精准、个性化的服务。

另一个核心支撑是企业人才体系。由于直销企业往往聚焦于业务人员而忽视企业内部员工,导致出现优秀人才流失、内部人才断层等问题,进而影响对业务人员的支持服务工作,甚至阻碍直销企业战略的落地。因此,直销公司首先应基于新零售的战略攸关度与市场稀缺度来确定关键性岗位,随后开展全面的人才盘点,制定关键岗位人才招聘和储备计划,最后将人才盘点与人才管理及培养有效连接,形成制度化、流程化的人才管理体系。

随着中国消费者的更新换代、各项新兴技术的成熟、各类商业模式的推陈出新,"新零售"的话题将一直存在。与此同时,直销企业面临的挑战将持续更新,遇到的可能是人工智能,也可能是生物基因。无论何种挑战,唯有把握问题本质并顺应时代趋势,直销企业方能应对不同时期"新零售"带来的挑战。

三、人才驱动篇

(一)关键人才是经营业绩的放大器

关键人才与普通人才给企业带来的经营结果差异往往超乎想象。许多顶尖专业运动选手能获取千万美元的合约金,而那些坐冷板凳等待替补出场机会的新手,只能赚几十万美元。因为成功的运动员拥有特殊的技艺,能带来非凡的杠杆效应。如果他们发挥得好,带来的影响力是超乎寻常的,能带动团队取胜,进而带来巨大的商业利益:球迷越多,观众越多,球衣和球帽的销量也会越多。表现优异的运动员能够拿到优厚的薪水,创意精英在商界也理应如此。

谷歌认为,如果聚焦 A 级别的优秀人才,一起专心致志于项目研发,那么项目的进行一定会很顺利;如果妥协并遗憾地聘用 B 级别和 C 级别的人才,那么企业马上就会陷入危险境地。正如微软前首席技术总监纳森·迈尔沃德所说的那样:"顶级的软件开发人员比一般的软件开发人员生产效率不是高出 10 倍或 100 倍,而是高出 1000 倍甚至是 10000 倍。"

在导致增长出现停滞的组织因素中,最为常见的一类就是人才储备匮乏,即公司缺乏具有良好战略实施能力的领导者和员工。

增长停滞极具破坏性,且重新站起来绝非易事。研究表明,增长停滞会产生企业市值缩水,严重损害股东利益,使核心高管及人才大量流失。《财富》100 强企业中有 87% 的企业遭遇过增长停滞,而停滞发生后 10 年内恢复中等或较高增长率的企业不足 50%,从停滞发生到 15 年内保持中等或较高增长率的企业仅剩 7%。

作为国内知名休闲卤制品周黑鸭也曾遭遇过人才储备匮乏而带来的增长停滞。2016—2018 年中国休闲卤制品行业受基于城镇人均可支配收入水平的增加,休闲食品食用场景丰富、消费渠道拓展等因素驱动实现了年均

14%的复合增长。而周黑鸭却遭遇增长瓶颈，未能跟随市场的增长，在2018年及2019年连续2年营业收入出现负增长，加上营业成本、销售费用、管理费用等不断增加，导致净利润大幅下滑。决定一个企业人才战略的，其实是业务战略。只有业务战略清晰，才能决定想要什么样的人才，即"战略决定人才"。

为此，2019年，周黑鸭开启了面向未来5年的战略规划项目，拉开了第三次创业的序幕，围绕"以客户为中心"制定了升级商业模式、全渠道覆盖消费者、产品多样性、整合品牌营销、提升组织动力及提升供应链能力在内的六大发展战略。业务增长清晰之后，周黑鸭进行了人才战略的升级。以"述能会"为核心进行人才盘点，开诚布公的"述能会"围绕自我介绍、业务回顾与展望、个人职业发展目标、工作案例回顾、优劣势自评和团队人才现状与发展进行汇报。

"述能会"从总部到大区，再从大区复制推广到一线骨干，强化了周黑鸭"以奋斗者为本"及"以结果为导向"的人才原则，识别出德（忠诚度＋工作态度＋合作性）才（胜任力＋领导潜力）兼备的Ａ类干部，将Ａ类干部匹配到Ａ类岗位上，而对于跟不上公司战略发展的中高层管理者进行合理的岗位调整，践行了干部队伍"能者上、平者让、庸者下"的理念，极大地激发了周黑鸭的组织活力，并真正将人才战略与业务战略贯穿在一起。就像周黑鸭品牌创始人周富裕所说："公司管理层的变动就像动物蜕皮，通过更加符合现阶段战略的人才体系，才能将周黑鸭提档升级，并推向下一个高度。"

（二）战略三层面业务与"四新"人才战略的有效链接

在公司的关键岗位中，有多少位在公司多年的"老人"，又有多少位能带来全新视角和方法的"新人"？极少有公司会认真、正式地均衡关键人才团队中"老人"和"新人"的比例。在公司的关键岗位出现人才空缺时，优先采用怎样的人才补给策略才能最有效地支持企业的增长？

调研显示，31.25%的企业采用倾向于元老的举手制设计，46.88%的企业采用倾向于继任者的举手制设计，34.38%的企业采用外聘牛人大咖。值得一提的是，14.06%的企业采用了与合作伙伴生态共建，能力共享。

　　一位人力资源经理说："从产品线的角度来说，我们希望看到这些人，我们将他们放到关键的岗位上，他们能打出漂亮的全垒打……他们可以为事业部带来外部的新视角，同时也能充分地融入企业文化中。"然而，大公司向管理层引入"新鲜血液"后的结果常常不容乐观。众多研究显示，35%—40%的新聘高管在上任后的18个月内会惨遭免职。

　　如何在企业高管层保持一定的活力，同时企业文化能保持一定的延续性是悬在企业高管面前的一把达摩克利斯之剑。核心业务元老体面退出、继续发挥余热，成长业务外聘牛人结合转岗训练，孵化业务生态共建这3种模式是诸多领先企业在实践中给出的答案。

　　顺丰自1993年成立至今，已成为以快递为传统业务，以综合性物流服务为新业务的国内领先的快递物流综合服务商。随着顺丰业务战略的发展与拓展，顺丰人才战略也随之改变，形成了具有顺丰特色的针对新老业务在全生命周期扩张中的差异化人才战略，即新结构、新机会、新血液、新理念的"四新"人才战略。

1. 元老退出打造新结构

　　顺丰成立之初稳扎稳打深耕快递业务，人才战略以内部培养为主。为了激发组织活力，挖掘新生人才潜力，顺丰针对"老人问题"采取了元老退出策略。即针对考核未达标的中高层管理人员，让其"体面淡出""发挥余热"，如职能高管可转身为企业大学专家，将多年积累的知识、技能和经验沉淀进行运营、质量、时效等领域的专题研究，对新员工及后备人才进行经验和技能传递；业务高管可转身为顾问委员会专家，协助储备副总经理解决实操过程中的运营难题。通过该举措，顺风使总监及以上管理者的平均年龄从38岁降到35岁。

2. 转岗内训创造新机会

　　顺丰业务不断延伸，先后进入冷链运输、重货运输、仓储管理、供应链管理等领域。由于泛物流领域，大部分能力可与传统快递业务共享，因此针对与传统业务相似度较高的业务（如供应链、仓储等）内训转岗，通过"人才训练营"和训战结合获取能力。人才训练营的设计上更加注重理论与实战结合，专家与导师护航，从而提升转岗人才的存活率。同时人才训练营反向应用于传统业务的人才培养，在岗总经理每年至少完成1—2次训练营，起到教学相长的效果。该举措使泛物流衍生新业务的80%岗位需求通过内训转岗实现。

3. 外聘牛人注入新血液

针对与传统业务相似度较低业务（数据、金融等）采用外聘牛人。由于现有人才和能力难以匹配新业务领域的挑战，特别是进入供应链金融、冷链等专业性较强、壁垒较高的新业务领域，所以外聘牛人可快速响应市场需求，直接利用专家经验及行业资源，短平快解决问题，但同时面临着"外聘诅咒"，人才流失严重和文化传承受到挑战。顺丰通过"顾问模式"为外聘牛人提供试探和缓冲机会，更有利于其扎根存活。同时通过差异化激励、系统化培养等方式使外聘比例从20%提到50%，3年后整体降到30%。

4. 生态共建引领新理念

随着快递行业龙头"四通一达"集体上市，竞争由成本推动转向服务、技术推动。2017年后顺丰通过与业界领先公司如夏晖、UPS、百度外卖、同盾等成立合资公司，进入冷链、供应链金融、同城配、重货、跨境等新业务领域，全新商业模式和新业务能力挑战，让顺丰开始探索与合资公司共享人才模式，为生态系统培训和输送专业骨干和高管人才。顺丰将合资公司作为"人才训练场"，相互派遣人才，定期在人才上进行交流，相互培训、观摩及学习，并在合资条款明确非常重要的一项，合资公司有义务在未来5年在该方向上为顺丰培训一定数量的专业骨干和高管。

经过一系列人才战略组合拳的实施，顺丰人才结构逐步迈向更外向、更年轻、更精英和更国际化。在人才战略驱动下，顺丰的新老业务均实现了有效增长及阶段性进展。至2019年末，顺丰传统业务快递业务营收突破千亿元，业务量达48.43亿件，同比增长25%。至2019年上半年，顺丰新业务快运、冷链、同城配业务等营收分别为50.72亿元、23.52亿元、7.85亿元，快运与冷运业务同比分别增长46.99%和53.93%，同城业务发展最快，同比增长129.13%。新业务整体占营收比重从2018年上半年的16.3%上升至2019年上半年的23.66%,新业务收入的快速增长对公司整体营业收入增长贡献显著。

顺丰董事长、总经理王卫提道:"在企业管理上,最重要的维度是人,管理的基点关键是落实到人性。公司通过拓展新业务、提高人均效能,在薪酬方面每年都有提升,确保了公司持续发展的内在动力。"

(三)创造业绩增量完成人才培养——以建信人寿为例

公司在进行组织能力建设时是否考虑到了当前商业模式所需的技能,包括公司未来发展的需要? 调研显示,53.13%的企业认为,人才培养未能对公司及业务发展有效赋能是公司亟须解决的人才战略问题。

优秀企业的组织能力建设目标是面向未来,匹配未来客户需求。遵循"边打仗、边建设"的规律性,能力是在不断满足客户需求的业务过程中迭代养成的,人才培养要在创造业绩增量中完成、在训战结合中实现。通过新员工业务实践,把秀才训练成士兵;通过项目实践,把士兵训练成士官;通过轮岗实践,把士官训练成校官;通过战役实践,把校官训练成将官。

建信人寿保险股份有限公司(以下简称"建信人寿")是中国建设银行股份有限公司控股的人寿保险公司,总部位于上海。建信人寿自1998年成立以来实现了快速发展,全面融入中国建设银行的综合金融平台,充分借鉴台湾中寿的领先技术,有效利用社保基金会的深厚影响力,在打造银行系保险公司经营特色的道路上不断前行。公司牢固树立客户导向理念,坚持"销售高诚信、服务高质量、理赔高效率"的经营方针,积极推动保险产品与服务创新,在寿险业市场化改革和银保深度合作等方面大胆探索,不断为行业创新提供成功范例。公司业已形成线上线下、面向全国的服务能力,并在深耕寿险业的同时不断延伸业务领域,开办资管、财险业务,介入健康、养老领域,保险综合服务能力不断增强。

我国寿险行业内外部发展环境正经历着前所未有的深刻变化,经济形势和监管环境不断调整,民众健康养老以及财富管理的需求不断提升,金融业进一步对外开放以及金融科技蓬勃发展,给寿险业的发展带来了丰富的机遇和挑战;与此同时,潜在客户的保险意识、收入水平、主体结构、差异化需求逐渐影响寿险业的发展态势。为了匹配未来客户的需求,公司对中支机构负责人提出了更高的能力要求,作为中支机构(最主要的营业单位)的直接管理者和业务队伍的带头人,既要对行业发展有前瞻性认识,又要有管理机构的专业能力;既能够推动业务持续发展,又要保证业务活动合法合规。为帮助中支机构负责人准确理解行业内外部环境和发展趋势,建信人寿把握好业务发展方向和节奏,提升业务推动、市场营销、队伍建设等实战技能,同时通过培训促进合规经营意识和能力的提升,助力中支机构持续、健康发展。建信人寿教育培训部精心规划设计了"跃龙计划"——中支机构负责人实战特训营,如图1-19所示。

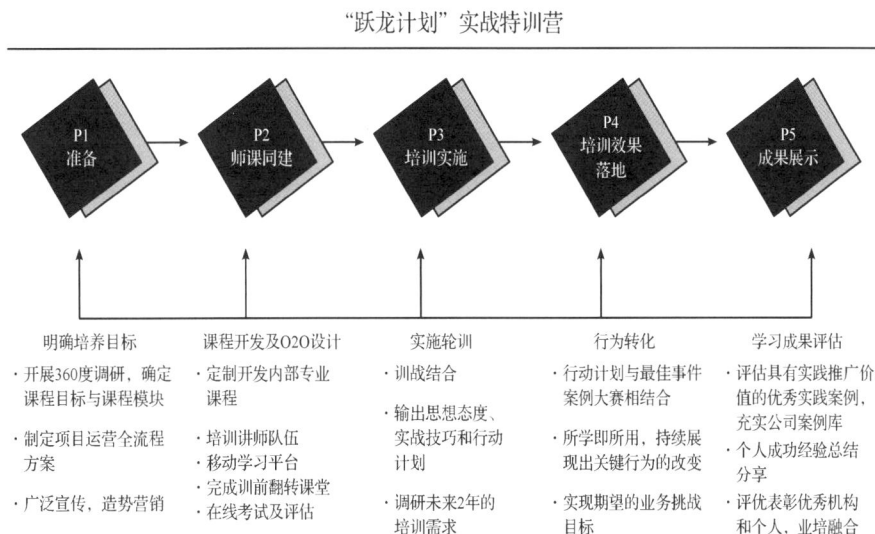

"跃龙计划"实战特训营

P1 准备	P2 师课同建	P3 培训实施	P4 培训效果落地	P5 成果展示
明确培养目标	课程开发及O2O设计	实施轮训	行为转化	学习成果评估
·开展360度调研,确定课程目标与课程模块 ·制定项目运营全流程方案 ·广泛宣传,造势营销	·定制开发内部专业课程 ·培训讲师队伍 ·移动学习平台 ·完成训前翻转课堂 ·在线考试及评估	·训战结合 ·输出思想态度、实战技巧和行动计划 ·调研未来2年的培训需求	·行动计划与最佳事件案例大赛相结合 ·所学即所用,持续展现出关键行为的改变 ·实现期望的业务挑战目标	·评估具有实践推广价值的优秀实践案例,充实公司案例库 ·个人成功经验总结分享 ·评优表彰优秀机构和个人,业培融合

图1-19　建信人寿教育培训部设计的"跃龙计划"

"跃龙计划"实战特训营使中支机构负责人通过培训不仅获得知识、理念、方法的输入,更有思想态度、实战技巧和行动计划的输出。先后4期共176名中支机构负责人参加了轮训,共提交了近300份经对口分管领导验收确认的训后3个月行动计划方案。方案主题覆盖母子协同加深、营销文化建设、队伍招育用留、业务推动加强(含银保、个险、团险、高端、网销、健康六大业务线),并表现为增员数、产品通关率、留存率、活动量、钻石率、沙龙数、拜访量等关键过程指标。3个月行动计划方案合计提出新增（"新增"指在原有经营目标上增加）保费约12.27亿元，相应的挑战目标均有详细具体的行动措施及细分的进度节点和资源配置方案。

（四）绩效管理的本质是业务管理——以华为为例

即使那些曾经在绩效管理方面取得辉煌成绩的管理标杆企业，也在新时代下重新思考"绩效管理到底如何做才真正有效"。比如，GE在2015年亲自废除强制比例分布，日新月异的绩效管理理论和工具，层出不穷的新理论、新概念，愈加让企业管理者感到迷茫。过度追求"指标"，会让我们丧失目标；过度追求"量化"，阻碍了绩效管理的"效用"；过度追求全面，指标丢掉了"关键"。回归绩效管理的本质是引导并激励员工贡献于组织的战略目标，同时实现组织和个人的共同成长。

绩效管理必须与战略规划挂钩。华为绩效管理基于战略规划（SP）、业务计划（BP）和职位职责的梳理与定位，厘清部门或个人岗位对组织的独特价值，找到价值发挥的业务目标和关键任务，并最终落实到个人绩效承诺（PBC）上。华为绩效管理与战略规划（SP）和业务计划（BP）的衔接关系，如图1-20所示。

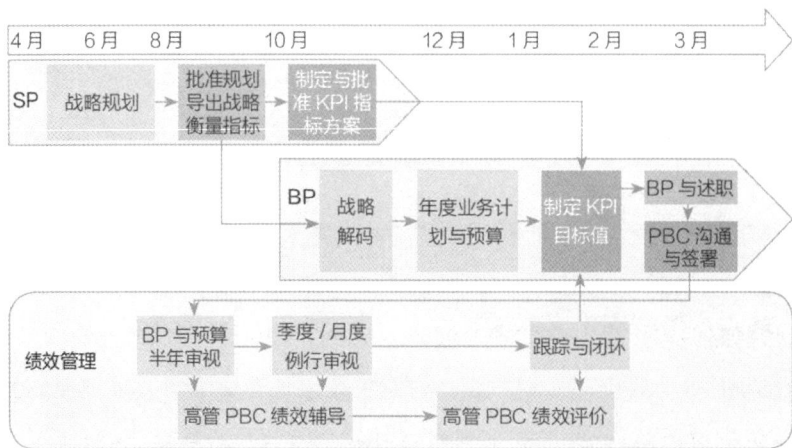

图1-20　华为绩效管理与战略规划（SP）和业务计划（BP）的衔接关系

华为战略规划(SP)是面向未来"看清五年",聚焦当下的业务计划(BP)"看穿一年"。华为战略规划的讨论和制定一般安排在每年的4—9月,业务计划安排在10—12月。针对不同层级人员绩效关注重点迥异,高层管理者强调长短期目标的集合,采用"述职＋PBC"模式;中层管理者关注短期目标＋关键任务结合考量,采用"述职＋PBC"模式;基层员工关注关键任务＋行动计划结合考量,采用KPI考核表,如图1-21所示。

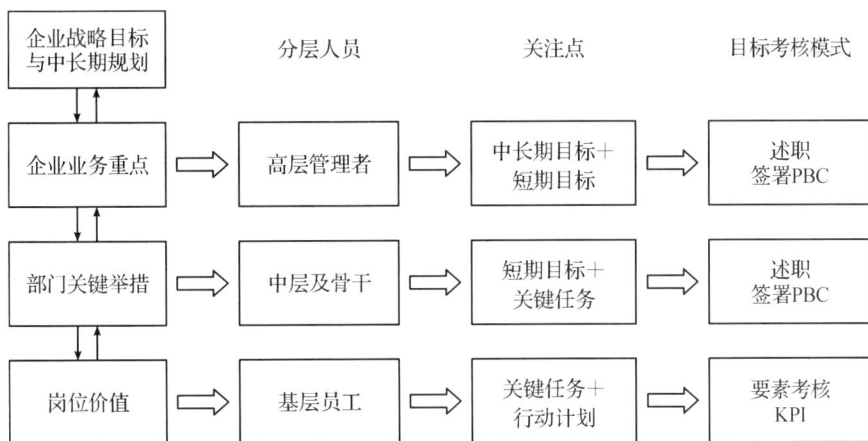

图1-21 华为战略规划(SP)

绩效管理必须面向未来。在绩效目标的指定部分,应谨慎采用精细的KPI法,特别是对于通信、互联网等业务节奏变化比较快的企业。平衡记分卡的财务、顾客、内部流程、学习与成长4个关注维度值得借鉴,但因为其各类数据的计算需要企业强大的内部系统做支撑,一般企业并不具备这样的管理基础。绩效管理必须建立面向未来的思维,其重点是通过一系列管理动作,引导团队和员工做业务思考,做得失总结,更准确、更有挑战地制定好下一期的工作目标,让员工对自己的未来看得更清楚,更有信心。

述职是目标制定和绩效管理中非常重要的一部分。华为的述职内容包括当期总结和下期计划两部分,这两部分又分别包含业务目标、组织发展和团队建设3个模块。业务目标围绕"多打粮食",一般设定2—3个目标;组织发展和团队建设是"增加土地肥力"的绩效内容,一般设定1—2个目标。组织发展和团队建设的区别为：组织发展目标主要针对流程建设、制度规则、标准化、操作手册、案例开发等作出目标定义；团队建设目标主要针对团队的人才招聘、能力发展、分为建设等作出目标定义。

（五）价值分配导向冲锋及艰苦奋斗——以华为为例

价值分配必须适应竞争。随着市场竞争空间的丰富及竞争时间密度的升级，传统竞争对手、跨界竞争者快速地对市场发起冲击，并发起人才争夺战。谷歌创始人拉里·佩奇将美国宇航局和奥巴马政府视为最难缠的竞争对手。他说："谁跟我抢人，谁就是我的竞争对手。"拉里·佩奇不怕脸书、苹果等公司抢他们的工程师，因为他们可以通过更好的工作、更多的股权留住这些优秀的工程师；但是他们却竞争不过美国宇航局，因为美国宇航局探索的目标是整个宇宙，甚至更大，在那里有许多更有趣的事情。尽管美国宇航局的工资只有谷歌的五分之一，但依旧能够吸引谷歌的人才去那里工作。企业应该如何为这些关键人才资产投入必要的资源和关注，保证他们能积极投入工作，避免被竞争对手挖走，为传统的价值分配策略提出了挑战。

1. 华为的价值分配

奖金是挣来的且变动的。华为的价值分配理念强调以奋斗者为本，导向队伍的奋斗和冲锋，同时承诺不让"雷锋"吃亏。作为价值分配主要形式的薪酬管理要解决好四个基本问题：即报酬什么，指公司报酬的导向，华为是按贡献付酬的；怎么定位报酬，指报酬形式的定位，工资及奖金等报酬只有结构合理、定位清晰才能发挥最大的作用；报酬多少，指报酬水平既要考虑外部劳动力市场水平，又要权衡内部拉开多大差距，有差距才有动力；以及支付能力，在期望和可能之间寻求平衡。分配机制要处理好多种矛盾，如短期与长期的矛盾，历史贡献者与当前贡献者的矛盾、期望与现实的矛盾等等。经过20多年的探索，华为奖金分配有两个基本的机制：一个是获取分享制；一个是悬赏制，如图1-22所示。

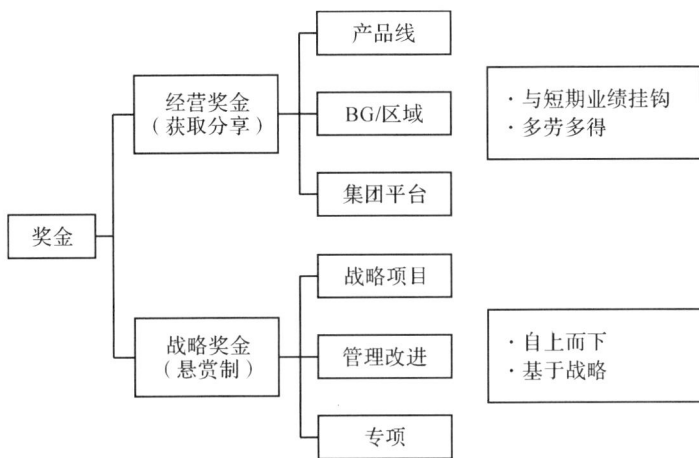

图1-22　华为奖金分配

获取分享制是指任何组织与个人的物质回报都来自其创造的价值和业绩。前线作战部门根据经营成果获取利益,后台支持部门通过为作战部门提供服务分享利益。奖金是由公司经营情况、组织绩效和个人绩效共同决定的。在公司经营较好时,不同的组织绩效的奖金有差距;在同样的公司经营和组织绩效下,个人的奖金根据不同的个人绩效结果会不同。相比于授予制,即自上而下进行业绩评价和利益分配,获取分享制避免了"以领导为中心"、下级迎合领导来获取利益的风气。

华为为了纠正员工的价值分配理念误区,曾在发放奖金前,要求员工提交"奖金是挣来的,不是必然的;奖金是变动的,不是固定的"这两句话。在提交完成之后,奖金才会到账,从而重塑了奖金分配理念。

战略奖金包不是获取分享制,而是悬赏制,是和战略挂钩的。华为每年会形成战略清单,明确哪些项目通过战略奖金进行激励,比如有些业务属于新业务,属于爬坡期,"打的粮食"很少,比如华为云业务,是没有生产"粮食"或者"粮食"很少,则采取战略奖金包。还有一些新技术,比如海思芯片是靠战略性奖金包进行价值分配的,还有针对"攻打山头儿"的公司级项目或如ISC等变革型项目,华为会进行悬赏。

2. 机会与晋升是最好的价值分配

机会与晋升是最好的价值分配。一个企业要激活组织活力,重要的策略就是让青年才俊脱颖而出,论资排辈是对人才最大的伤害。为了解决年轻干部没机会、艰苦地区没人去的问题,华为主要采取"将士出征海外计划"和"蒙哥马利计划"来激发组织活力和加快年轻干部的提拔。"将士出征海外计划"针对研发系统拥有15—20年经验的专家及干部,让老员工空降海外代表处,了解客户需求;同时提拔年轻干部,给予晋升机会。2016年,华为有超过2000名研发专家出征而为国内提供了大量岗位。代表处是公司实现健康经营、有效增长的关键经营单元。"蒙哥马利计划"针对一线主官、专家及职员岗位,艰苦地轮岗2—3年,若业绩优秀或扭转业绩可破格提拔,主要集中在15—19级。

(六)拼多多的增长黑客模型与人才管理的"AR"模型

2015年9月拼多多正式成立,2018年7月成功在美国上市。目前,拼多多平台已汇聚6.281亿年度活跃买家和510万活跃商户,迅速发展成中国第二大电商平台。拼多多虽然目前尚未盈利,但因为行业地位的不断提升,营业收入和经营性现金流增长迅猛。和苏宁易购相比,拼多多实现了价值型增长,而苏宁易购则面临现金流负增长的挑战,如图1-23所示。

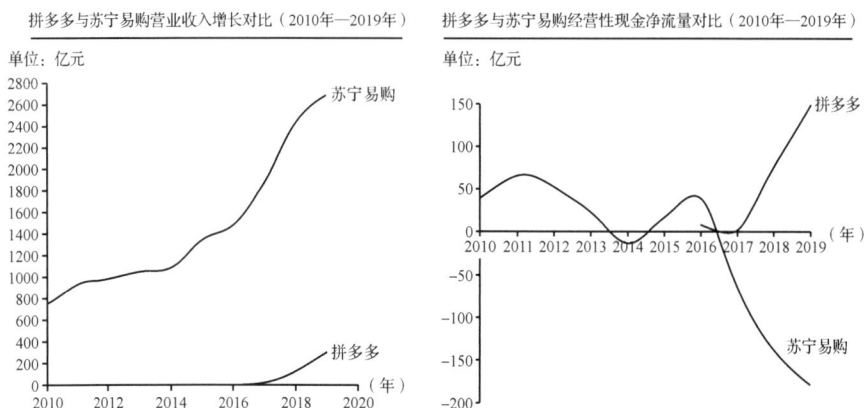

图1-23　2010—2019年拼多多与苏宁易购营业收入和经营性现金流对比

1. 拼多多价值型增长——"增长黑客模型"

拼多多价值型增长的模型,可以用增长黑客模型进行解读。"增长黑客模型"即 AARRR,是 Acquisition、Activation、Retention、Revenue、Referral 5 个单词的缩写,描述一个用户登录网站,或者购买公司产品的全过程,如图 1-24 所示。

第一步是获取,想办法吸引用户。拼多多定位中低端用户群体,用户对价格非常敏感。拼多多解决了这一群体不仅可以用低价购买产品,还可以进行社交的需求。拼多多的社交电商模式,并没有像传统电商那样请明星代言,而是将目标放在微信强大的流量池上,不断推出形式多样的优惠活动,比如 9.9 元特卖、砍价免费、1 分钱抽奖、品牌清仓、名品折扣、限时秒杀、红包抵现等。更巧妙的是,拼多多运用"交叉补贴"的定价原理,在推出活动的时候往往会转嫁成本,即在免费甚至是亏本推出活动时,会有第三方广告商或 VIP 用户等资金流帮助他们承担这些成本。拼多多用户增长后期除了微信流量池外,还通过冠名各种比较受欢迎的综艺节目来提高知名度,并和一些手机厂商进行合作,会将拼多多变为预装软件来引流。

第二步是激活,让用户活跃起来。大多数电商会在用户下载之后立刻引导用户注册登录,而拼多多打破了传统电商营销模式。当用户在微信上收到好友发送的链接,帮助对方砍完价格或者助力红包之后,看到平台推送的各种优惠信息时用户便会根据系统的引导下载 App,并通过微信、QQ 和手机号登录。拼多多不会强求用户必须绑定手机号,如果不想登录,只想体验一下,也可以点击页面左上角的"跳动"按钮。如此设置,有效降低了登录过程中造成的用户流失。拼多多通过构建购物场景来潜移默化地影响用户的决定,比强硬地要求用户注册登录更加有效。

第三步是存留,留下有购买力的用户。拼多多为了更大限度地留存用户,其在微信上开通了服务号,当用户长时间不主动打开拼多多 App 或小程序时,拼多多会通过服务号将优惠活动主动推给用户,通过"开屏红包""优惠券"等方式刺激用户的消费欲望,还推出了签到领现金、多多果园、百亿补贴等福利。这些营销手段对于那些价格敏感的用户而言,具有强烈的吸引力,存留效果非常明显。

第四步是收益,让用户赶紧下单。拼多多非常擅长利用用户的稀缺心理,给用户打造迫切感,比如红包倒计时、优惠券倒计时、优惠价格倒计时等。此外,为了让用户产生真实感,提高对产品的信任度,并引导用户真正参与到消费中去,拼多多首页的左上角有一个会随时更新用户购物信息的滚动条,有用户完成了拼单或者发起了拼单,平台都会第一时间通知其他用户。

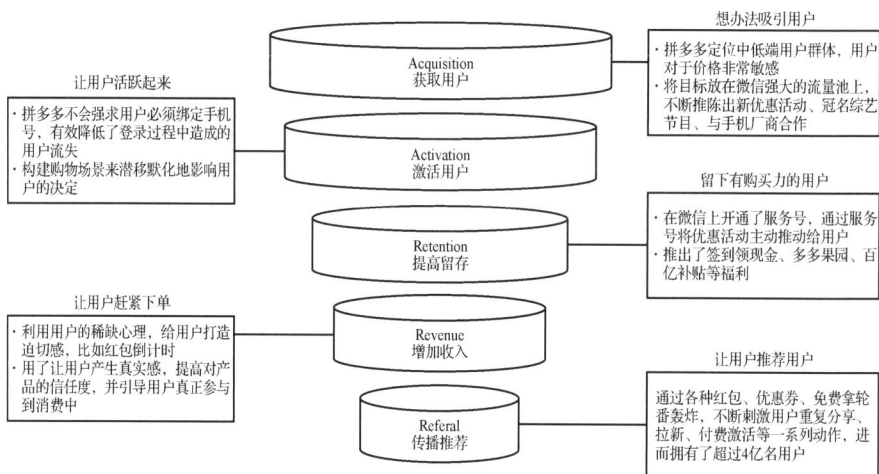

图1-24 拼多多价值型增长——"增长黑客模型"

第五步是推荐,让用户推荐更多用户。拼多多是一个建立在社交模式上的电商平台,凭借微信和自身的营销,形成了"病毒式裂变"的营销模式。在核裂变反应中,第一次裂变产生的中子被其他铀原子吸收,链式反应才能发生。病毒式营销同样运用了该原理。拼多多通过各种红包、优惠券、免费拿轮番轰炸,不断刺激用户重复分享、拉新、付费激活等一系列动作,进而拥有超过4亿用户。

2. 拼多多的人才战略

人才获取:拼多多员工规模在2019年增加至近6000人,技术工程师占比始终维持在50%以上,公司成员平均年龄27岁,80%以上员工来自校园招聘渠道。同时,拼多多还与上海、宁夏、河南、天津等多地的农业农村委员会达成战略合作以培养新农业电商人才，丰富合作伙伴方的人才渠道。

人才激活：激活是指选择候选人、候选人体验和让候选人上道这3件事。公司会帮助新进人才度过"蜜月期"，熬过"倦怠期"，这就是"人才激活"的全部工作。

人才保留：留住人才，最重要的无非就是薪酬与福利、团队氛围、平台成长、个人发展机会等多维度的关照。如果不做任何挽留，关键人才流失造成的成本相当高。拼多多由于成立才5年且发展太快，缺乏完善的职级体系，薪资都是CASE BY CASE，除了一年两次加薪机会外，其快速发展也为个人提供了良好的成长机会。

同时，早在创始之初，为了吸引和保留人才，拼多多董事会就通过了2015全球分享计划，目的就是吸引和留住最优秀的员工。计划最多可授予员工9.45亿份期权，有效期为自授予之日起10年。截至上市前，依照2015全球分享计划，拼多多授予的期权可以兑换5.82亿股股权，占上市前公司总股本的14%。

人才收益：2020年7月1日拼多多创始人黄峥不再担任公司CEO的角色，转而将更多精力放在和董事会制定公司中长期战略上，并将重点打造内部事业合伙人（IOP模式），以经营管理层为中心，建团队做增值，分享增量收益，以持续推高盈利为设计方向，加强对核心人才的激励。拼多多员工月平均工资超过3万元，为上海地区平均工资的240%多；这样的大投入给公司带来的是：帮助拼多多用分布式人工智能推动零售变革，实现平台年度活跃买家超过4.832亿家，日均订单量超过4000万单，占到全国快递包裹单量的1/4，拼多多的市值已经超过1000亿美元。

（七）有效人才管理的本质是解决业务问题

战略的起点是客户，企业大学的起点同样也是客户，包括企业的CEO、业务领导等。企业大学的培训经理们往往认为自己在运营上很勤奋，每年大量"办班儿"做项目，津津乐道于每年的"工作成绩单"。如果不能快速地回答以下3个问题，说明企业大学在战略上是懒惰的。

◎你的企业面临的三大关键业务问题是什么，企业大学是如何帮助解决或处理这些问题的？

◎你的企业最紧迫的3个组织能力短板/缺口是什么，企业大学是如何弥补和填充这些能力缺口的？

◎你的企业目前最核心的3个人才挑战是什么，企业大学是如何解决这些人才挑战的？

在华为大学的发展历史上，发生过3次明显的转型。1987—2005年，华为业务相对单一，华为大学主要围绕运营商业务提升员工专业技能，以及华为文化价值观的传承，以避免新员工的大量加入而稀释华为的文化价值观；2005年以后，华为的海外收入超过50%，华为开始全面推动干部队伍建设，华为大学在定位上向发展国际化领导力和培养职业化经理人转移。

到了2014年，任正非在华为大学建设思路汇报会上的讲话中直接指出："为保证华为大学的方向不搞错，我们在华为大学上面成立一个指导委员会，我来做指导员，3个轮值CEO做委员，半年开一次会，然后成立校级行政组织。由需求拉动供给，片联代表需求，华大是供给。需求对华大的供给进行引导管理。"

同时，任正非还指出："各方面都有预备队，预备队在哪里，华为大学就组织讲师跟上去赋能。华为大学要为公司孕育奋斗精神，提供作战能力……华为大学要为华为主航道业务培育和输送人才，特色是训战结合，最终就是要作战胜利。"

任正非的讲话不仅强调了华为大学要以"赋能"为中心，华为大学的客户是片联，要帮助片联培养作战队伍，也通过成立指导委员会从组织上让华为大学与公司战略和业务对齐，通过承接业务需求，解码华为大学的工作方向和重点，同时重塑和明确了华为大学的定位。

文化及价值观传承者：解决文化传承及高管思想统一的问题，"以奋斗者为本"。

业务转型赋能者：光有干劲没有能力是不行的，还要有奋斗的方法和技能。因此对转型群体进行赋能，解决业务转型过程中经验、能力不足的问题,确保作战胜利。

知识萃取的高端组织者:"华为公司最大的浪费就是经验的浪费",因此华为大学通过总结公司成功/失败的经验,解决知识经验跟着人走的问题,将个人英雄主义转化为集体智慧和组织能力。

为了能让华为大学定位有效落地,每一个定位均由若干个品牌培养项目支撑。比如,在业务转型赋能者定位下的"讲师出征海外"训战结合项目,输出2000名研发专家出征海外,攻打亚马逊云计算市场。具有15—20年研发经验的高级专家及高级干部参加华为大学3个培训,分别是对应一线项目铁三角的3个预备队培训,即解决方案重装旅、销售经理资源池和项目交付管理资源池,并基于培训考试成绩和培训结束后的答辩评价进行分配。成绩排名前三分之一的学员可以分配到重点国家和重点项目中,而后三分之一的学员则被输送到一般地区做人员补充。后续在海外市场一线表现突出的,则继续安排。华为大学培训,持续循环赋能,提升作战能力。

在文化和价值观传播者定位下的"高研班",更是被业界津津乐道。高研班不仅要向学员个人收取高昂的学费,而且学员不能带薪参加培训,请假扣工资。这源于任正非先生的理念:"我坚决支持自付费的学习,你不想进步就别进步了,还可以省点钱,我们是选拔制,不是培养制,通过选拔,刺激大家自愿学习。"通过高研班项目,实现了高级管理干部研讨理解管理哲学并落地实践、公司变革前思想酝酿平台和选拔出"尖子"这三大目标。

为什么很多企业大学想学习华为的高研班,却学不来呢? 因为华为大学高研班就研讨《人力资源管理纲要》《业务管理纲要》《财务管理纲要》这3本白皮书,大部分企业是缺乏这种富有管理哲学和战略思维的小本本的。

就像任正非先生所讲:"人才不是华为的核心竞争力,有效的人才管理体系才是华为的核心竞争力。"对于华为来说,有效的人才管理体系核心就是解决业务问题,如图1-25所示。

业务问题		人才挑战		有效人才管理举措
如果不能帮助运营商客户转型，会冲击华为核心业务	战略解码	质量：干部业务能力需要与时俱进提升	关键举措	成立战略预备队，通过华为大学进行训战结合
消费者业务瞬息万变，行业竞争激烈，市场份额不稳定		数量：国际化、高端专家人才数量短缺		"请进来""走出去""喝咖啡"识别和招募高端专家，差异化考核
云服务在同业竞争中已处于落后地位		结构：人才流动机制不畅，不利于队伍活力保持		将士出征海外计划，激发组织活力

图1-25　华为有效人才管理的核心是解决业务问题

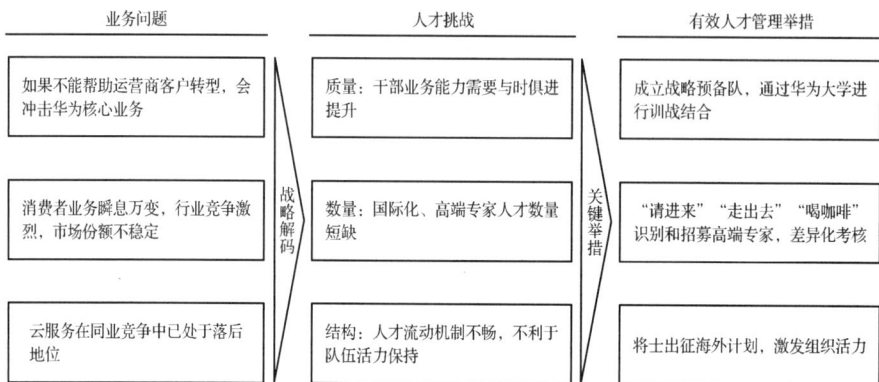

回到前面提出的3个问题：你的企业面临的三大关键业务问题是什么，你的企业最紧迫的3个组织能力短板/缺口是什么，及企业目前最核心的3个人才挑战是什么，企业大学是如何来解决这些人才挑战的？

为了更好地梳理和解码这3个问题的逻辑，可以参考凯洛格有效人才管理体系STT方法论，即从战略地图（Strategy map）到人才地图（Talent map）再到人才供应链（Talent supply chain）。

在战略地图中，企业大学的管理者们要清楚公司的战略大图（要去哪，如何去）、战略定位（业务在哪竞争，如何制胜）、关键任务（必胜战役）和核心能力（买不来、拆不开、偷不走），并从中解码出公司的关键业务问题和组织能力缺口。

在人才地图中，要从核心能力解码出关键人才的数量（人才充足率）、关键人才的质量（人才密度）和关键人才的结构（人才活力），并从中洞察人才挑战。

从人才地图到人才供应链需要灵活运用3B模式，即Buy，build和Borrow，如图1-26所示。

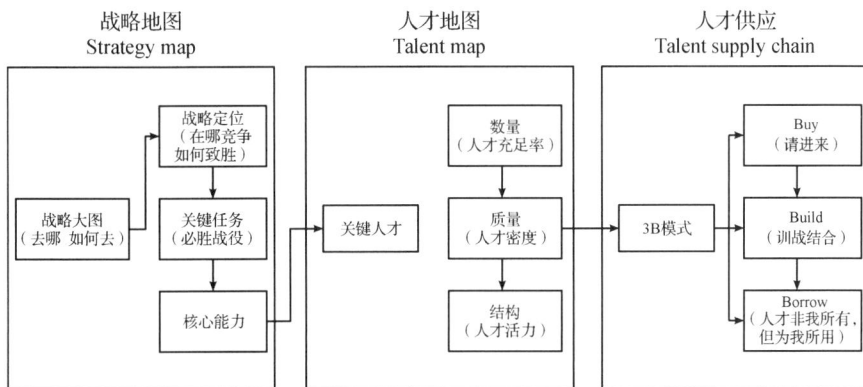

图 1-26 有效人才管理的方法STT

战略地图
Strategy map

人才地图
Talent map

人才供应
Talent supply chain

战略大图
（去哪 如何去）

战略定位
（在哪竞争
如何致胜）

关键任务
（必胜战役）

核心能力

关键人才

数量
（人才充足率）

质量
（人才密度）

结构
（人才活力）

3B模式

Buy
（请进来）

Build
（训战结合）

Borrow
（人才非我所有，
但为我所用）

图 1-26　有效人才管理的方法STT

（八）构建内部人才发展体系驱动企业转型升级

很多企业尚未构建起任职资格体系,也未能明晰各层级员工的培养标准和学习资源。有些公司内部形成了一些课程,但是课程零散且无法涵盖各层级员工需要学习的所有内容。

这种情况一方面导致培训项目设计的针对性差,员工满意度低;另一方面,对培训管理者而言,每年组织培训时缺乏参考依据,造成什么热门培养什么、培训组织临时性大于计划性。而对于业务管理者来说,虽然每年安排员工参加了培训部门组织的各式各样培训,但真到"打硬仗"的时候,却发现能打硬仗的员工太少或无人可用,由此质疑培训的价值。

近几年,很多企业培训经理开始热衷于搞学习地图工作坊或者参加学习地图的认证班,寄希望于通过学习地图来解决学习规划的痛。然而,一脚踩到了泥坑里,苦不堪言。

1. 企业培训经理采用学习地图存在的痛点

（1）痛点1:误把"课程表"当作学习地图

很多企业根据能力模型对应找到匹配的课程后,就认为课程体系已经构建完成了,其实不然。"课程库"并不等于课程体系,完善的课程体系不仅仅是基于能力模型而设置的一系列课程资源,包括课程目标、课程架构、课程内容、课程形式等。更重要的是,如何将课程库进行"体系化"。这里的关键是如何通过课程让培训与员工的职业生涯与学习发展进行很好的对接。所以学习地图不是课程表，也非课程体系。学习地图是围绕员工的职业发展路径和能力发展路径为主轴而设计的一系列学习活动的组合。

这些学习活动组合包含了传统的课程培训方法，也包含了辅导、反馈、评价等通过向他人学习而获得的成长；更重要的是，应涵盖通过轮岗、安排挑战性任务等依靠实践而获得成长的学习内容。

(2)痛点2：学习地图"有形"但"无神"

针对这一问题，很多企业采取构建学习地图的方式。学习地图这一概念由凯洛格在国内率先提出，它回答了什么人、在什么阶段、学习什么、怎么学的核心问题。目前学习地图的构建几乎已成为企业培训体系建设时的必点菜，然而在实际执行过程中，我们发现很多企业容易走到一个"有形无神"的误区。

地图，本应该告诉行人从A点到B点的路线选择，以及依次会途经哪些节点。目前很多公司的学习地图方案仅是一个课程表，告诉学员在不同层级分别需要学习什么内容。至于各层级所需学习的内容之间是否有进一步的先后顺序或内在联系，这方面的思考和设计是缺失的。

(3)痛点3：考核评估缺失，培训效果无法保障

多数培训管理者有一个共同的痛点，那就是培训评估。大部分企业仅对课堂的效果做了满意度调查，或者只是对一些知识点做了课后测验。对于学员学完这些内容，是否掌握了该项知识技能，行为是否有所改变，绩效能否得到改善，业务是否得到增长，无法给出肯定的答案。在这种情况下，培训工作就很难得到业务部门及公司高层的支持。

常见的学习地图设计方案，往往只包含学习活动，后续的考核认证方案是缺失的。就好比唐三藏西天取经，只知道中途会途经哪些国家、哪些城市，却不知道还会历经九九八十一难，也不知道每个关卡要如何通过。

2. 学习地图的思与行

针对以上三大痛点问题，经过对近些年不同行业、不同发展阶段企业的学习地图规划项目的分析、研究，我们认为学习地图应遵循从"工作流程地

图"到"知识能力地图",再到"学习成长地图"整体流程的PCL方法论。即先从业务流程和典型工作任务出发,然后明确各层级角色的典型工作任务。在此基础上,分析提炼相应的能力要求,并对能力进行组合汇总形成学习主题,最后设计学习活动和通关考核方式。

以PCL方法论构建学习地图,面临的第一个挑战是关于典型工作任务萃取。

典型工作任务并不完全是实际工作中经常出现的具体工作任务、环节或步骤。如,"打印会议材料"是行政助理最常见的工作任务,但并非该岗位的典型工作任务。典型工作任务应该是既具有挑战性又对个人能力成长极具价值的工作任务。

典型工作任务的萃取要符合ISD原则,即I(Important)绩效重要,任务在企业经营或生产中具有重要功能和意义,对岗位绩效影响重大;S(Simplification)数量精简,每个阶段的典型工作任务最好不超过5个;D(Difficult)富有挑战,工作复杂度较高,完成任务具有一定挑战性。另外,在典型工作任务萃取的过程中,还应当做到"以终局看布局",要结合组织战略发展要求,对专业序列岗位的业务变化进行分析和预判;也就是要确保未来的"仗"怎么打、兵就怎么练。

典型工作任务萃取完成后,要基于典型工作任务进行能力分析,找出员工为完成这项典型工具任务应掌握和具备的知识、技能、素质等。能力分析的颗粒度决定了后续匹配学习活动的精准性。在能力分析完成后,要将能力分析与学习活动进行有效匹配。特别是对于人数少,培训基础相对薄弱的业务岗位,教学设计上需灵活应用包括在线学习、资质考试、导师带教、轮岗实践及面授学习在内的多种学习方式。

如,以某保险公司银保条线客户经理新人(0—90天)的学习活动设计为例,其第1周的学习主题安排以职前辅导为主,对应的学习内容和学习形式如表1-1所示。

表1-1　基于典型工作任务进行的能力分析

时间	活动/主题	学习内容	学习形式	学习资料/工具
第1周	职前辅导	了解行业发展历程与规律，树立从业信心	集中面授	《认识寿险》
		帮助新人了解寿险的意义和作用，增强从业信心		《寿险的功用与意义》
		帮助新人了解不同保险的类别、保险要素、运行原则、险种分类		《保险的概述》《保险合同》《保险运行的基本原则》
		了解公司发展历程，建立对公司的认同度		《走进AA》
		帮助新人了解银保业务流程，明确自身工作职责，从投保到保全到理赔	集中面授＋外勤分享	《产品经理的一天》《目标与行动》《运营流程基本知识》
		掌握热销产品销售卖点及销售话术	集中面授	热销产品手册
		帮助新人掌握基本商务礼仪及沟通技巧	集中面授+辅导反馈	《商务礼仪》《沟通技巧》

完成第1周的学习任务后，第2—3周客户经理新人会到银行网点进行实习，熟悉银行网点工作流程及岗位与职责，以及熟悉网点工作人员基本情况，识别网点关键人物，并通过高频的拜访、组织或参与网点联谊活动、帮助柜员完成某些任务等方式拉近与网点的关系。这个阶段的主要学习形式是任务时间和辅导反馈。

到了第4周，新人要进行"回炉"集中培训，学习形式随之也发生了改变，以集中面授和通关考试为主。

接下来的第5—11周，分别完成衔接培训、巩固、实践、内化等学习主题。这段时间要求新人能够掌握晨夕会的运作流程和产品培训技能，同时掌握识别目标客户的能力，能够针对不同类型的客户进行需求分析并推荐匹配产品，争取快速出单。

第12周到了检验客户经理新人学习成果的时候，即评估反馈的阶段。

在这一阶段,帮助新人回顾总结,制订未来发展计划及行动计划,如表1-2所示。

表1-2　学习地图第4-12周计划

时 间	活动/主题	学习内容	学习形式	学习资料/工具
第4周	参加新人岗前培训	略	集中面授	略
		掌握热销产品销售卖点及销售话术	集中面授+通关考试	略
		掌握专业化销售流程,基础销售技巧,争取快速出单		
第5—11周	衔接培训、巩固、实践、内化等	略	略	任务实践追踪评价表
第12周	评估反馈	提交《新人起步90天个人总结表》,并得到区域经理反馈	案例总结、辅导反馈及制订发展计划	《个人反思总结表》
		制订未来3个月个人能力发展计划,并得到区域经理反馈		《个人发展IDP表格》
		制订未来3个月业务发展及行动规划,并得到区域经理反馈		《业务发展行动计划表》

第二章

中国资本市场发展与上市公司治理

一、中国资本市场的形成与发展

1978年以前,中国市场实施的是计划经济,企业获取资金的途径是政府拨款。1978年之后,随着改革开放政策的实施,仅靠政府拨款已不能满足企业的资金需求,在此背景下,中国资本市场诞生。

中国资本市场的发展主要可分为3个阶段:资本市场萌生阶段(1978—1991年);全国性资本市场形成和初步发展阶段(1992—1998年);规范和发展阶段(1999年至今)①,如图2-1所示。

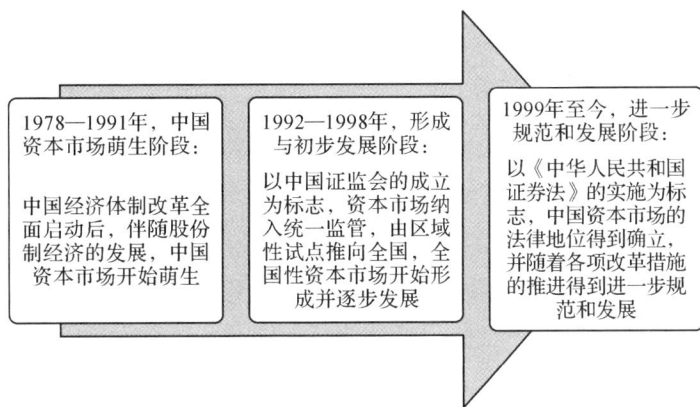

图2-1　中国资本市场发展的3个阶段

---

① 中国证券监督管理委员会.中国资本市场发展报告[M].北京:中国金融出版社,2008.

资本市场萌生阶段。在此阶段，中国经济体制改革全面启动，债券市场，股票一级、二级市场随之形成，产生了股票、债券两大证券交易品种。此时的股票多为平价发行，它类似于债券，具有保本息、分红且到期偿还的特征；其发行对象为内部职工和地方公众，发行方式为自办发行。债券则有3种：一是国债，1981年再次登上中国资本市场的舞台；二是企业债，产生于1982年；三是金融债，产生于1984年。同时，随着投资者对证券流动性要求的不断提高，1990年，在中国政府许可的条件下，上海和深圳相继建立了证券交易所，规范了股票和债券的交易行为，形成了两者的流通市场。为进一步规范流通市场，降低交易双方的信息搜寻成本，还衍生了证券中介机构和自律组织——1991年，一个不以营利为目的的证券业的自律组织——中国证券业协会在北京成立。此外，在1990年10月，郑州粮食批发市场引入期货交易机制，期货交易开始试点。

全国性资本市场形成和初步发展阶段：以中国证监会的成立（1992年10月）为标志，资本市场进入统一监管阶段。之后，中国便颁布了一系列有关证券期货市场的法律法规和规章制度来保障资本市场的健康发展，初步建立了资本市场的法规体系。在该阶段还建立了股票发行审批制度，包括股票发行上市程序、发行方式和发行定价三方面，并由区域性试点推向全国，使得证券交易所、中介机构和期货市场均得到发展，全国性资本市场开始形成并逐步发展。此外，还出现了证券投资基金，此时的证券投资基金均为封闭式基金。为了规范证券投资基金的发展，1997年，国务院证券委员会发布了《证券投资基金管理暂行办法》。

资本市场的规范和发展阶段，具体又可分为4个小阶段。

1999—2007年为进一步规范和发展阶段。资本市场的法律体系和执法体系逐渐完善，中小板市场和代办股份转让系统的设立为沪深两交易所的退市公司的股票提供了流通场所。同时，随着投资者需求变得多样化，资本市场也开始推出多样化的产品。例如，可转换公司债券、银行不良资产证券化产品以及权证等。

2008—2020年为新时代资本市场阶段。债券的市场规模扩大、基础设施建设不断加快,市场交易规则有所完善。同时,初期混乱的期货市场得到了清理整顿,许多不符合条件和违规的期货经纪公司被注销或停业,期货市场有所恢复。

以2008年的次贷危机为分界点,中国资本市场进入新时代。该阶段产生了创业板、沪港通、深港通、"新三板"和科创板市场。可见,中国的多层次资本市场得到了进一步发展。除了交易品种更加多样化外,中国还建成了具有中国特色社会主义法律体系,中国从根本上实现了无法可依到有法可依的历史性转变,各项事业的发展步入法治化轨道。进入法治化轨道后,中国出台了一系列的政策、法律法规等来推进中国资本市场的发展。其中2018年是较为突出的一年。这一年,中国修订了《中华人民共和国公司法》,也发布了《关于规范金融机构资产管理业务的指导意见》(以下简称《资管新规》),拉开了资产管理行业转型发展的序幕,资本市场进入了资管大时代。吴晓灵、邓襄乐(2020)所著的《资管大时代》一书,分析了中国资产管理行业的发展、存在模式、主要问题及原因,明确指出了资产管理业存在的问题;他们在借鉴发达国家资产管理业监管模式的同时,不忘结合中国实际情况,提出了全面、系统、详细,具有前瞻性的改革建议。例如,书中提出要从机构监管理念转向"机构监管＋功能监管",实现同类产品的监管统一。[①]

以2020年3月新修订的《中华人民共和国证券法》的实施为分界点,中国资本市场进入历史发展新阶段。在该阶段,中国资本市场的法律体系更加完善。从2020年3月—2021年6月,中国新修订了许多法律,包括《中华人民共和国证券法》《中华人民共和国刑法修正案(十一)》《上市公司信息披露管理办法》(以下简称《信披办法》)等。同时,沪深两交易所于2021年2月26日发布《新三板挂牌公司向科创板、创业板转板上市办法》,标志着转板制度也正式开始实施,新三板成为转板科创板与创业板的"黄金跳板",满足一定条件的企业可通过转板实现上市,如表2-1所示。

---

① 吴晓灵,邓襄乐.资管大时代[M].北京:中信出版集团,2020.

表2-1　历史发展新阶段中国资本市场发生的大事件

时　间	事　件
2020/3/1	新《中华人民共和国证券法》正式施行,资本市场法治根基不断夯实
2020/3/6—2020/4/5	证监会发布《关于全国中小企业股份转让系统挂牌公司转板上市的指导意见》,并向社会公开征求意见
2020/4/27	中央全面深化改革委员会第十三次会议审议通过了《创业板改革并试点注册制总体实施方案》
2020/5	加大打击违法违规力度,加强资本市场监管和治理
2020/7/27	设立精选层,推进转板机制建设,新三板深化改革主要举措渐次落地
2020/10/9	《关于进一步提高上市公司质量的意见》印发,资本市场高质量发展基石进一步筑牢
2020/12/16	通过《中华人民共和国刑法修正案(十一)》
2020/12/28	中国人民银行、国家发展和改革委员会、中国证监会共同制定的《公司信用类债券信息披露管理办法》发布,并于2021年5月1日开始施行,第一次统一了公司信用类债券各环节的信息披露要求
2021/2/5	深交所表示,经中国证监会批准,深圳证券交易所近期开始了主板与中小板合并的相关准备工作,并发布《关于启动合并主板与中小板相关准备工作的通知》
2021/2/6	证监会发布《公司债券发行与交易管理办法》,取消信用评级强制性规定
2021/2/26	沪深两交易所发布《新三板挂牌公司向科创板、创业板转板上市办法》,标志着转板制度正式开始实施
2021/3/19	证监会发布新修订的《上市公司信息披露管理办法》
2021/4/6	深交所主板、中小板正式合并,市场格局更加明晰
2021/4/19	中国第五个期货交易所——广州期货交易所成立
2021/6/5	国内首个基金份额转让交易的指导意见发布
2021/6/22	建立科创板、创业板优化重组审核机制,有效提高审核效率,释放市场活力
2021/7/15	《关于支持浦东新区高水平改革开放打造社会主义现代化建设引领区的意见》发布

续表

时　间	事　件
2021/8/4	创业板公司数量突破1000家,总市值接近14万亿元
2021/9/3	北京证券交易所注册成立
2021/9/10	南北向开放！粤港澳大湾区"跨境理财通"正式落地
2021/9/30	《首次公开发行股票并上市辅导监管规定》发布
2021/11/15	北交所正式开市,并试点注册制,81只股票集体亮相
2021/12/6	央行全面降准,释放1.2万亿元资金
2021/12/8	中央经济工作会议提出"全面实行股票发行注册制"
2021/12/14	国务院发布关于印发"十四五"市场监管现代化规划的通知
2021/12/17	证监会发布关于修改《内地与香港股票市场交易互联互通机制若干规定》公开征求意见的通知
2021/12/21	国务院发布关于印发要素市场化配置综合改革试点总体方案的通知
2022/1/1	证监会发布《证券期货行政执法当事人承诺制度实施规定》,联合财政部《证券期货行政执法当事人承诺金管理办法》;资管新规正式实施
2022/1/7	证监会发布《证券期货业移动互联网应用程序安全检测规范》金融行业标准、《关于北京证券交易所上市公司转板的指导意见》
2022/1/14	中国证监会启动货银对付改革
2022/2/18	证监会发布《证券基金经营机构董事、监事、高级管理人员及从业人员监督管理办法》
2022/2/25	证监会就《关于完善上市公司退市后监管工作的指导意见》公开征求意见
2022/3/11	证监会就《关于证券违法行为人财产优先用于承担民事赔偿责任有关事项的规定(草案)》公开征求意见

　　综上,中国资本市场自诞生以来,在法律体系、执法体系、多层次资本市场体系等方面都取得了不错的成果,具体可概括为4个方面。

第一，市场基础制度不断完善。以新股发行制度为例，在中国资本市场的发展初期，新股发行采用的是审核制。在该制度下，监管部门、发行人和中介机构的功能都难以发挥。在科创板、创业板相继实行注册制后，市场准入的主要体制性障碍逐步消除，资本市场发行制度改革迈出了实质性步伐。

第二，金融监管体系不断完善。在中国资本市场初期，政府并不干预市场。直至1992年，中国证监会成立，政府开始介入，中国资本市场进入了统一监管阶段。随着中国资本市场的不断发展，金融监管体系不断完善。例如，2018年，中国银行业监督管理委员会与中国保险监督管理委员会合并成立银保监会。自此，中国金融监管体系进入了由金融稳定委员会、中国人民银行、中国银保监会、中国证监会主导的新时代，全面监管步伐正式启动。

第三，多层次资本市场体系初具形态。从市场结构的角度来看，中国资本市场形成了主板、中小板、创业板、科技创新板、新三板、区域性股权交易市场、债券市场、外汇市场、期货市场等多层次的市场体系。从产品结构的角度来看，交易品种从基础的股票、债券、外汇增加到期货、期权、互换、远期等产品；从单向交易增加到开展融资融券、股指期货的双向交易。

第四，市场双向开放进程明显加快。从行业开放的角度看，证券、期货、寿险外资持股限制取消；从市场开放的角度看，沪港通、深港通机制不断优化，QFII、RQFII投资额度管理要求取消，国际知名指数不断完善，A股纳入比例，境外机构投资者继续加大对A股的配置力度；从合作交流的角度看，国际金融监管合作交流不断加强，跨境监管执法合作更加有效。①

二、上市公司治理理论

(一)契约理论

契约是若干契约方根据各自的意愿，经协商一致而达成的协议。契约理论有完全契约理论和不完全契约理论之分，如表2-2所示。

---

① 宁向东.宁向东讲公司治理：共生的智慧[M].北京：中信出版社，2021.

表2-2　契约理论分类

	完全契约理论	不完全契约理论
契约方	完全理性	不完全理性（存在机会主义倾向和关系专用性投资）
对未来情况的预测	完美预测	存在偏差
实现次优效率的方式	可通过薪酬激励与风险分担来减少道德风险状况的发生	只可通过产权安排减少由此带来的成本
企业和市场关系	本质上都是一种契约	存在区别

　　基于契约理论,我们可以认为公司治理是债权人、股东、董事会、监事会、管理层等重要利益相关者签订的一种契约。各契约方所属的公司治理范畴,如图2-2所示。

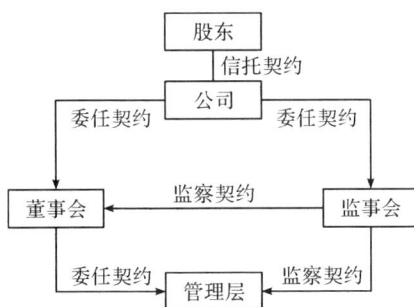

图2-2　公司内部治理契约

　　债权人等强势利益相关者与上市公司签订的合同属于公司外部治理的范畴。由图2-2可知,股东、董事会、监事会和管理层签订的合同属于本文关注的公司内部治理范畴。

　　委托代理理论属于完全契约理论的一种。亚当·斯密在《国富论》中指出,所有人和控制人之间的委托代理问题会导致代理成本和操作风险的增加,导致股份制公司在合伙企业中竞争力降低。之后,经过学术界各位学者的探索,他们发现造成委托代理问题的根本原因有4个:信息不对称、利益不一致、责任不对称和不确定性，如表2-3所示。

表2-3　委托代理问题产生的原因

问题	具体内涵
信息不对称	存在于委托人和代理人之间，且为缩小信息差异，产生了监督成本
利益不一致	委托人与代理人均追求各自利益的最大化，双方利益存在差异
责任不对称	在公司经营不善的时候代理人只需付出荣誉、财产等有限的代价，而委托人则以全部的委托资产为代价
不确定性	公司价值和利润与代理人努力程度及外部因素相关。因此公司价值和利润不能作为委托人判断代理人努力程度的唯一指标

　　由于中国上市公司股权多集中于大股东之手，控股股东在追求利益最大化的过程中往往会损害中小股东的利益。因此，中国的委托代理关系主要存在于代理人与控股股东、控股股东与中小股东之间。

　　此外，委托代理关系中存在的问题常导致"逆向选择"和"道德风险"等行为的发生。因此，为保障委托人的合法权益，需要对代理人进行监督和制约。

(二)激励理论

　　激励理论是在委托代理理论的基础上发展而来的，它是通过提高薪酬、将薪酬与绩效挂钩、股权激励等具体手段，使得员工与股东的利益一致，从而确保公司以股东利益为第一导向。它主要研究如何满足人的需求以及如何调动人的积极性。

　　激励理论大体可分为三大类：内容型激励理论、过程型激励理论及行为修正型激励理论，如图2-3所示。

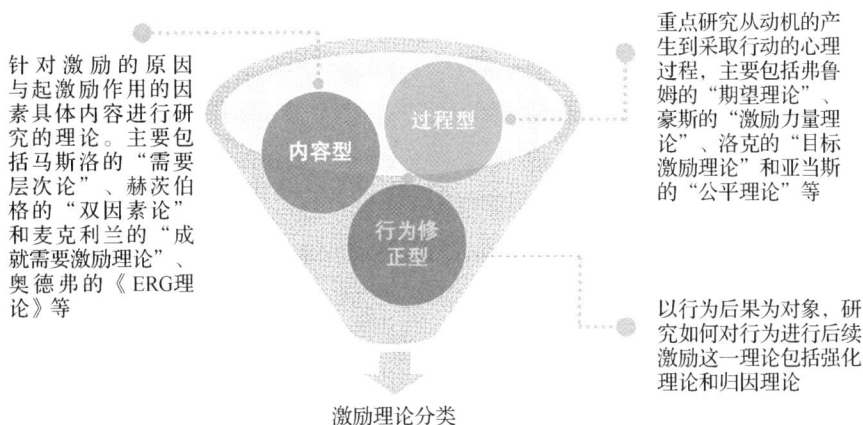

图2-3　激励理论分类

激励理论的细分理论非常多,其中具有代表性的是需要层次理论、双因素理论、期望理论、公平理论等,如表2-4所示。

表2-4　激励理论的代表性细分理论

名 称	提出者	基 本 内 容	对管理实践的启示
需要层次理论	美国心理学家马斯洛	初始层次:自我实现、尊重、社会、安全和生理需要。这五种需要呈梯形分布 随后补充:求知和求美的需要	被管理者的需要存在多层次性。应努力将本组织的管理手段和条件与各级被管理者的需要联系起来。在科学分析的基础上,有针对性地激励,考虑到了时代、环境和个人条件差异等的影响
双因素理论	美国心理学家赫茨伯格	提出两大类影响人的工作积极性的因素:保健因素和激励因素	懂得区分保健因素与激励因素,为消除下级的不满,需对前者给予基本满足;把握激励因素,有针对性地实施激励;正确识别与挑选激励因素
期望理论	美国心理学家弗鲁姆	人们对工作的热情取决于他们对该工作能满足自己需求的程度和实现的可能性的评价。激励水平取决于期望和效价的乘积的大小	在激励手段的选择上,要选择员工感兴趣、评价高的项目或手段;设定目标的标准不能太高;如果不从实际出发,而仅仅从管理者的意愿或利益出发,员工就不可能被激励

续表

名称	提出者	基本内容	对管理实践的启示
公平理论	美国心理学家亚当斯	人们的工作热情不仅受到绝对报酬的影响,也受到相对报酬的影响。薪酬与付出的比较可分为横向比较或纵向比较	在管理中高度重视相对报酬,并尽量实现其公平性;若出现不公平现象,上市公司应做好工作,并积极引导,防止产生负面影响

(三)代理成本理论

1976年,Jensen,Meckling在产权理论和委托代理理论的基础上,正式提出了代理成本理论。他们认为公司中的代理成本主要由监督成本、担保成本和剩余损失三大部分构成。

监督成本:委托人在信息不对称、利益不一致、责任不对称和不确定性的基础上,为了确保自己的合法权益,针对代理人所进行的监督约束,所付出的代价。

担保成本:代理人(公司经理)为了向委托人证明,在公司运营过程中会限制"偷懒"行为的发生,并保证会以委托人的利益为基本导向实行经营管理,所付出的代价。

剩余损失:公司的管理者在持有全额股份的情况下创造的利润与管理者仅持有部分股份的情况下创造的利润的差额。

结合中国国情,代理成本除含有上述3个成本外,还包含了内部代理成本,主要指管理层与股东之间的代理成本以及中小股东与控股股东之间的代理成本。

(四)利益相关者理论

利益相关者理论考虑到了股东、债权人、管理者、普通雇员、供应商、顾客、政府等各方的利益,并且在公司治理理论方面有以下3个方面的发展:一是公司治理所追求的最终目的是所有利益相关者的利益最大化;二是公司治理的重点不再是如何缓解两种权利分离所带来的委托代理问题,而是利益相关者之间的利益该如何进行合理的协调和分配;三是由于不同的利益相关者的特点不同,在决定如何参与公司治理时应视具体情况而定,如图2-4所示。

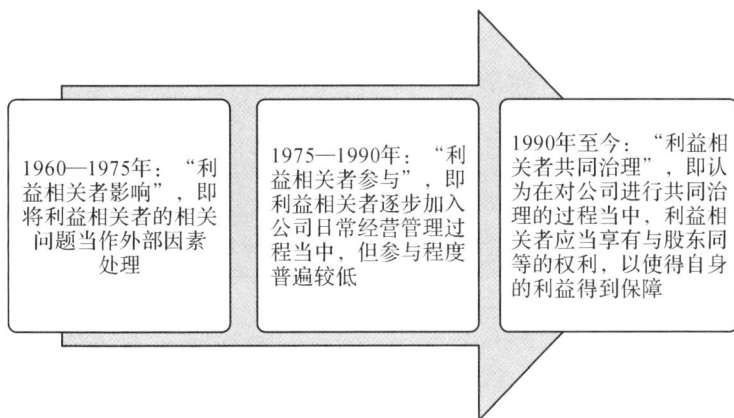

| 1960—1975年: "利益相关者影响",即将利益相关者的相关问题当作外部因素处理 | 1975—1990年: "利益相关者参与",即利益相关者逐步加入公司日常经营管理过程当中,但参与程度普遍较低 | 1990年至今: "利益相关者共同治理",即认为在对公司进行共同治理的过程当中,利益相关者应当享有与股东同等的权利,以使得自身的利益得到保障 |

图2-4　利益相关者理论的发展阶段

三、中国上市公司治理的发展与实践

《宁向东讲公司治理:共生的智慧》一书,从中国读者的角度深入浅出地解读了晦涩难懂的公司治理。所谓公司治理,指的就是解决控制权和利益分配问题。三会四权、信息披露、外部监督等都只是公司治理的"形"而非"神",而公司治理的"神"是区分公司的领导者和参与者,即公司应当结合自身的经营模式、所处阶段、战略目标等,制定合适的公司治理模式。好的公司治理有两个功能:一是让那些想做某事的人去做,让他们有机会去做某事,并且有机会做出一番事业;二是让那些不认同和不能做事的人,在正确的时间离开。而所谓"共生",一定是在承认个人利益和人的自立性的前提下,建立利益合作的框架,这就是公司治理的目标,所以说公司治理是一项共生的智慧。①

---

① 宁向东.宁向东讲公司治理:共生的智慧[M].北京:中信出版社,2021.

（一）中国公司治理发展历程

公司治理问题的产生是因为代理问题和不完全合同的存在。直到20世纪90年代初，中国学术界和实务界才开始关注公司治理问题。通过借鉴国外较为成熟的成果，并结合中国的实际情况，国内学者的相关研究成果卓有成效。依据国内学者的研究，公司治理可从三个角度进行定义：一是制度安排学说，该学说将公司治理视为一整套制度安排；二是组织结构学说，该学说认为公司治理是公司为降低代理成本而设计的一种相互制约的组织结构；三是决策控制学说，该学说认为公司治理是公司正常经营管理的决策机制。

从研究主线看，中国资本市场形成初期采取的仍是行政型治理，这一模式的三大内涵是资源配置、经营目标和高管任免行政化。此模式存在公司治理行为行政化的问题，具体表现为"外部化的内部治理和内部化的外部治理"，即应当由内部治理主体决定的，如薪酬、股权激励等事项，由外部治理主体决定，而许多外部治理的职能都是由内部治理执行的。为解决上述问题，也为推进中国资本市场的发展，在1978年之后，中国便开始了现代企业制度的探索，逐步地将行政型治理转变为经济型治理，并以市场化的方式配置资源，实现经营目标。

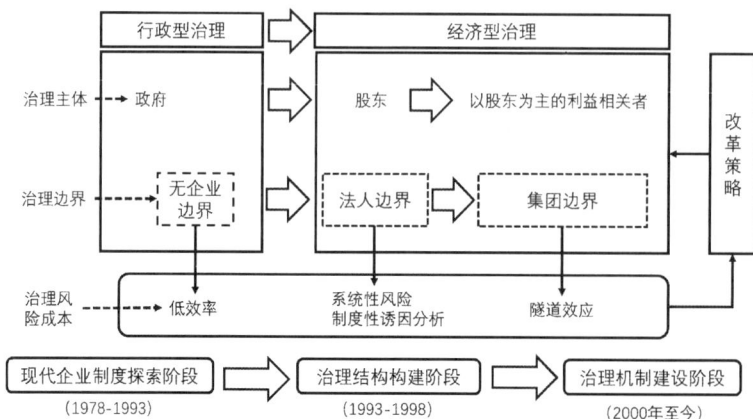

图2-5　中国公司治理发展阶段与研究主线

同时，为了让上市公司能够建立和完善现代企业制度，规范地运作，也为了推动资本市场健康发展，中国证监会于2018年对《上市公司治理准则》（以下简称《准则》）进行了修订。《准则》在原来公司治理准则的基础上做了一些调整优化，进一步规范了上市公司运作，提高上市公司治理水平。此次修订涉及的核心内容可概括为三大方面：增加了中国特色公司治理新要求、强化了中小投资者合法权益保护、明确了公司治理发展新趋势和新规范。[①]

从公司治理要求层面看，此次修订新增了3个具有中国特色的公司治理新要求：

①要求上市公司贯彻落实创新、协调、绿色、开放、共享的发展理念。

②增加上市公司党建要求。

③鼓励上市公司在精准脱贫、污染防治方面积极承担社会责任。

《准则》更加注重对中小投资者和利益相关者的保护，依据市场发展的变化，进一步规范了公司治理范围、明确了机构投资者的责任。要求上市公司应积极回报股东，并在公司章程中规定利润分配办法，披露现金分红政策的制定和实施情况。在条件允许时，充分披露不发放现金分红的原因。

通过借鉴国际公司的治理经验，中国公司治理呈现出一种新的发展趋势。对比新旧准则，可将公司治理的发展趋势总结概括为四个方面：一是增加机构投资者参与公司治理的有关规定；二是重视中介机构在公司治理中的积极作用；三是强化董事会审计委员会的职责；四是确立环境、社会责任和公司治理信息披露（ESG）的基本框架。

此外，面对一些新出现的公司治理问题和情况，《准则》推出了一些新规范。具体包括：完善并明确上市公司的信息披露要求，以此来提高上市公司信息披露的透明度；强化独立董事职权；健全上市公司董事、监事、高级管理

---

① 殷雪松,黄申,袁显朋.混合模式向选择模式的转变——我国上市公司治理的制度创新[J].中国注册会计师,2018(4):39-43.

人员的评价与激励机制等。[①]

(二)中国上市公司内部治理与外部治理

上市公司治理分为内部治理与外部治理两部分,如图2-6所示。

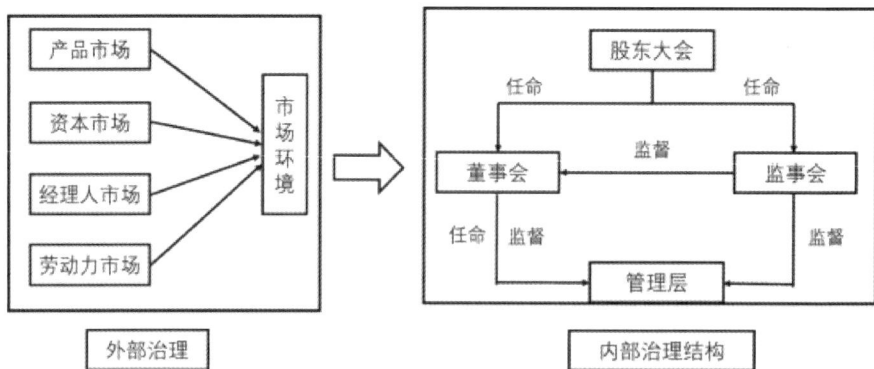

图2-6 外部治理与内部治理组织结构

1. 上市公司内部治理

在中国资本市场发展初期,上市公司多为国有控股,内部治理结构为"3+4",即三会四权。在规范的公司治理结构下,各公司治理主体各司其职,相互制衡,协同运作,形成合力,确保企业长期稳定发展。[②]如表2-5所示。

表2-5 上市公司内部治理结构

公司治理主体	相关权力
股东大会(最高权力机构)	成员为全体股东,安排公司执行机构实施股东大会制订的经营投资计划;决定董事、监事的选举和更换
董事会(股东大会闭会期间的办事机构)	对股东大会负责。股东大会通过的公司决议、投资和经营计划,决定公司的内部管理,财务决议等

① 曾斌.上市公司治理准则最新修订:重点与趋势[J].清华金融评论,2018(11):81-84.
② 彭浪.我国上市公司内部治理结构的缺陷及对会计信息质量的影响[J].财政监督,2011(32):36-37.

续表

公司治理主体	相关权力
监事会	成员为股东代表人＋员工代表,不能是董事会成员、经理或财务负责人。其主要权力和责任是监督公司的财务和经营活动
总经理	对董事会负责,负责执行董事会的决议,并主持日常生产经营活动

"三会四权"的内部治理结构对企业社会责任绩效存在影响。秦廷奎(2019)[①]从股权结构、董事会结构、监事会结构和经理人激励4个维度总结了公司内部治理结构对企业社会责任绩效的影响,如表2-6所示,其中检验所代表的是检验的显著性水平为1%、5%和10%。

表2-6　公司治理对企业社会责任绩效的影响分析汇总

分类	假　　设	相关关系	检验
股权结构	非国有的实际控制人控制的企业能更好地履行企业社会责任	正相关	1%
	混合主体多样性与其社会责任履行	正相关	未通过
	混合主体深入性与企业社会责任履行情况	正相关	1%
	股权制衡度与企业社会责任履行情况	正相关	1%
	前五大股东持股的集中程度与社会责任综合得分	正相关	10%
	十大股东持股的集中程度与社会责任综合得分	正相关	1%
董事会结构	董事会规模与企业社会责任	正相关	5%
	董事会的独立性与企业社会责任绩效	负相关	未通过
	董事会中战略规划委员会的设置与企业的社会责任绩效	正相关	未通过
	两职合一与企业的社会责任综合得分	正相关	1%
	董事会会议次数与企业社会责任综合得分	负相关	未通过

[①] 秦廷奎.混合所有制改革背景下国有企业内部治理机制对社会责任绩效影响的研究[D].杭州:浙江工商大学,2019.

续表

分类	假　设	相关关系	检验
监事会结构	监事会规模与企业的社会责任综合得分	正相关	未通过
	监事会的独立性与企业的社会责任综合得分	正相关	1%
	年度监事会的会议次数与企业的社会责任综合得分	正相关	未通过
股权激励	董事会/董事长持股比例与企业的社会责任综合得分	正相关	1%
	高层管理者/总经理持股比例与企业的社会责任综合得分	正相关	1%
	监事会主席持股比例与企业的社会责任综合得分	正相关	1%

可见，除董事会的独立性与企业社会责任绩效之间负相关之外，其他通过检验的各方面均为正相关。

2. 上市公司外部治理

上市公司外部治理指的是外部的监督与管控。参与外部治理的机构包括：证券监督监管机构——负责对上市公司的合规性进行日常监督、外部审计机构——负责为上市公司定期财务数据出具审计意见、内部控制评价机构——负责对上市公司的内部控制进行评价等。

对于外部监督而言，中国基金业协会表示外部监督效果的好坏可通过关注上市公司违规被处罚情况、信息披露情况和外部审计意见三大指标的情况来判断，如表2-7所示。

表2-7　上市公司治理外部监督指标

指　标	具 体 内 容
违规情况	对被上海证券交易所、深圳证券交易所开过罚单的上市公司实行一票否决
信息披露情况	根据上海证券交易所、深圳证券交易所信息披露评价的A，B，C，D四类结果，考察公司治理信息披露质量
外部审计意见	关注上市公司财务造假问题，借助外部监督改善财务质量

此外,外部治理还受到外部治理环境的影响。外部治理环境有广义和狭义之分。广义的外部治理环境是用来建立生产、交换和分配基础的一系列基本的政治、社会和法律规则。它能有效地刺激人的政治或经济交易行为,而市场的交易成本会随着不同的社会制度背景而发生变化,从而影响企业的生产经营活动。狭义的外部治理环境至少包括产权保护、政府治理、法治水平、市场竞争等方面。①经过诸多学者的研究可得出:(1)外部治理环境及其与公司治理结构的交互项与审计定价均正相关;(2)控股股东进行股权质押后,有效的外部治理环境会对控股股东的行为进行监督和约束,并且质押比例对低效投资的正向影响减弱;(3)在非国有企业中,外部治理环境对股权质押与投资效率之间的关系具有调节作用;(4)良好的外部治理环境会增强对投资者的保护机制,对非国有企业控股股东的侵占动机具有较为明显的抑制作用。②

综上,上市公司治理必须将内部治理与外部治理相结合,才会取得好的成效。将两者相结合,能够形成科学合理的管控体系。该管控体系的最终目标是在各利益相关者的共同监督控制下,确保上市公司的经营理念依法执行、发展战略符合国家政策和行业预期,重大决策科学合理,尽量避免决策失误和风险,确保企业稳定发展。

四、上市公司治理风险与挑战

中国上市公司治理的困境主要有4个,分别为:信息披露不充分、监事会制度存在的问题、控制权滥用以及董事会独立性与规范运作问题。

(一)信息披露不充分

虽然中国就信息披露制度的法律法规已较为完善,但上市公司信息披露不充分的问题依然严重,具体情形包括:

---

① 陆瑶,彭章,冯佳琪.融资融券对上市公司治理影响的研究[J].管理科学学报,2018,21(11):92-111.
② 王强.公司治理结构、外部治理环境与审计定价[D].南京:南京理工大学,2018.

信息披露有效性不足：信息披露有效性不足，可从两个方面看出来：一是披露的内容不符合要求，存在不充分、不准确、不及时的情况；二是披露的内容无法有效满足投资者需求，上市公司所披露的内容应当通俗易懂，以满足普通投资者的需求。[①]

信息披露规范体系不健全：除去主板、创业板等旧板块之外，近年来还新增了科创板这一全新的板块。科创板的设立标志着注册制正式落地。由于中国之前的信息披露体系是在核准制的理念指导下形成的，所以并不完全适用于科创板注册制。因此，科创板在遵循以《中华人民共和国证券法》为主，以《上市公司信息披露管理办法》和证监会、上交所、深交所发布的部门规章为辅的共有信息披露规范外，还需遵守针对科创板的信息披露特别规定，如表2-8所示。

表2-8　科创板信息披露特别规定

发文单位	名　　称	发文时间
中国证券监督管理委员会	公开发行证券的公司信息披露内容与格式准则第41号——科创板公司招股说明书。科创板首次公开发行股票注册管理办法（试行）	2019/3/1
	公开发行证券的公司信息披露编报规则第24号——科创板创新试点红筹企业财务报告信息特别规定	2019/3/7
上海证券交易所	科创板创新试点红筹企业财务报告信息披露指引	2019/3/15
	上海证券交易所科创板股票上市规则	2019/4/30
	上海证券交易所关于科创板发行人财务信息披露有关事项的通知	2019/7/8
	《科创板上市公司信息披露工作备忘录》第1号至第8号	2019/7/12

由此可知，科创板制定了许多制度来规范持续性的信息披露。从资料和规定内容看，科创板对信息披露内容规范较为全面，但行业信息的披露仍

---

① 鲁桐,仲继银,吴国鼎,等.中国中小板、创业板上市公司治理研究（2016）[J].学术研究,2017(2)：95-99+131+178.

存在缺口。

信息披露配套制度不完善:一是退市制度不健全。由于允许上市的企业类型比较多,而不同类型的公司在规模和盈利能力上往往存在着差距,但是中国现行的交易类强制性退市规则忽视了各公司间的规模和盈利能力差距,使得该退市规则缺乏公平性。二是监管制度的设置不完善。中国现有的监管制度规定虽明确了监管权力的分配与行使,但对监管权力的监督并不明确,这可能会导致权力寻租问题的产生。所谓权力寻租,是指公共权力持有者将权力作为筹码来追求自身经济利益的非生产性活动。若是出现了权力寻租问题,即使制定再严格、再健全的信息披露制度也没用。因此,中国的监管制度仍需完善。①

(二)监事会制度存在的问题

首先,中国的上市公司不论是国有企业还是民营企业,均存在监事会监督职责履行无效的问题。这主要是因为上市公司的监事会成员无法保持独立,且监事会对自身的职、权、责的了解并不清楚,即职责不明确。正因为如此,在实践中,监事会并不能有效发挥其监督作用,使得上市公司经理层短期行为、权力滥用等行为层出不穷。就国有控股公司而言,仅2018年就查处了一批高管贪污受贿的公司。2021年4月16日,新能源汽车龙头企业比亚迪也自曝多名员工存在贪污腐败问题。这些案件都说明中国目前的监事会制度监督职能发挥作用不佳。

其次,监事会获取公司相关信息的渠道主要是列席董事会,但是因为制度的不健全,其往往是被动地获取公司相关信息,而且所获信息存在着不完全、不准确、不及时的问题。此外,相比于董事会、总经理等,监事会受重视程度较低,人员配备上也较弱,存在素质和能力与工作不匹配的问题,并且监事会的各监事一般都身兼数职,其时间和精力难以保证,再加上缺乏有效

---

① 王文兵,张春强,干胜道.新时代上市公司治理:中国情境与国际接轨——兼评《上市公司治理准则》(修订版)[J].经济体制改革,2019(2):114-120.

的问责制和激励机制，最终导致监事会的作用不明显。[①]

(三)控制权滥用

控制权滥用通常会损害中小股东的利益，破坏中小股东投资信心，不利于公司的生存和发展，制约经济高质量发展。并且，现阶段法律缺乏对控制权滥用情况的强有力的制衡机制。同时，由于缺乏足够的控制权，中小股东往往只能被动承受控股股东控制权滥用所带来的损失。导致控制权滥用的原因主要有两个：一是控制人自身缺乏"四商"，即智商、法商、情商和德商；二是根据《中华人民共和国公司法》的法理，公司利益的最大化也可以为控制人的利益带来增值。但是，公司利益最大化所带来的增值要小于控制权为控制人带来的私人利益，即侵权成本、守信成本、维权成本都低于三者能够为控制人带来的私人利益。[②]因此，控股股东有时会为了实现自身利益的最大化，通过控制收入分配、股权转让等手段干预公司决策。

控制权滥用具体可分为四类：侵占公司资产、股东压迫行为、侵夺公司其他股东股权以及不当管理公司经营，如表2-9所示。

表2-9　控制权滥用行为类型

类型名称		具体内容
侵占公司资产	出资不实	包括虚假出资和抽逃出资。目前，抽逃出资的情况居多，即验资完成后，股东通过直接或间接的方式提前将资金转回股东账户的情况居多
	利益冲突交易	包括关联方交易和自身交易，指公司与其控股股东、实际控制人、董事、高管或利益相关者之间存在利益冲突的交易
	其他侵害公司财产的行为	低价转让或放弃公司资产；出售公司资产归己所有；以公司名义借贷并占用所借资金

① 王虎刚.我国监事会制度运行中的问题及对策研究[J].改革与战略,2015,31(9):15-18.
② 刘俊海.论控制股东和实控人滥用公司控制权时对弱势股东的赔偿责任[J].法学论坛,2022,37
(2):81-97.

续表

类　型　名　称		具　体　内　容
股东压迫行为	排除少数股东参与公司管理	控股股东为垄断公司,经常以各种方式将中小股东排除在公司的管理之外,如长期不召开股东大会、拒绝提供财务报告等
	恶意修改公司章程或通过股东会决议	大股东利用其表决权占多数的优势,强行通过对公司章程或股东会决议不公平的修改方案
	拒绝分配公司利润	在公司纠纷案件中,许多小股东抱怨公司从未支付股息,一些股东直接要求公司分配利润。这都是因为控股股东拒绝分配公司利润
	拒绝公司解散、清算	当股东之间的矛盾无法调和,或者公司实际上处于歇业或吊销的状态时,占据公司主要资产的多数股东仍拒绝解散公司,拖延公司清算
侵夺公司其他股东股权	改制中强制取消和转让股权	在国有和集体企业改制过程中,根据股权向管理层集中的深化改制政策,以股东大会决议的形式,将员工持股数撤出或转让给少数公司的管理层人员
	假冒股东签名转让其股权	出现该种情况的原因主要是工商登记部门对签名的真实性不进行审查
	显名股东侵吞隐名股东股权	出资人因各种原因,协议由他人出面登记为股东,出资人为隐名股东,登记人为显明股东。之后由于双方关系恶化,显名股东有意侵吞股权,并将隐名股东的出资称为赠与
	其他	以不合理的低价购买股票。例如,在小股东辞职或退出公司的情况下,只返还出资额
不当管理公司经营		董事、高级管理人员违反法律法规、公司章程规定,给公司造成损失

(四)董事会独立性与规范运作问题

　　中国上市公司普遍为股权集中型公司,且没有健全的董事会和监事会来保证健全的运行机制,也没有建立相应的健全的经理人选拔、考核和监督机制,从而使得一些公司董事会独立性较弱,详细原因如表2–10所示。

表2-10　董事会缺乏独立性的原因

原因	具体内容
内部人控制较为严重	该种情况在没有有效的公司治理基础的情况下很容易发生,主要表现在两个方面:一是董事长和总经理由同一个人担任,使董事会的监督与制衡失效;二是内部董事在董事会组成中所占比例过大
独立董事缺乏独立性	一是提名与任命。因股权过度集中,独立董事一般直接或间接由控股股东提名和任命。二是任期。为发挥独立董事的制衡作用,独立董事的任期应≥执行董事。三是有些上市公司独立董事与该公司或其控股股东存在直接或间接的利益关系,或有巨大的关联方交易
董事会运作不规范	一是一些公司董事会决议多为联名决议,存在部分董事联名决议使得其他董事不能充分行使职权;二是有些公司董事会过于依赖通信表决,有的则违反规定,采取鼓掌表决;三是有的公司董事会没有设立专门委员会

五、提升中国上市公司质量与推动优质企业上市

2020年10月9日,国务院印发《关于进一步提高上市公司质量的意见》(以下简称《意见》),提出了提高上市公司治理水平、推动上市公司做优做强、健全上市公司退出机制、解决上市公司突出问题、提高上市公司及相关主体违法违规成本、形成提高上市公司质量的工作合力等6个方面17项重点举措。《意见》对上市公司、政府、中介机构等各方都提出了要求,旨在优化上市公司结构和发展环境,提高上市公司运营规范性。

(一)提高上市公司治理水平

《意见》的六大方面中,首先就是提高上市公司的治理水平,这是对上市公司提出的要求。《意见》概述的一系列措施具体可归纳为两个主要举措:规范公司治理和内部控制以及提升信息披露质量。如果这两个措施能够落实到位,上市公司治理水平将会得到显著提高。

1. 规范公司治理和内部控制

在规范公司治理和内部控制方面,《意见》列出了一系列完善公司治理体系和规则的措施,明确了控股股东、实际控制人、董监高的职责和法律责

任。鉴于目前上市公司治理中存在的实际问题,要提高上市公司的治理水平,首先必须完善和构建以下7项制度。

规定控股股东的诚信义务及相关配套制度,主要包含3方面内容:一是规定控股股东的诚信义务,包括不得牺牲公司和其他股东的利益、不得损害公司和中小股东的利益等。这表示控股股东应当以诚实信用原则为基本要求行使其权利。二是行使表决权的例外制度。中国多数企业采取的是一股一票机制,这就使得大股东占据着绝大多数的表决权。为限制其表决权,公司可设立表决权的例外制度。例如,当所决策事项涉及某股东的私人利益时,该股东应当回避的表决权回避制度;当股东持股比例达到某一比例时,可限制该股东的表决权,表决权限制制度等。三是建立股东诉讼制度。即当公司或是中小股东因控股股东控制权滥用而遭受损失时,可提起诉讼,向违法行为人索要赔偿。①

完善股东大会制度。股东所持股份的多少决定了该股东在公司治理上的话语权大小。所以,目前上市公司股东大会基本是大股东的大会,中小投资者的参与相对较少,通过的意见表达的也多是大股东的想法,代表着少部分人的利益。可见,中小股东的意见并不被重视,一些上市公司甚至不让中小股东参加股东大会。要想改变这种情况,关键在于完善股东大会制度。上市公司可以规定在股东会召开时,公众股东所持股份的比例不得少于公众股东所持股份的四分之一;低于该比例的,股东会决议无效。这确保了股东大会的决议代表了中小股东的利益,有利于公司整体的发展。为了方便中小股东参加股东大会,可删减不必要的手续。参会时,股东只需刷身份证即可进场。

强化组织结构协调,完善独立董事制度。由于独立董事与监事会的职能存在一定的重叠,因此需对两者的职能进行明确的规定。首先,明确独立董事对公司重大决策实施有力的监督,且其工作的开展只能在董事会的基础上进行,不能取代监事会的监督职权。其次,监事会应对公司决策的执行

---

① 许梅英,韩克勇.论控股股东公司控制权的约束[J].江汉论坛,2005(9):30-32.

和董事履职情况进行监督。此外，独立董事最多只能在3家公司（包括非上市公司）担任该职位。为及时了解上市公司的情况，每个独立董事每月至少有一周时间应该在公司担任职务，这样有利于独立董事做出正确的决策，如图2-7所示。

图2-7　强化组织结构协调的举措

完善内部治理配套建设。其一，加强主动信息披露制度。完善科创板上市公司信息披露制度，既要突出科创板的独特性，又要加强监管。因此，可引导科创板的上市公司主动进行信息披露，推进公司信息披露者责任化发展。需注意的是，在信息披露过程中，为保障公司的健康发展，应减少政府干预。其二，提高保荐人准入门槛。建立和完善保荐制度，从而有效提高科创板上市公司治理水平，保障公司综合效益。

推行科学可行的股利政策。股利政策主要分为四大类，如表2-12所示，各上市公司可依据公司自身实际情况选择采取其中的一类。

表2-12　股利政策

政策名称	具体内容
剩余股利政策	在企业具有良好的投资机会和发展前景时，根据目标资本结构计算所需权益资本与现有权益资本之间的差额的政策。该政策将剩余的税后利润作为股利支付给股东

续表

政策名称	具体内容
固定股利支付率政策	公司提前确定股利与净利润的比例,然后每年从净利润中按照该比例向股东派发股利。 优点:实现股利与公司盈利的紧密结合,表现出一定的稳定性。 缺点:易使公司面临巨大的财务压力,确定理想的派息率难度不小。 适用于处于稳定发展阶段、财务状况相对稳定的公司
固定或持续增长股利政策	每年分配给股东的股利保持在一定水平,并长期保持不变或逐渐增长的政策。主要目的是防止公司因经营不善而减少股利,因此有助于建立投资者的良好信心,稳定股价。适用于公司认为未来收益将实现明显且不可逆的增长时
低正常股利加额外股利政策	预先确定一个较低的经常性股利额,一般就依据该股利额发放股利;只有当公司利润更多时,才会支付额外股息。该政策具有灵活性,能够为投资者提供稳定的投资收益

完善重要股东减持制度。当前,一些公司是为了减股而上市的,并非为了公司的发展。该类型上市公司在上市几年后,股东纷纷套现,公司变成了空壳。所以,有必要对重要股东减持制度进行规范。一方面,不允许控股股东通过二级市场(包括大宗交易)清仓减持。当控股股东的持股比例降至公司股本的20%时,只能通过场外协议转让的方式一次性转让给有意接管公司经营管理的公司法人或机构投资者。另一方面,公司大股东和董监高严禁"变脸减持"。上市公司业绩下降40%以上或业绩亏损的,严禁大股东和董监高减持股份。

完善控股股东责任的法律规制体系。当前,中国为防止控股股东滥用控制权的相关规定太过宽泛且操作性不强,有必要细化规定,在制定兜底条款的基础上,对控股股东和实际控制人的权力予以进一步明确,并结合实际情况,让控股股东和实际控制人分别承担相应的赔偿与补偿责任,包括侵害公司利益的赔偿责任、侵害其他股东利益的赔偿责任和侵害债权人利益的赔偿责任,进一步完善实际操作空间。同时,还应当完善刑事司法制度。刑事司法责任是股东责任中最严厉的处罚,威慑作用是最为明显的。因此,为明确控制权滥用的危害性，有必要在刑法中确立控股股东典型违法行为的入罪标准。[①]

2. 提高信息披露质量

《意见》指出，上市公司在进行信息披露时，应当以投资者需求为导向，以提高透明性为目标，充分披露投资者作出价值判断和投资决策所必需的信息，并做到简明清晰、通俗易懂等。下文将提出一些具体化的举措来提高上市公司的信息披露质量。

健全信息披露考核机制。在信息生成至最终披露的过程中，需要诸多部门进行信息的整理与核实，任何一个部门出错均会影响最终信息披露的质量。因此，上市公司有必要健全信息披露的考核机制。信息披露工作的基础是信息审核人员的职业素养及部门间的配合意识，因此，信息披露的考核机制应当包含两方面：一是对信息披露的内容进行考核；二是对工作人员的素质进行考核。首先，应在机制中编制考核信息，明确披露部门成员专业素质要求，其中包含了工作人员的信息披露意识。上市公司可通过安排专门的会议、活动、课程，对所有工作人员进行意识的培养。其次，对经济内容进行详细的评估和分类，明确应披露的经济部分、管理部分等重要信息，使披露的信息更有条理性。严格管理信息披露的全过程，使上市公司的信息披露工作更加严谨有序。

制定科学严格的信息披露流程。为保障信息披露内容的科学性、完整性和合理性，上市公司一般会制定大量的流程，但这增加了信息披露的复杂性。一旦上市公司的信息披露流程不够科学严格，就有可能出现纰漏，进而使得信息披露内容质量降低。因此，上市公司需要制定科学严格的信息披露流程，建立企业内部控制规范体系和信息披露体系。例如，在进行信息披露之前，需要对流程进行规划，并设计规划书，对流程的各部分进行详细的分工，使得信息披露工作有据可依，进而保障上市公司信息披露的科学性，避免出现信息披露不及时的问题。

---

① 丁巍，王彦明.公司控股股东滥用控制权的法律规制[J].人民论坛，2017(25)：100-101.

构建全面披露与简化披露相结合的信息披露制度。2015年,上交所要求信息披露要全面性与简明性并重,即信息披露内容不仅要全面而且要通俗易懂。简明性要求上市公司只披露必要的、有效的、重要的信息,并用简洁明了的语言将其表述出来。简化信息披露的办法有两种:第一,浓缩报告摘要。在浓缩报告摘要时要注意简明性,即删繁就简,突出重点,影响力小、未发生重大变化的信息可一笔带过。第二,简化报告文本,即在保证报告有效性和整体性的前提下,对报告内容进行简化。同时,信息的交互是一个双向沟通的过程,因此除上市公司外,也应加强对投资者的培训,提升其分析、理解信息的能力,这样能够提高信息在上市公司与投资者之间的运转效率。

(二)加强金融市场监管推动优质企业上市

《意见》的第二、三、五方面指出,要推动上市公司做优做强,健全上市公司退出机制,提高上市公司及相关主体的违法违规成本。

1. 推动上市公司做优做强

(1)支持优质企业上市

为顺应市场的发展,优化上市标准,增强包容性,中国自2013年逐步开始推进注册制的改革。中国注册制的框架为一个核心——信息披露,两个环节——交易所审核和证监会注册,三项市场化安排——上市条件安排、新股发行承销机制、审核注册机制。伴随着上市、退市、监管和基本制度等方面的一系列配套改革,企业的治理也从准入治理变为过程治理,从强制型治理变为自主型治理。可见,注册制改革加强了对企业生命周期的治理。相较于核准制,注册制有所不同,如表2-13所示。

表2-13　注册制与核准制

项　目	注册制	核准制
上市流程	简化	复杂
审核周期	短	长
审批效率	高	低

续表

项　目	注册制	核准制
发行监管制度	证监会形式审核＋中介机构实质审核	中介机构和证监会分担实质性审核
投资者进入门槛	高	低
融资融券交易机制	上市首日即可融资融券	上市3个月后
单笔申报数量要求	不要求整倍数	要求整倍数
做市商制度	全面引入	不普遍
涨跌幅限制	幅度相对较宽	幅度偏小
市场化程度	完全市场化	非完全市场化
退市制度	严格,壳资源不再珍贵	相对宽松,壳资源珍贵

　　在核准制下,资本市场缺乏"优胜劣汰"的功能,上市公司的外部监管和内部监管都存在一定的问题;在注册制下,资本市场形成了"优胜劣汰"的机制,事中事后严格监管,强化外部约束,从而提高了上市公司的质量水平。[①]

　　由于注册制现已在科创板和创业板两个市场开始试点,本节将分别对两个市场的注册制进行介绍。

　　①科创板试点注册制

　　科创板是一种独立于现有主板的新设板块。为有序推进科创板建设,并成功试点注册制,中国证券监督管理委员会和上海证券交易所先后发布了一系列规则,如《关于在上海证券交易所设立科创板试点登记制度的实施意见》(以下简称《实施意见》),《科创板上市公司持续监管办法(试行)》等。根据《实施意见》,科创板必须坚持面向世界科技前沿、面向经济主战场、面向国家重大需求,主要服务于国家战略、突破关键核心技术、市场认可度高的科技创新企业。重点支持信息技术、高端设备、新材料、新能源、节能环保

① 封文丽,温霞.全面推进注册制与上市公司质量提升[J].财会通讯,2021(24):8-12.

以及生物医药等高新技术产业和战略性新兴产业,推动互联网、大数据、云计算、人工智能和制造业深度融合,引领中高端消费,推动质量变革、效率变革、动力变革。①

科创板试点注册制优化了上市标准,放宽了上市范围。科创板相较于主板,其上市标准和允许上市的企业范围都发生了变化。具体包括:一是允许同股不同权的企业上市。为了平衡特殊表决权股份与普通股之间的利益关系,科创板还制定了一些规则安排——例如对每份特别表决权股份数设上限、限制持有特别表决权股份的人的资格等。二是上市标准有所放宽。企业要想通过科创板实现上市,需满足表2-14中的条件。

表2-14　科创板上市标准概述

标　准		具体内容
基本条件		符合证监会规定的发行条件以及上交所规定的其他上市条件
发行股本		3000万元以上
公开发行股份比例		公司股份总数的25%+;股本总额>4亿元,首次公开发行股份的比例为10%以上
预计市值及财务指标(至少满足一项)	市值＋净利润	在市值≥人民币10亿元前提下,满足下列其一: 近两年净利润为正,且累计≥5000万元; 近一年净利润为正,且营业收入≥1亿元
	市值＋收入＋研发投入	市值≥15亿元,近一年营业收入≥2亿元且近三年累计研发投入占近三年累计营业收入的比例≥15%
预计市值及财务指标(至少满足一项)	市值＋收入＋现金流	市值≥20亿元,近一年营业收入≥3亿元且近三年经营活动产生的现金流量净额累计≥1亿元
	市值＋收入	市值≥30亿元,近一年营业收入≥3亿元
	自主标准	市值≥40亿元,主营业务或产品需经国家批准,市场空间较大,已取得阶段性成果。 医药行业:核心产品被批准进行二期临床试验数≥1项,其他技术优势明显的符合科创板定位的企业

① 陈洁.科创板注册制的实施机制与风险防范[J].法学,2019(1):148-161.

科创板的股权激励制度相比于主板，从激励总数、对象、价格以及实施方式四方面进行了改进，显得更加灵活，具体的改进内容如表2-15所示。

表2-15　科创板股权激励制度的改进之处

制度要点	具体内容	科创板
激励总数	在有效期内的股权激励计划所涉及的全部股票总数的累计限额	上限由主板的10%上调至20%
激励对象	单独或合计持有上市公司5%以上股份的股东、实际控制人及其配偶、父母、子女	开始允许董事、高管、核心技术人员或业务人员成为激励对象
激励价格／授予价格／行权价格	原则上不得低于激励计划公布前1个交易日股票交易均价的50%以及前20个/60个/120个交易日股票交易均价之一的50%	开始允许激励价格的设定不受限制
实施方式	授予登记时间限制	由主板的股东大会通过后60日内改为满足激励条件后再登记

科创板的股份减持安排更合理。上市公司股东进行股份减持的方式主要有三种：通过交易所集中竞价减持、通过大宗交易平台进行、通过询价转让和配售方式减持。针对第三种减持方式，上交所于2020年7月3日颁布了《上海证券交易所科创板上市公司股东以向特定机构投资者询价转让和配售方式减持股份实施细则》。自此，首发前股份的询价转让制度建立。该制度主要有6个要点，具体如表2-16所示。

表2-16　股份询价转让制度要点

制度要点	具体内容
转让比例	股东单独/合计的转让比例≥总股本的1%，应避免少量股份进行多次询价转让；持股比例＜1%则不受减持限制，股东可能更倾向于通过竞价交易减持
底价设置	询价底价≥发送认购邀请书之日前20个交易日股票交易均价的70%；但是通过市场博弈进行股份转让的，股东可以设置更高的底价

续表

制度要点	具体内容
价格形成机制	询价:参与方不少于10家公募基金、5家证券公司 定价:价格优先、数量优先、时间优先,单次转让价格一致
出让方约束	出让方不存在证监会2021年发布的《上市公司股东、董监高减持股份的若干规定》(以下简称《减持新规》)及2017年发布的《上海证券交易所上市公司股东及董事、监事、高级管理人员减持股份实施细则》规定的不得减持情形 控股股东、实际控制人、董监高及核心技术人员不得在定期报告等窗口期内启动、实施或参与询价转让 出让方应当锁定拟转让股份 出让方不得向询价对象、受让方(变相)作出保底保收益承诺,不得直接或间接向询价对象、受让方、配售对象提供财务资助或者补偿
受让方约束	资格:可以是科创板首次公开发行的网下机构投资者,以及经登记备案的私募基金产品,不得与出让方、证券公司等存在关联关系 锁定期:受让股份6个月不得转让。锁定期届满后,受让股份不属于《减持新规》规定的特定股份,受让方如为5%以上的股东,须遵守《减持新规》关于大股东减持的约束
券商义务	制定并执行相关内控制度,全面核查,督促各方合法开展交易 发现股东、询价对象存在违规情形时,应立即终止服务,并报告本所 上海证券交易所可以对询价转让或配售业务进行现场检查

②创业板注册制改革

核准制下的创业板市场机制失灵、发行周期较长、上市标准过于严格、责任主体错位使得市场投机问题盛行。[1]因此,为推进创业板的发展,有必要对创业板进行改革。创业板的定位是"三创四新",即企业应当符合"创新、创造、创意"的大趋势,或传统产业与"新技术、新产业、新业态、新模式"深度融合。与科技创新板相比,创业板不仅仅局限于科技产业,还涉及医疗、新能源、创新服务业、消费升级等领域。创业板作为中国资本市场注册制改革的第二个"试验田",可通过借鉴科创板的改革经验,做好新旧制度的

---

① 张蓓.创业板注册制解读与思考[J].财会通讯,2021(2):19-23+100.

对接，补足原来的不足之处，并且与科创板形成错位发展，二者各具特色，形成了各有侧重、相辅相成的适度竞争格局。[①]为明确"三创四新"的定位，深圳证券交易所还发布了《创业板企业发行上市申报及推荐暂行规定》，明确行业负面清单，除与新技术、新产业、新业态、新模式深度融合的传统企业外，不允许房地产等传统行业企业在创业板上市。

首先，创业板的改革主要遵循"一条主线，三个统筹"的思路。

一条主线：实施以信息披露为核心的股票发行注册制，提高透明度和真实性，由投资者自主进行价值判断，真正把选择权还给市场。

三个统筹：统筹推进创业板改革与多层次资本市场体系建设，坚持创业板与其他板块错位发展，促进形成各有侧重、互补的适度竞争格局；统筹推进试点注册制与其他基础制度建设，实施一系列改革措施，完善配套制度；统筹推进增量改革与存量改革，包容存量改革，稳定存量上市公司和投资者预期，平稳实施改革。

其次，创业板市场制度的完善主要包含四方面。

建立市场化承销制度，对新股定价不实行行政限制，建立以机构投资者为主体的询价、定价、配售等机制；完善创业板交易机制，放宽涨跌幅限制，优化转融通机制和盘中临时停牌制度；建立符合创业板上市公司特点的持续监管规则体系，建立并执行严格的信息披露规则体系，提高信息披露的针对性和有效性；完善退市制度，简化退市程序，优化退市标准。

最后，中国证监会于2020年6月12日发布了创业板注册制改革相关制度规则，其中涉及IPO、企业再融资、持续监管、保荐业务四方面的主要有《创业板首发办法》《创业板持续监管办法》《创业板再融资办法》《保荐办法》4部文件。

创业板试点注册制后，从上市流程和跟投制度两方面进一步优化上市条件。其上市流程与科创板的区别在于：第一，建立了上海、深圳两交易所审核工作协调机制，保持审核标准尺度一致，避免资源竞争局面的出现；第

---

① 王运陈，邱雨荷，贺康.创业板注册制为资本市场赋能[J].中国金融，2020(14):51-52.

二,明确被审查企业的衔接安排,确保向注册制顺利过渡;第三,涉及公开发行的再融资和并购同时实施注册制。

未来,创业板将进一步缩短审核注册周期,保证审核标准、程序、内容、过程全要素公开透明,增强市场的可预见性,使企业融资更加便捷。

(2)促进市场化并购重组

并购重组包含收购和重组两方面。两者的区别如图2-8所示。

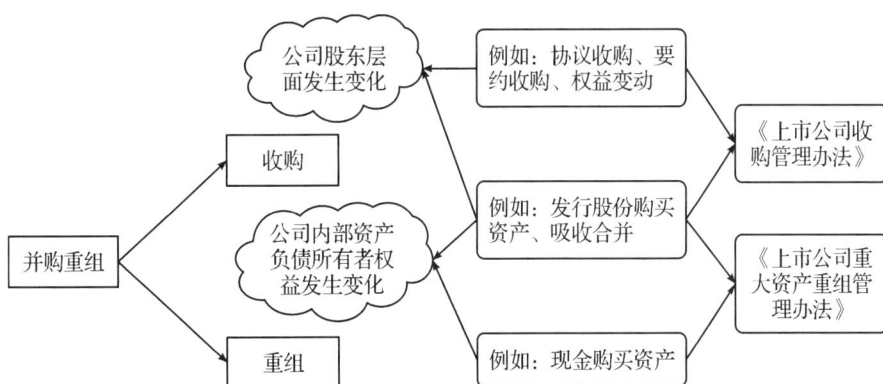

图2-8　并购重组详解

《意见》指出,政府必须充分发挥资本市场并购重组主渠道作用,而科创板和创业板的改革,使得并购重组制度更加市场化。

①科创板并购重组制度

为规范科创板上市公司的并购重组,证监会发布《科创板上市公司重大资产重组特别规定》(以下简称《特别规定》),上交所于同日发布了《上海证券交易所科创板上市公司重大资产重组审核规则》(以下简称《审核规则》),并于2021年6月进行了修订。两者共同构成了科创板并购重组的基本制度规则体系。

《特别规定》的目的是落实科创板上市公司并购重组注册制试点的改革要求,建立一个有效的并购重组系统,规范公司的并购重组行为。《审核规则》的制定依据的是市场化、法治化的基本原则,目的是支持科技创新型企业通过并购重组提升创新能力、研发实力、市场竞争力,强调发挥市场机制的作用,旨在构建高效、透明、可预期的重大资产重组审核机制。[①]

那么,哪些公司可以进行并购重组?上交所在对科创板上市公司的并购重组行为进行审核时,需要关注该上市公司是否符合如表2-17所示中的重组条件及标准。

表2-17　科创板上市公司重组条件及标准

重组条件	标　准
收入指标调整	标的资产:近两年净利润均为正且累计≥5000万元,或近一年营业收入≥3亿元且近3年经营活动现金流量净额累计≥1亿元 重大资产重组:最近一个会计年度购买或出售的资产所产生的营业收入≥上市公司同期经审计合并财务会计报告营业收入,且超过人民币5000万元
更加注重业务协同	标的资产应当符合科创板定位,且与科技创新型公司主营业务具有协同效应;所属行业应当与科技创新型公司处于同行业或者上下游
发行股份购买资产发行价格下限放宽	科技创新型公司发行股份的价格≥市场参考价的80%
重组/发行上市条件的特别规定	发行条件视同IPO,无预计市值要求

②创业板的并购重组制度

并购重组是创业板改革的重头戏。创业板注册制改革鼓励增量公司做好做大做强原有主营业务,同时鼓励存量公司谋求符合创业板定位行业的转型。增量公司的做强做大以及存量公司的转型可通过并购重组进行。针对并购重组,创业板主要从3个方面进行了改革。

首先是审核时间缩短。

简化审核程序安排。如:证监会办理注册程序只需5个工作日;如果创业板借壳不涉及股票发行,则无须走中国证监会注册流程。

开通小额快速通道。当上市公司近12个月累计交易金额≤5亿元或累计发行股份≤交易前上市公司股份总数的5%,且累计交易金额≤10亿元时,交易所直接审核并出具报告而不再进行审核查询。

---

① 陈峥嵘.落实并购重组注册制改革　优化科创板并购重组制度[J].国有资产管理,2019(11):34-36.

其次是兼顾存量,支持传统产业转型升级。

《创业板上市公司重大资产重组审核规则(征求意见稿)》(以下简称"《重组审核规则》")中规定,上市公司实施重大资产重组或者发行股份购买资产的,标的资产所在行业应当符合创业板定位,或者与上市公司处于同一行业或者上下游。

鼓励不符合创业板定位的企业并购重组,实现产业转型升级。

再次是在价格形成机制上给予更多弹性。

在《重组审核规则》中,重大资产重组的收益认定除按50%的比例外,还要求标的资产最近一个会计年度产生的营业收入>5000万元。此项规定主要是针对小规模企业,在一定程度上能够提高其并购效率。

并购重组的定价空间从最低9折到8折,这给了企业更大的定价和议价空间,使市场在资源配置中更好地发挥作用。

③完善上市公司再融资制度

再融资是一种直接融资,主要包括优先股、公司债券、(非)公开发行、配股和可转债5种。

为促进中国资本市场再融资制度的发展,证监会和上交所颁布了许多政策。

证监会:2006年5月,发布《上市公司证券发行股票管理办法》;2007年9月,发布《上市公司非公开发行股票实施细则》;2014年3月,发布《优先股试点管理办法》;2017年2月,修订《上市公司非公开发行实施细则》并发行监管问答(规范融资行为);2018年11月,发行监管问答(修订);2019年7月,发布《再融资业务若干问题解答》(明确审核标准);2020年2月,再融资新规、配套发布监管问答、发布《证监会有关部门负责人答记者问》(明确重组配募衔接安排);同年3月,发行监管问答(明确战略投资具体要求)。

上交所:有关再融资制度的最新政策为2020年7月上交所发布的《上海证券交易所科创板上市公司证券发行上市审核规则》,该政策对科技创新公司再融资的审核内容、要求、程序以及自律管理等作出规定。同月,上交所还发布了《上海证券交易所科创板上市公司证券发行承销实施细则》和《上海证券交易所科创板上市公司证券发行上市审核问答》。以上3个文件的发布，优化并简化了科创板上市公司的再融资审核程序，同时加强了对再融资违规行为的自律监管。

2. 健全上市公司退出机制

在《意见》发布后不久，国务院于同月通过的"十四五"规划也明确提出"建立常态化退市机制"。为了适应注册制改革，响应国务院"建立常态化退市机制"的号召，推动中国资本市场的健康发展，中国证监会于2022年2月25日起草了《关于完善上市公司退市后监管工作的指导意见》（下称《指导意见》）。可见，健全上市公司退出机制显得尤为重要。

（1）严格退市制度

合理严格的退市制度是注册制改革的要求之一，是保证科创板和创业板市场健康发展的基础。两个市场的退市制度通过借鉴成熟资本市场的有益经验，在科学制定退市标准、简化退市环节、加强退市执法、建立严格的强制退市制度等方面进行了大胆创新和突破。①此外，两个板块的上市公司退市时间被缩短，当上市公司触及上述财务类退市指标时，第一年即给予该公司退市风险警示。最后，科创板不再允许已经退市的企业重新上市，进一步强化资本市场的优胜劣汰功能。

两个板块的退市制度存在不同，如表2-18所示。

表2-18　科创板与创业板退市制度的比较

项目	标　准	创业板	科创板
财务类	连续亏损	4年（或被暂停上市后未在法定期限内披露首个年报）	1）主营业务大部分停滞或者规模很小；2）由于经营资产大幅减少，无法维持日常运营；3）营业收入或利润主要来自无商业实质的关联交易；4）营业收入或者利润主要来自与主营业务无关的贸易业务；5）其他明显丧失持续经营能力的情形
	净资产为负	2年（或被暂停上市后未在法定期限内披露首个年报）	

① 徐帆.科创板强制退市制度反思与完善路径[J].浙江金融，2019（11）：33-40.

续表

项目	标　准	创业板	科创板
交易类	成交量过低	连续 120 个交易日累计日累计成交量 < 100 万股	连续 120 个交易日累计日累计成交量 < 200 万股
	收盘价与每股面值	连续 20 个交易日每日收盘均 < 每股面值	连续 20 个交易日每日收盘价均低于每股价,均低于每股面值,每日股票市值 < 3 亿元
	交易股东数量	无	连续 20 个交易日股东数量 < 400 人
规范类	审计报告为否定或无法表示意见	2 年半	1 年
	未改正财务会计报告中的重大差错或虚假记载	6 个月	4 个月
	未在法定期限内披露年报或中期报告	3 个月	4 个月
	连续 20 个交易日股权暂停上市后仍不符合上市条件	暂停上市后仍不符合上市条件	
重大违法强制退市		1)上市公司有虚假发行、非法披露重大信息或者严重破坏证券市场秩序,严重影响上市地位的其他重大违法行为; 2)上市公司有涉及国家、公共、生态、生产和公众健康安全等领域的违法行为,情节恶劣,严重损害国家利益、社会公共利益,或者严重影响上市地位的	

通过表 2-18 可知,现阶段,中国的退市制度已经较为严格,接下来需要做的则是加大退市规则的执法力度。具体可从四方面入手:一是上交所和深交所应当加强退市制度的实施,严格按照规定对符合退市标准的上市公司启动退市程序,避免执行弹性的出现;二是两交易所应当加强对因亏损而被暂停上市的公司的审查,以防止公司通过欺诈包装等手段避免退市;三是可通过聘请专家组成专家委员会的方式,提高判定上市公司退市的准确性;四是监管部门必须严格执法,严肃查处执法人员滥用职权和非法使用权力

的行为。①

(2)严格退市监管

完善退市公司持续监管制度。一是在建立信息披露要求和公司治理安排时,需要结合退市公司的实际情况,充分尊重上市公司的自主权,并平衡企业的标准成本。二是根据退市公司的经营状况和规范水平,实行分类监管,建立差异化监管机制,合理配置监管资源,提高监管的适应性;规范履行信息披露义务的企业,可以按照有关规定进行发行融资或者重大资产重组,符合要求的企业可以申请在全国证券交易所系统重新上市或者上市。

为了规范创业板的发展,平衡存量公司的发展与增量改革之间的关系,2020年,创业板修订和新增了许多法律法规、行业规范等文件,并形成了以《创业板股票上市规则》为核心,以《创业板上市公司规范运作指引》和12项上市公司经营管理指引为主干和补充的上市公司自律监管体系。同时,创业板还发布了《创业板上市公司持续监管办法(试行)》(以下简称"《持续监管办法》"),该法规主要涉及六大方面内容,如图2-9所示。

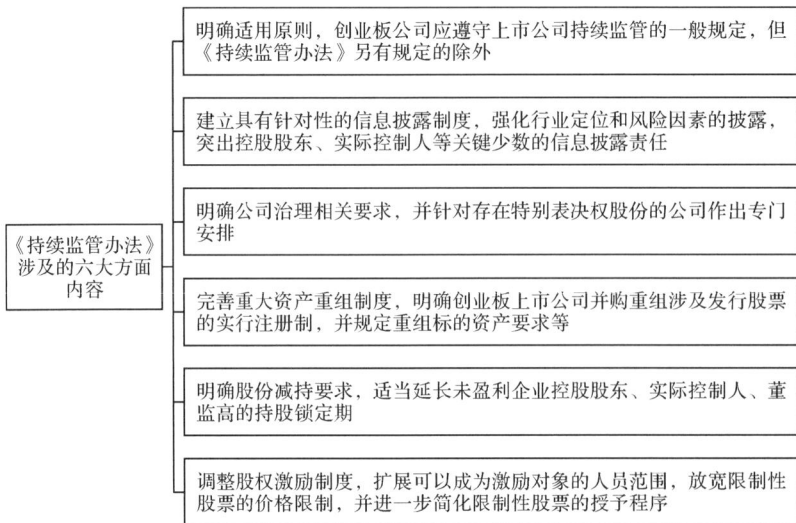

图2-9 《创业板持续监管办法》制度安排

---

① 封文丽,薛银雪.注册制下科创板退市制度优化研究[J].华北金融,2020(01):73-79.

完善上市公司退市监管制度。一是建立责任明确、协调高效的监管机制,落实地方监管,突出交易场所主体责任,加强信息沟通协调,形成退市公司监管协同效应。二是监管部门应当建立与地方政府的沟通机制,以便及时进行相关信息的沟通协调,一旦风险发生,能够及时向地方政府通报,两者共同化解纠纷,维护稳定。此外,要尤其注意加大对审计机构的监管力度,提高审计报告质量。因为在很多退市公司的案例中,会计师事务所都没有做好尽职调查和尽职业务,未能及时发现上市公司的违规行为,出具了不合格的审计报告,甚至还存在会计师事务所与上市公司合伙,欺骗广大投资者的现象。三是监管机构和会计师事务所应该相互配合。政府部门应努力完善注册会计师执业的相关法律法规,一方面为注册会计师创造良好的职业环境,另一方面规范注册会计师的审计行为和职业道德。第三方审计机构在开展认证业务时,应保持其独立性和自主性,防止违反相关职业道德的不良职业行为。

3. 加强金融市场监管

中国金融市场监管体制经过了五个阶段的演变,分别为集中统一监管(1992年以前)→分业监管(1992—1997)→"一行三会"初成型,分业监管不断专业精细化(1998—2008)→金融监管的协调性和有效性的初步改革(2009—2016)→进入"一委一行两会"监管(2017年至今)——主要指国务院金融稳定发展委员会(以下简称"金融委")、中国人民银行(以下简称"央行")、中国银行保险监督管理委员会(以下简称"银保监会")以及中国证券监督管理委员会。2019年,中国人民银行内部新设宏观审慎管理局,这标志着央行货币政策和宏观审慎政策两大支柱监管框架的正式确立。2020年8月30日,为加强金融市场监管,深圳证券交易所发布《深圳证券交易所上市公司风险分类管理办法》。

分类评级标准:深交所本着"统一标准、科学分类、动态管理、法律监管"的原则,以分类评级标准为基础,多角度、全链条监控上市公司风险,规范上市公司经营行为。从财务欺诈、操作、治理与操作、市场和退市风险等5个维度对上市公司的风险水平进行评价,并将上市公司分为四类:正常类;高风险

类，共有10种情形，例如公司内部控制存在重大缺陷等；关注类，共有12种情
形，例如期末商誉占净资产比例＞50%和涉嫌违反法律、法规等；次高风险
类，共有11种情形，例如最近一个会计年度的财务报告被出具保留意见等。
深交所在完成对公司年度报告的审查后，会确定公司的分类级别。之后，公司
的分类级别会根据日常监管情况和公司风险的变化进行动态调整。在调整分
类等级时，原评级为高风险或次高风险的公司原则上不调整为正常类。

差异化监管：深交所在高风险和次高风险上市公司上配置更多的监管
资源，特别关注其信息披露、并购、再融资情况，并对这两类上市公司采取了
以下措施加强监管。

（1）强化中介机构的责任，督促保荐机构或财务顾问加强对公司的持续
监督，督促审计机构勤勉尽责，在相关报告中全面、客观地披露公司风险。

（2）适时增加对上市公司控股股东、实控人、董监高管的合规培训频率，
有效增强其法律合规意识和公司治理能力。

（3）持续关注公司重大风险变化，发现公司有违法违规行为的，及时向
中国证监会报告。

（4）适时向地方政府通报公司风险情况，制定风险化解方案或处置预
案，避免风险外溢。

（5）高风险上市公司的信披评估等级不得为A，不享有本所信息披露直
通车资格。深交所对其年度报告进行双重审查，并将年度报告的问询函与
公司答复向市场公开。

4. 提高相关主体的违法违规成本

为与证券法、民法典等相关法律相衔接，维护金融安全，并完善具有中
国特色社会主义刑法体系，第十三届全国人民代表大会常务委员会第二十
四次会议于2020年12月26日通过了《中华人民共和国刑法修正案（十一）》
（简称《刑法修正案（十一）》），并于次年3月1日起实施。

《刑法修正案（十一）》共对7条内容进行了修正，其中与证券市场相关的
内容为第六条：重大披露信息违规造假处罚。其中涉及证券犯罪的条例共
有16条，进一步完善了洗钱罪、非国家工作人员受贿罪、职务侵占罪和挪用

资金罪等罪名和责罚。此处主要对修正后的第一百八十二条:操纵证券、期货市场罪;第二百二十九条:提供虚假证明文件罪进行详细介绍。

首先,针对操纵证券、期货市场罪,涉及7种行为之一,且影响到证券、期货交易价格或交易量,情节严重的,处罚金并处有期徒刑5—10年,如图2–10所示。

- 单独或者合谋,集中资金优势、持股或者持仓优势或者利用信息优势联合或者连续买卖的
- 与他人串通,以事先约定的时间、价格和方式相互进行证券、期货交易的
- 在自己实际控制的账户之间进行证券交易,或者以自己为交易对象,自买自卖期货合约的
- 不以成交为目的,频繁或者大量申报买入、卖出证券、期货合约并撤销申报的
- 利用虚假或者不确定的重大信息,诱导投资者 进行证券、期货交易的
- 对证券、证券发行人、期货交易标的公开作出评价、预测或者投资建议,同时进行反向证券交易或者相关期货交易的
- 以其他方式操纵证券、期货市场的

图2–10　操纵证券、期货市场罪的行为

其次,第二百二十九条:提供虚假证明文件罪的犯罪对象是承担资产评估、验资、会计、审计等职责的中介机构的工作人员。当其故意提供虚假证明文件,情节严重的,应处罚金,并处5年以下有期徒刑;涉及3种行为之一的,处罚金并处有期徒刑5—10年。

(1)提供与证券发行相关的虚假的资产评估、会计、审计、法律服务、保荐等证明文件,情节特别严重的。

(2)提供与重大资产交易相关的虚假的资产评估、会计、审计等证明文件,情节特别严重的。

(3)在涉及公共安全的重大工程、项目中提供虚假的安全评价、环境影响评价等证明文件,致使公共财产、国家和人民利益遭受特别重大损失的。

需注意:有3种行为,且索取他人财物或者非法收受他人财物构成犯罪

的,依照处罚较重的规定定罪处罚。存在第(1)种行为的人员,严重不负责任,出具的证明文件有严重不符合事实,且造成严重后果的,处3年以下有期徒刑或者拘役,并处或者单处罚金。

5. 完善上市公司信息披露的法律、监管体系和配套机制

(1)完善法律体系

信息披露制度的法律体系主要包括两方面。

建立差异化的信息披露制度。现阶段,中国有关分行业进行的差异化信息披露文件多见于两大交易所的部门规章,效力较低。因此,中国应当在《中华人民共和国证券法》中增加差异化信息披露的原则性规定,以增强其法律效力,体现差异化信息披露的重要性。具体可以以下三方面为标准进行差异化监管:一是分行业建立差异化信息披露制度。相同行业的企业一般都有着相似的生产经营活动,面临着相似的经营风险。因此,可根据行业特点制定信息披露标准,既能保证不同行业之间的差异,又能最大限度地降低同行业企业之间的外部性。二是以企业规模为标准建立差异化信息披露制度。这主要是因为企业的规模不同,其感知风险和承受风险的能力不同。三是以企业发行规模为标准建立差异化信息披露制度。也就是说,对于不同发行规模的企业给予不同的信息披露义务,这充分体现了信息披露的成本效益原则。①

统编《行业信息披露指引》。科创板市场作为证券市场的一部分,同时作为新兴板块,要完善其分行业信息披露制度还需借力于在信息披露上实践经验丰富的主板市场与创业板市场。2015年以来,上交所与深交所都出台了一系列行业信息披露指引,上交所发布的指引数大概为深交所的2倍,但是两个市场各自发布的指引仅适用于在各自市场上市的公司,且两交易所发布的行业指引内容存在重合的部分,这使得两个交易所制定的行业指引不能够互补。为改变这一现象,可将两个交易所发布的行业指引进行整

---

① 葛其明,徐冬根.多层次资本市场建设下的差异化信息披露制度——兼论科创板信息披露的规制[J].青海社会科学,2019(3):132-141.

合,统编为《行业信息披露指引》。在制定《行业信息披露指引》时,可由国务院牵头,联合证监会、上海证券交易所、深圳证券交易所及国家统计局共同参与其中,出台后的文件应当适用于主板、科创板和创业板的上市公司。

（2）完善监管体系

信息披露制度的监管体系主要包括分行业监管体系和分类监管体系。

分行业监管体系。现阶段,科创板的事前监管布局不合理。上市委员会负责上市公司的事前审核,但是其会议形式的工作方式与审核一部、二部在节奏与稳定性上存在较大差异,使得三者之间的沟通受阻。且科创板上市委员会成员真正的履职时间难以保证。因此,分行业监管体系还需进一步完善。可尝试增加专职人员进行审核——专职人员由上市委员会进行培训,并使其工作节奏与审核一部、二部保持一致,以充分发挥上市委员会的作用。同时以行业为标准对科创板公司监管部门的职能进行细分,使其工作与审核一部、二部的分工相适应。

分类监管体系。2013年,上交所发布了针对信息披露进行分类监管的文件《上市公司信息披露工作评价办法》(以下简称《评价办法》)。《评价办法》会对公司的信息披露工作情况评分,并在评分的基础上结合公司的实际情况将公司分为A、B、C、D四大监管类别,该分类结果只表示公司在信息披露上遵纪守法情况。依据评分与分类结果,上交所会对上市公司再融资、并购重组等市场准入问题出具持续监管意见。但是,《评价办法》中的分类方法所反映的信息过于单一。因此,为反映出更多的信息,可选择一套能够较全面反映公司状况的指标体系,并以这套指标体系为标准对上市公司进行分类。分类评级后的结果可作为监管部门确定将导向或监管重点的依据。例如,对评级低的企业进行重点关注,并视情况采取特别监管的措施。

（3）完善配套机制

上市公司信息披露制度的配套机制,主要包括对监管机构的监督机制及退市制度。

目前,上交所内部监督机制已经比较健全,但还需要完善外部监督机制,具体举措如图2-11所示。

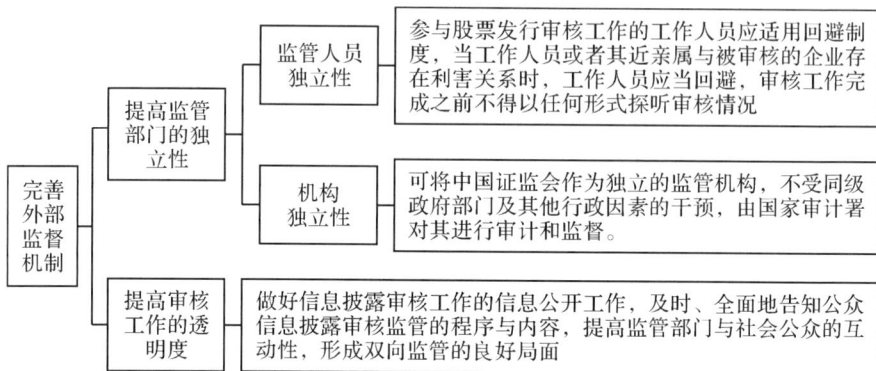

图2-13　完善外部监督体系举措

　　科创板和创业板的退市制度虽然严格,但因其采取"一刀切"的退市标准,所以并不符合科创板对实质公平的价值追求。由于科创板与纳斯达克市场在服务对象与证券发行理念上相似,因此,科创板可借鉴纳斯达克市场的经验来完善退市制度。纳斯达克将市场分成三个服务于不同类型公司的板块,并有针对性地制定多套退市标准。通过借鉴纳斯达克市场的经验,中国可以上市标准为基础,结合科创板上市公司所在行业和发展周期的差异,制定多套有针对性的退市标准,实现退市制度的实质公平,合理运用退市威慑力,实现对低质量企业的精准淘汰。

第三章

上市公司风险识别与控制

　　企业在经营过程中,会遇到许多不确定性事件。这些事件是在一定时限内和一定环境条件下发生的,使企业目标的实现程度与预期产生偏差,这偏差即风险。正是由于风险的存在和风险事故的发生,才产生了风险成本(等于风险损失的实际成本＋无形成本＋预防和控制损失的成本)。

　　美国经济学家富兰克·H.奈特在《风险、不确定性和利润》一书中对风险和不确定性进行了阐述,认为风险是一种可以用概率测定的不确定性,而不确定性的概率是不可测定的。[①]Platt H.D,etal认为,通过关注企业的关键财务指标,可以从数据的变化中实现风险预警。[②]依据中国国务院国资委2006年发布的《中央企业全面风险管理指引》(以下简称《指引》),风险的定义为"未来的不确定性对企业实现其经营目标的影响"。《指引》以风险是否能给企业带来利润为标准,将风险分为纯粹风险和机会风险。纯粹风险仅指亏损的可能性,而机会风险则是指亏损与盈利的可能性并存。《指引》认为,企业的风险与企业战略息息相关;风险是一组可能的结果,而不仅仅是最可能的结果;风险既是客观的也是主观的;风险和机会常常并存,在许多情况下,风险孕育机遇。因此,风险有4个主要特征:一是客观性,风险是客观存在的,不以人的意志而转移;二是全面性,风险贯穿在上市公司经营的

---

① 富兰克·H.奈特.风险、不确定性和利润[M].北京:中国人民大学出版社,2005:17-38.

② PLAT H. D,PLAT M. B. Who Are Those Guys:Answers From A Survey of The Turnaround Profession [J].Journal of Restructuring Finance,2004(1):225-241.

全过程,比如生产管理、资源分配等;三是不确定性,风险的出现是不确定的,因为风险会受到各种条件的影响,导致风险的出现、变化和严重程度无法全面、准确地估计;四是损益并存,风险可能带来风险,也可能带来收益,风险与收益是相对应的。

虽然风险无法完全控制或提前准确估计,但可以在一定程度上根据历史经验和环境条件进行更可靠的估计。提前防范风险可以减少不必要的损失。对上市公司而言,提前对潜在风险进行科学评估,有助于为后续的生产经营活动做好相应的准备,也便于在出现问题时对风险进行控制。对投资者而言,首先,投资者要学会"把鸡蛋放在不同的篮子里",即投资者可通过购买不同公司的股票或增加投资项目的数量来分散风险;其次,投资者可采取多样化的行动参与某项有风险的经济活动来降低风险;最后,投资者可通过购买保险来实现风险转移,当预期损失等于保险价格时,该行为将会发生。此外,投资者还可通过购买共同互助基金等多元化组合,或将资金存入某些基金的方式进行自保。

上市公司的风险有很多,包括财务风险、并购风险、税务风险、审计风险等。

一、财务风险

内部财务结构不合理或外部环境原因而导致企业资金链断裂、偿债能力不足的情况即为财务风险。财务风险存在于企业运作的全过程,除带来损失外,还可能带来了破产、违约等危机和风险。

(一)财务风险的类别

财务风险有系统性财务风险与非系统性财务风险之分。

系统性风险是指证券市场因经济、政治、社会环境等因素的变化而引起的与证券相关的风险,因其不可分散,又称不可分散风险。系统性风险可分为四大类,分别为经济风险、政治风险、社会风险及自然风险,如图3-1所示。

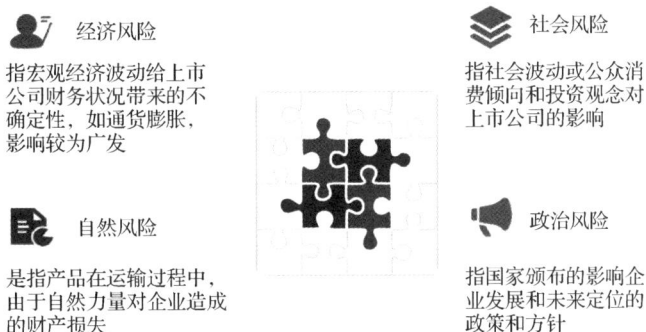

经济风险
指宏观经济波动给上市公司财务状况带来的不确定性,如通货膨胀,影响较为广发

社会风险
指社会波动或公众消费倾向和投资观念对上市公司的影响

自然风险
是指产品在运输过程中,由于自然力量对企业造成的财产损失

政治风险
指国家颁布的影响企业发展和未来定位的政策和方针

图3-1 系统性风险的分类

非系统性风险是因公司自身原因或行业原因而产生的风险,因其可控,又称为可分散风险。其可分为六大类,分别为筹资、投资、资金运作、收益分配、经营及流动性风险,如图3-2所示。

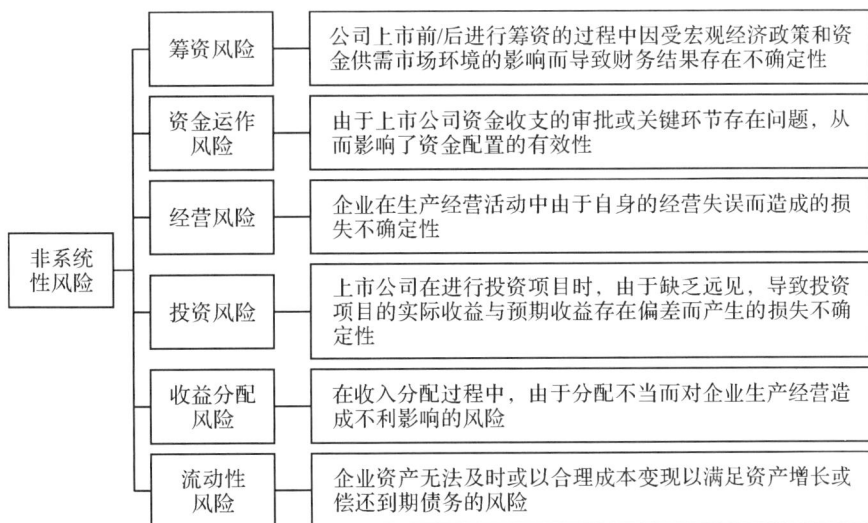

非系统性风险	筹资风险	公司上市前/后进行筹资的过程中因受宏观经济政策和资金供需市场环境的影响而导致财务结果存在不确定性
	资金运作风险	由于上市公司资金收支的审批或关键环节存在问题,从而影响了资金配置的有效性
	经营风险	企业在生产经营活动中由于自身的经营失误而造成的损失不确定性
	投资风险	上市公司在进行投资项目时,由于缺乏远见,导致投资项目的实际收益与预期收益存在偏差而产生的损失不确定性
	收益分配风险	在收入分配过程中,由于分配不当而对企业生产经营造成不利影响的风险
	流动性风险	企业资产无法及时或以合理成本变现以满足资产增长或偿还到期债务的风险

图3-2 非系统性风险分类

（二）财务风险产生原因

产生财务风险的原因可从内部环境与外部环境两个角度加以分析，这两个角度分别对应非系统性风险与系统性风险。

1. 内部环境

第一是上市公司内部控制制度不健全。这是导致上市公司财务风险的最主要原因，因为它直接关系到上市公司各项活动的开展。并且内部控制制度不完善，难以保证企业建立的财务风险管理制度合理、完善。同时，财务风险管理也直接关系到企业在资金使用管理等方面的工作表现，由于资金处置不当，容易使企业产生更大的财务危机，一旦财务风险暴发将严重影响企业的发展。具体表现为：有些公司内部控制制度适应性不够，没有建立有效的风险控制办法；有些公司虽有财务风险控制体系，但是缺乏实操性，作用无法充分发挥；有些公司因技术手段不足、内部因素影响、专业人员限制、控制能力较弱等原因，使得其即使遇到风险也无法有效应对。[①]

第二是融资渠道过于单一，导致筹资风险。上市公司的运营需要大量的资金，而借贷一般是上市公司的融资渠道。过多的举债并不利于上市公司的长远发展，并且一旦政策发生改变或是融资环境收紧，会使得其无法获取足够的资金来维持公司运营，进而导致公司出现资不抵债的情况，甚至可能出现更糟糕的情况。

第三是财务风险控制专业人才匮乏。许多上市公司存在制度设置、人员配备不科学的问题。例如，一些公司存在着审计师兼任财务风险控制人员的现象，这容易使财务风险管理与审计的主体和客体统一化时，参与者的权利和责任不明确，导致财务风险管理不能产生实际效果。这种情况主要源于公司治理机制的缺陷：公司内部财务和审计机构存在二元现象，难以及时做出正确的财务决策；投资者和管理者的目标不同，影响了公司宏观战略的实施，阻碍了公司目标的实现；公司对财务风险的预测多为定性判断，由

---

① 张文慧.企业集团财务风险原因分析及管理对策[J].现代商业,2020(35):190-192.

于缺乏财务风险控制专业人员,定量分析和数据统计较少,未能充分权衡财务风险的特点和性质,无法保证计量的准确性,从而增加了后续监测和管理的难度。[①]

第四是财务风险制度不完善。目前,中国很多上市公司受经营理念的限制,无法掌握财务风险控制的要点。在财务风险控制体系方面,没有依据自身的规模,将企业发展的需要作为推进财务风险体系建设的重点。在结构设置上,没有设置针对财务风险控制的机制,同时没有仔细划分负责财务风险控制活动人员的责任和权利。在这种情况下,很难保证上市公司或其下属分支机构在财务活动中运行良好的风险控制能力。[②]

2. 外部环境

第一是企业财务管理复杂的宏观环境,包括经济环境、自然环境、资源环境等。宏观环境的变化是企业难以准确预见和无法改变的,宏观环境的不利变化必然会给企业带来财务风险。财务管理环境复杂多变,外部环境的多样化可能会给企业带来一些机会,也可能给企业财务管理带来困难。许多企业由于财务管理制度设置不合理,导致财务管理体系缺乏适应外部环境和及时准确应变的能力。具体表现在不能科学预见外部环境的不利变化,反应滞后,措施无效,进而导致财务风险的产生。

第二是政策环境的变化。一般而言,国家经济或金融政策的变化可能会对中小企业的生产经营、市场环境和融资形式产生一定的影响。自2007年以来,中国加大了宏观经济调控力度,央行第四次提高存款准备金率。特别是差别准备金制度的实施,使直接为中小企业服务的中小商业银行的信贷紧缩。中小企业的资金供给受阻,融资风险大大增加。由于无法获得急需的资金,中小型企业被迫关闭或缩减运营规模。

第三是利率和汇率的影响。首先,对于企业举债筹集的资金,在合同利率固定的情况下,市场利率的下降会使企业按照合同水平支付较高的利息,

---

① 张林玉.如何加强企业财务风险控制[J].中国外资,2019(14):124-125.
② 李波.上市公司财务风险控制存在的问题及完善对策[J].财务与会计,2021(22):64-65.

若合同采用浮动利率时,可能会增加企业的财务风险。其次,若企业采用外币融资,浮动利率的变化会导致财务风险。接着,汇率波动会影响进出口企业的收益。最后,通货膨胀会给企业带来财务风险。许多企业资产,包括现金和应收账款,都会受到通货膨胀的影响。一般来说,通货膨胀导致的价格上涨会削弱这些资产的实际价值。换句话说,它们会遭受潜在的损失。[1]

(三)财务风险防范与控制

产生财务风险的原因存在内外部环境之分,因此财务风险的防范与控制措施也从内外部环境两个角度分析。

1. 针对内部环境

第一是完善内部控制机制。首先,加强部门间的合作,明确内控人员的职责,注重财务风险的识别,掌握各种风险识别方法。其次,注意收集敏感信息,并根据风险情况进行适当的区分,同时做好财务风险的重要性分析,确保财务风险预测的准确性。再次,探索财务风险的规律,总结财务风险的各种类别,提高财务风险预测的准确性和及时性。最后,建立金融风险防范机制体系,并根据市场变化及时修订和完善。

第二是重视公司的财务风险管理。通过多元化的投资进行风险转移,并加强公司的风险管理能力。首先,上市公司应当建立科学的投资决策机制,加强投资分析,优化资本结构。其次,防范应收账款坏账风险,定期检查客户的生产经营情况,根据风险大小对客户放宽信用标准,督促客户制定相应的还款计划,确保资金及时收回。再次,协调利润分配与留存收益之间的关系等。最后,公司还需建立良好的信誉和形象。这在一定程度上能够帮助企业降低财务风险带来的影响。

第三是提高全体员工的风险意识,拓宽融资渠道。具体的操作手段可通过营造一种"生于忧患,死于安乐"的氛围,在职工学习和教育中,讲述市场环境以及行业和企业的情况,提高全体员工对市场的认识,传递公司的压

力,并鼓励员工增强自身的风险意识。同时,上市公司应当进行多元化融资,仅仅依靠举债经营出现财务风险的可能性较大。

第四是建立风险评估机制,落实风险评估工作。在风险评估指标的选择上,可采用同时关注财务指标与非财务指标,且将定性指标与定量指标相结合的风险指标体系。风险评估所得结果应依据实际情况进行调整,最终确定风险指标的取值范围。此外,公司还可利用信息技术,建立财务风险自动检测和预警机制,及时报告财务风险指标的变化情况。同时,可通过培训来加强风险管理人员的专业技能水平。

2. 针对外部环境

因外部环境多不可控,因此其防范需增强公司自身对经济环境和政治环境变化的洞察力和风险管理的能力。此外,公司可通过对投融资和资本运营的监督管理,为企业的日常运营提供强有力的资金支持,促进上市公司的长远发展。

二、并购风险

并购作为企业最重要的扩张方式之一,对提升上市公司质量、促进产业整合升级具有重要作用。2019年10月,证监会发布了《关于修改〈上市公司重大资产重组管理办法〉的决定》,进一步放宽了并购要求,促进了资本市场的高质量发展。宽松的并购重组政策为上市公司做大做强、优化资源配置提供了有利条件。在相关政策的支持下,中国资本市场的并购活动日益活跃。并购过程中的各个环节存在着信息不对称,这可能会阻碍并购活动的开展,并且可能产生如估值、战略选择等风险,因此并非所有的企业在并购中都获得了规模的扩张和实力的增长,有些企业在并购活动中损失惨重,甚至面临破产。并购的成败取决于一个企业对并购风险的防范与控制是否得当。因此,并购风险的管理在并购活动中显得尤为重要。

企业并购主要指兼并与收购。在并购过程中,被并购公司的所有权或控制权转移至并购公司。因此,并购公司掌握了被并购公司的支配权,以此实现了资本扩张、规模扩大及业务发展。并购是企业利用自身如品牌、市场、文化等优势,将存量资产转化为增量资产,带动停滞资本,实现资本增值的过程。其方式多种多样,除兼并和收购外还有托管、租赁、企业拍卖等。

根据并购后并购双方的存在情况,可将企业并购类型分为三种:新设法人型、吸收型及控股型。

新设法人型指并购两方都消失,设立新法人。吸收型指被并购方解散被主并购方所吸收。控股型指并购双方仍存在,但为控股关系。

根据企业并购所涉及的产业组织的特点,可将企业并购种类分为横向、纵向和混合并购。

横向并购是指大于等于两个的同质企业之间的并购。纵向并购是指一般在同一产业中,不存在直接的竞争。混合并购指一般发生在不同行业和企业之间,通常以风险规避和追求经济为目的。

企业并购风险是指企业在并购活动中未能达到预定目标,并影响企业正常经营管理的可能性。一般存在两种情况:一种是并购企业对被并购企业进行了控制管理,但是协同效应并未达到预期;另一种是并购企业对被并购企业不管不问,致使并购无效而未达到并购预期。

并购风险存在三个特点,分别为潜伏性、长期性和传导性,如表3-1所示。

表3-1 并购风险的特点

主要特点	主要内容
潜伏性	有些风险通过调查和分析是可以发现的。但是,有些风险在并购过程中并不明显或不容易被发现,它们会随着环境和市场的变化而演变
长期性	风险的产生是一个从量变到质变的过程。它不是短时间内发生的,而是长期积累的结果。例如:生产整合等过程中的风险要到几个月甚至几年之后才会出现
传导性	并购流程中,前期的风险会被传递,并影响到后期的各个环节,或影响到后期的某个环节

(一)并购风险的类别

依据并购实施的前、中、后三阶段,可将企业并购风险分成三大类。[①]

并购前的准备阶段:在并购前,企业需要依据其制定的发展战略选择目标企业,并对目标企业做好充分的调查。在这一过程中,存在着战略选择风险及并购估值风险。

战略选择风险是指动机上的风险和信息风险。企业在选择并购对象时,应结合自身实际情况和发展战略,对目标企业进行深入调查,全面了解目标企业的实际情况和信息。主要包括目标企业的实际发展状况、行业市场环境、财务状况、内部管理状况和技术状况。

并购估值风险是指目标企业价值偏离实际价值所产生的风险。由于并购前双方信息不对称,并购方不可能完全掌握目标企业的经营状况、资产质量和盈利预期,这将导致对目标企业价值的高估,给企业带来损失。同时,并购企业管理层的过度自信也会增加估值风险。

并购实施阶段:在企业并购实施阶段主要存在着4种风险。一是法律和政治风险。当企业对并购法律不熟悉时,可能会出现违法行为,进而引起诉讼并导致并购失败,该类风险即为法律风险。政治风险则多发生于海外并购案中,通常表现为东道国政府采取了不利于企业并购的行动。二是当并购企业采取并购行为是为了目标企业的某些技术,且该技术相对落后或依赖于自然人执行时,可能会因为人员流失造成技术损失,并为并购企业带来技术风险。三是支付风险,指的是当并购企业在进行并购时,采取了不当的支付方式(包括现金、股权、混合支付等)导致支付失败或给企业带来还款、流动性和股权稀释的风险。四是融资风险。企业并购活动的开展需要大量的资金支持,这仅依靠企业自有资金是远远不够的,还需要进行外部融资,而在融资过程中存在着融资风险。融资方式主要有3种:一是出售资产,此种方式会改变企业内部资产架构;二是银行贷款;三是民间贷款。后两种方

---

① 刘炳茹,吴君民.企业跨国并购财务风险管理与控制[J].财会通讯,2016(20):101-103.

式都受到市场利率的影响。因此，三种方式都有可能导致融资风险。

并购后整合重组阶段：在并购的后期，并购方会对目标企业的资产、财务进行接管、规划和整合。在进行整合时，并购方需要关注目标企业的战略、财务、组织机构、人力资源、资产和文化的整合，若以上6项未得到有效整合，可能导致各自对应的协同风险，且整合的时间决定了目标企业原有核心技术、人才及信息的泄露和流失程度。因此，并购方在整合时应当快而有效。并购整合阶段的六大风险所对应的具体内容，如图3-3所示。

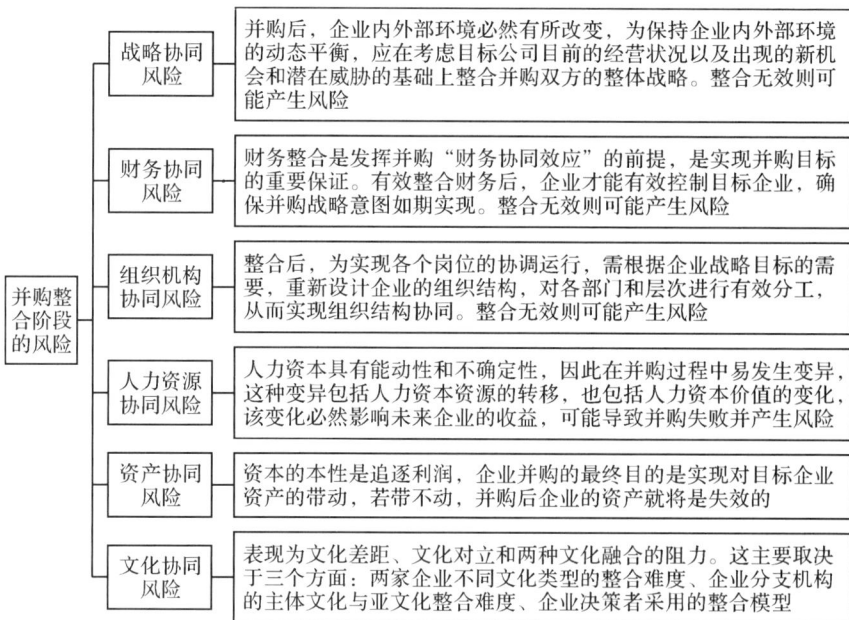

并购整合阶段的风险	战略协同风险	并购后，企业内外部环境必然有所改变，为保持企业内外部环境的动态平衡，应在考虑目标公司目前的经营状况以及出现的新机会和潜在威胁的基础上整合并购双方的整体战略。整合无效则可能产生风险
	财务协同风险	财务整合是发挥并购"财务协同效应"的前提，是实现并购目标的重要保证。有效整合财务后，企业才能有效控制目标企业，确保并购战略意图如期实现。整合无效则可能产生风险
	组织机构协同风险	整合后，为实现各个岗位的协调运行，需根据企业战略目标的需要，重新设计企业的组织结构，对各部门和层次进行有效分工，从而实现组织结构协同。整合无效则可能产生风险
	人力资源协同风险	人力资本具有能动性和不确定性，因此在并购过程中易发生变异，这种变异包括人力资本资源的转移，也包括人力资本价值的变化，该变化必然影响未来企业的收益，可能导致并购失败并产生风险
	资产协同风险	资本的本性是追逐利润，企业并购的最终目的是实现对目标企业资产的带动，若带不动，并购后企业的资产就将是失效的
	文化协同风险	表现为文化差距、文化对立和两种文化融合的阻力。这主要取决于三个方面：两家企业不同文化类型的整合难度、企业分支机构的主体文化与亚文化整合难度、企业决策者采用的整合模型

图3-3　并购整合阶段的风险

(二)并购风险产生的原因

在并购前的准备阶段，首先，企业缺乏明确的经济发展战略，没有进行长期合理的规划；同时，对被并购的企业未做好充分的调查研究，进而无法评估企业的真实价值，或是并购过程过快。这种情况可能导致企业在完成并购后未能达到预期目标，未能获取应有的经济效益。其次，企业不能合理预计并购所需的资金。如果企业在并购的过程中出现了资金不足的问题，可能会影响到并购的成功性。①

在并购过程中,首先,企业管理者缺乏足够的风险管理意识,缺乏强有力的并购理论的指导,在并购过程中容易犯盲目并购的错误。②其次,企业在并购过程中采用不恰当的支付方式,不同的支付方式带来不同的并购风险。在并购的过程中,只有充足的资金才能保证并购的顺利实施。目前主要的支付方式仍然局限于现金支付,这种相对单一的支付方式也是产生并购风险的主要原因之一。

在并购后的整合阶段,企业面临的最重要问题是管理风险。由于并购双方战略、市场定位的不同,导致并购双方管理价值观的差异,并购从内部开始瓦解。所以,管理层应该有统一的管理规划,有较好的管理经验。企业之间的整合将直接影响并购的成功与否,而关键在于能否真正发挥并购的价值,实现并购的目的。此外,企业文化的整合也是非常困难的,文化的差异、价值观的不同会使管理层和员工之间产生明显的冲突,可出现管理理念的差异,最终导致并购失败。

此外,中国关于并购的法律不健全也是导致并购风险产生的重要原因之一。对于企业并购,国家必须进行相应的监督,因为并购风险较大,所需资金巨大,信息交流过程中核心技术外流,这些都需要进行有效的防范,所以对并购进行监督是非常重要的。目前,中国虽然制定了与并购相关的法律,但并不是很全面,相关法律制度、管理体制不是很完善。

(三)企业并购风险防范与控制

在并购准备阶段,并购方应当依据其制定的发展战略选择目标企业,并对目标企业做好充分的调查,纠正错误信息,正确判断目标企业价值。制定战略性并购计划,综合计算并购全过程中的各种需求和成本,减少不必要的或重叠的成本,从而降低并购成本。这可以有效地降低并购完成后的风险,

---

① 陈岩.HT 公司并购风险管理研究[D].天津:南开大学,2020.
② 马昀.中国企业跨国并购中的风险控制问题[J].新金融,2008(10):55-59.

使双方能够快速有效地整合，优势互补。由此产生的协同效应可以促进企业的发展。①同时，并购方需要谨慎对待目标企业的财务报表，并在分析了解所有信息后再做出判断。此外，企业可以选择一些业绩好、股权集中度高、并购成本相对较低的企业作为目标企业。

在并购的实施阶段，企业并购应当从企业的实际经营状况出发，根据企业的资产负债情况，适当调整企业的融资方式和支付方式，获得更多的并购资金的同时，防止因融资方式不当产生融资风险和支付风险，并不断加强对企业内部的财务进行管理。同时，并购方在对目标企业进行调查研究时，需对目标企业的技术进行充分的了解，避免并购技术落后的企业，并了解该技术是否依赖于目标企业的自然人。此外，企业应增强对并购相关法律法规的熟知程度，提高对政治环境的洞察力，避免发生法律和政治风险。

在并购整合阶段，并购方需要对目标企业的战略、财务、组织机构、人力资源、资产和文化进行充分的了解，提升自身的整合能力和管理能力，最终在较短的时间内实现各方面的整合，发挥协同效应，实现企业规模、资产和业务等的扩张和发展。同时，整合工作应当在双方完成并签署合并协议后就即刻进行，以防止整合过于缓慢对企业生产经营产生负面影响。及时的财务整合工作等可以加快企业整合的进程，使企业能够更快地进入新的运营。此外，还需健全与并购相关的法律法规，使得企业并购能够"有法可依，有法必依"。

三、税务风险

为加强企业税务征管和税务服务，指导大企业税务风险管理，国家税务总局于2019年发布《大企业税务风险管理指引（试行）》（以下简称《指引》），目的是指导大型企业合理控制税务风险，避免企业可能遭受的法律制裁、财务损失等。《指引》的发布规范了企业的税收行为，加快了企业税收风险管理

---

① 向涛.浅谈企业并购风险[J].财会月刊，2020(S1)：85-87.

体系的建立,缓解了企业面临的税收风险。[①]

从纳税人的视角看,税务风险可分为两类:一是没有遵守国家税收法律法规和政策而少缴、未缴和漏缴税款,因此遭受处罚而产生经济和名誉上的损失的风险;二是纳税人不能掌握和适用税收政策,尤其是减免优惠政策,合理合法调整纳税行为而多缴税款的风险。

税务风险有三大特征:一是主观性。主观性主要体现在对于同一涉税业务,纳税人和税务机关存在不同的认知,直接导致了税务风险;同时,不同的税务机关对于相同的税收制度的认知存在区别,这也可能导致税务风险。以上两种情况所导致的税务风险的大小要依据实际情况而定。二是必然性。企业和政府之间存在信息不对称,且其税后利润最大化的目标与强制性税收本身存在着冲突;同时,国家税收执法环境的变化以及企业管理者和金融工作者对相应政策法规的了解有限,都会使得税收风险不可避免。三是预先性。税务风险多产生于企业纳税之前。因此,企业能够通过掌握税收法律法规的制定和变化,有效降低税务风险。

(一)税务风险产生的原因

企业税务风险产生的原因主要有两个。

其一是外部环境导致的税务风险,即企业所处的宏观环境。该因素与企业的外部税务风险有关,外部税务风险包括国家税收政策、经济形势、社会意识、市场竞争和融资环境的变化等。为促进经济的发展,中国的税收政策法规会不断地进行调整和更新。每当此时,税务机关或人员对新政策法规的理解因人而异,再加上税务机关有自由裁量权,这些都可能导致税务风险的产生。

其二是内部环境导致的税务风险。首先,企业生产管理过程中存在着税务风险,这主要与企业的内部税务风险有关。内部风险指的是企业税务

[①] 谭光荣,黄保聪.税务风险、税收规避与企业资本结构调整[J].财经理论与实践,2021,42(2):82-89.

人员的财税专业知识,公司对税务风险管理的认知,企业经营理念与发展战略和监督机制有效性等。现阶段,中国企业管理者的税收意识还较弱,财税人员的税收专业知识不足,内部审计及控制制度仍存在缺陷,上述问题都可能导致税务风险的产生。其次,关联交易也可能导致税务风险。关联交易在中国上市公司中是普遍存在的。依据新《中华人民共和国企业所得税法》第四十七条的规定:"企业实施其他安排,不符合合理的经营目的,减少应纳税所得额或者收入的,税务机关有权合理调整。"《实施条例》第一百二十条规定:"无合理商业目的的,以减免税、缓征税款为主要目的。"因此,如果没有合理的经营目的,税务机关可以对公司报表进行调整。而企业是否建立了关联方交易标准,关联方的价格是否合理,关联方的支付结算方式与关联方相应的纳税义务发生时间是否相对应都有可能导致税务风险。接着,企业投融资业务产生的税务风险。投资企业的投资项目涉及产业、投资领域、高新技术产业投资项目的选择、企业资源的综合利用、企业融资方式、金额、利率等因素对企业所得税产生显著影响,投资企业需要企业对国家的税收政策非常了解,否则容易产生税收风险。最后,组织结构不完善、对税收意识重视不足导致的税收风险。长期以来,虽然许多集团企业增强了风险意识,设立了风险管理部门或岗位,但大多数集团企业并没有设立单独的税务部门或税务管理岗位。涉税工作多由会计或出纳兼任,影响了企业税务管理工作的有效性和独立性。因此,企业需要从战略层面予以关注。

(二)税务风险的防范

税务风险的防范可从企业自身和外部机构两方面进行。

1. 企业自身

第一,企业应当健全制度基础,主要包括企业内控制度和税务代理制度。虽然现阶段中国的财会及税收制度已基本完善,但财会与税法规定仍存在着差异,企业只要把握住该差异,就可以有效避免风险。因此,企业应努力提高自身的管理水平,增强风险意识,并将现代科学技术与传统的内控手段相结合,建立一套易控且可操作性强的内控体系。此外,企业可委托税务代理机构代为办理税务事宜。因为相比于企业财会人员，税务代理机构的人员专业知识水平更高，对税收政策及经济环境等的变化更为敏感，这能够在一定程度上降低企业的税务风险。

第二，为明确纳税人的权利、正确评估和适时监控税务风险，企业应积极地建立税务风险预测系统。在建立该系统的过程中，企业应注意以下事项：首先，权利与义务相对应。其次，对于预测的税务风险，应当综合运用多种手段及方法进行正确地识别和评价，得出产生风险的概率、严重及影响程度，并依据所获结果制定应对方案。最后，企业应做到适时监控税务风险，需特别注意纳税前企业经营全过程的监控，做好纳税前的合理合法审阅和规划工作。

第三，建立完善的税务信息沟通机制。信息不对称可能会导致税务风险。公司与税务机关、子公司、供应商和客户之间进行有效的信息沟通，不仅可以合理配置资源，提高资源利用效率，而且可以在最短的时间内解决问题，防止不必要的损失。信息和通信是税务管理系统有效运行的保证。公司可通过以下几个方面建立完善的税务信息沟通机制。首先，加强公司税务信息系统建设。该系统应涵盖国家税收法律法规、公司可享受的国家税收优惠政策、企业的纳税流程等。其次，加强各部门之间的税务信息沟通。企业生产经营过程中涉及的税务事项，只有税务风险等事项存在于整个交易环节，与管理层和业务层相关。因此，税务管理部门应加强与其他部门的沟通，及时提供税务信息咨询，定期组织税务培训，增强企业税务风险意识，实现税务风险预见。最后，加强与税务机关的信息沟通。中国税收政策会随着经济环境的变化而不断调整和更新，企业税务人员对税收相关政策的认知难免会出现偏差。公司应当定期与主管税务机关沟通，与税务机关共同探讨集团公司重大涉税政策，商定税务工作流程，最大限度地防范税务风险。同时，企业可以通过税务部门与公司重要的供应商和客户进行沟通，了解他们的税务信誉，学习他们先进的税务管理经验，从而提高税务管理经验，降低税务风险。

2. 外部机构

第一,税务机关要充分利用大数据等技术手段,提高税收征管质量,帮助企业降低税收风险。税务机关可从三方面展开行动:一是充分利用大数据等技术手段,分析企业税收异常情况,及时提醒企业可能存在的税收风险。二是加强税收宣传,做好新税法的培训工作,降低企业在适用新税法时可能出现的税收风险。三是完善税收信用评价指标体系,优化奖惩制度,促进企业自觉提高纳税遵从度。

第二,税务中介机构应当加强行业自律,帮助企业提高内部控制水平。首先,税务中介机构应当依法经营,诚信服务。以自身扎实的执业行为和高效的品牌服务,保持税务代理行业遵纪守法的氛围。其次,帮助企业加强内部控制,督促企业规范税收行为。

四、审计风险

依据中国注册会计师事务所在2007年公布的《中国注册会计师审计准则第1101号——财务报表审计的目标和一般原则》,审计风险的定义为"财务报表存在重大错报的可能性及注册会计师提出的审计意见不恰当的可能性"。

审计风险以委托代理理论和信息不对称理论为基础,总共具有五大特征。

(一)审计风险的类别

对审计风险进行科学的分类,能够增强审计人员风险意识,让他们正确认识和评价审计风险,进而达到防范和控制风险水平,保证审计质量,提高审计效率的目的。

1. 按审计风险形成原因分类

审计风险由固有风险、控制风险和检查风险构成,且审计风险的大小为三者的乘积,具体内容如图3-4所示。

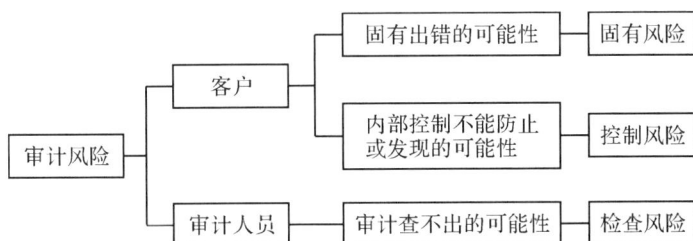

图3-4 审计风险组成要素

固有风险是指在不考虑内部会计控制结构的情况下,受审计单位受到内部因素和客观环境影响而使得整体财务报表和各类账户余额或某项业务发生重大错误的可能性。也就是说,审计风险由受审计单位经济业务的特点和会计工作本身的不充分造成。有些固有风险是受审计单位(各账户或交易类别)本身所特有的,即该单位在这些方面出错的可能性大于其他方面。例如,在没有实物控制的情况下,企业的存货比固定资产更容易被盗用。有些固有风险不是受审计单位(各账户或交易类别)所独有的,而是由外部因素引起的。例如,经营环境的变化,政府颁布新的法律法规导致的固有风险。

控制风险是指受审计单位的内部控制制度不够完善、内部控制行为不够好,在某一账户或某一业务中无法有效防范、及时发现和纠正审计风险而形成的审计风险。它有两层含义:一是受审计单位内部会计制度缺陷导致的会计过程中可能出现的错误未能发现和纠正,二是内部控制制度非常健全有效,但具有不能彻底消除的相关管理人员谎报财务报表的可能性。

检查风险是指因为审计人员审计的范围和程度有限,在对受审计单位的账户余额和业务明细进行符合性测试和实质性测试后,未发现误报和错误的审计风险。也有人认为,该风险是指未被实质性检测发现的某一账户或交易类别单独或与其他账户或交易类别一起发生重大错报或漏报的可能性。然而,因为检查风险来自实质性检测和符合性检测两方面,所以,仅依靠实质性检验判断检查风险,对于正确引导审计人员全面控制检验风险不利。检查风险可进一步划分为抽样风险和非抽样风险两类。两者的区别在于形成检查风险的原因是来自抽样内的，如抽样误差等，还是抽样外的其他原因，如审计标准不明等。

2. 按审计风险形成时间分类

依据审计风险形成时间的不同，可将审计风险分为未审计风险、期望风险和终极风险。

未审计风险：该类风险与审计人员无关，而是与受审计单位有关。该类型的审计风险在审计人员对受审计单位进行审计之前就已经存在。该类风险将固有风险和控制风险都包含在内。这类风险审计人员只能对其进行科学、合理的评估，而无法控制。

期望风险：又称计划风险，是指审计人员在审计计划阶段确定的可容忍的风险水平，也是以最小的审计成本实现最大的审计收益目标时的审计风险水平。该风险是审计人员制定审计程序、收集审计证据、做出审计结论和决策的重要依据。审计风险的期望值是一个风险概率，它的值应当在0到1之间，但不包括0和1，因为风险具有客观性，所以不可能为0，又因为等于1时不符合实际，所以不可能为1。该值越接近于0，表明审计人员对受审计单位财报的真实性、准确性和公平性的肯定度越高。

终极风险：是指审计人员在发表审计意见时所存在的最终风险。它是固有风险、控制风险和检验风险共同作用的结果，故又称组合风险。只有当审计人员对受审计单位的最终评判结果不大于终极风险时，审计人员才能够发表审计意见。

(二)审计风险的产生原因

审计风险产生的原因可从外部环境、受审计单位和审计人员、团队三个角度进行分析。

1. 外部环境

外部环境包括中国社会与经济环境、法律法规行业监管环境、行业状况以及一些特殊资格的审批和管理政策。首先，稳定的社会与经济环境在有利于审计工作开展的同时，也为审计工作带来了许多挑战。其次，健全的法律体系能够在一定程度上降低企业的审计风险,有效地防止财务造假等行为。现阶段现有的文件存在可操作性、系统性和对内部审计作用发挥的指导性不足的缺点,再加上社会发展有了变化,一些规则不符合审计的要求,使得审计相关法律的内容也出现了一些与社会发展不符的新矛盾,进而导致审计风险。再次,竞争性行业相比于垄断性行业,由于经营压力较大,管理层会更注重自身的生存和发展,因此垄断性行业发生审计风险的概率较大。最后,一些上市公司内部沟通渠道设置不合理,存在沟通不畅的问题,致使其内部规章制度缺乏连贯性和系统性。这些都使得注册会计师在进行审计时不断出现矛盾,直接加大了审计风险。

2. 受审计单位存在问题

就目前的实际情况而言,导致受审计单位产生财务风险的主要原因是其内部控制制度不完善。中国存在部分上市公司不重视内部审计工作,也未结合公司的实际情况建立符合自身的科学、合理、有效的内部控制制度,而采用老式、刻板、模式单一的内部控制模式和方法,该模式的审计效果比较差,并且不能满足现代审计的具体要求。正因为如此,这些公司的内部审计工作十分随意,甚至出现了不开展内部审计工作的情况,进而导致审计风险。此外,由于上市公司治理面临着前文所述的挑战,一些上市公司出于利益考虑,会进行财务造假等舞弊行为。这也增加了审计的难度,从而在一定程度上加大了产生审计风险的可能性。

3. 审计人员存在问题

首先,职业操守越高、能力越强的审计人员因其工作造成审计风险的可能性越低。但也有一些上市公司对审计工作不重视,其聘请的审计人员责任意识弱、观念落后、审计方法老旧单一,导致企业审计工作缺乏实效性、规范性。此外,有些企业的审计部门缺乏独立性,审计部门人员在开展审计工作时,高层常会对其判断结果进行干涉,造成审计结果缺乏准确性、真实性、公平性和公正性,进而加大了上市公司的审计风险。

(三)审计风险的防范

1. 针对外部环境的防范

首先,建立健全的监管体系是注册制下资本市场监管的基础,监管模式应贯穿于事前防范、事中控制、事后监管的全过程。监管机构应完善注册制的相关监管法律法规,对中介机构的实质性审计责任,监管机构和行业协会应发出指导性文件,加强审计操作规范,从源头上降低审计风险。同时,还可建立群众、新闻、司法的"多角度"监督形式,并明确各监督主体的责任。其次,需明确处罚标准、加大处罚力度,从而增强上市公司的责任意识和内部管理,最终建立一个良好的审计外部环境。最后,企业可以借鉴国内外优秀的企业工作经验。政府可根据审计风险情况和原因,认真分析相关的审计项目,进一步完善法律法规体系,确保审计工作的独立性、可行性和有效性。此外,法律法规应严格规范审计程序,规范审计人员的审计行为,避免审计错误、徇私舞弊的发生,并在此基础上建立相应的奖惩机制。

2. 针对上市公司内部的防范

因上市公司的内部治理架构不合理,上市公司应当加强内部控制,建立健全内部控制制度,完善内部治理,进而使得企业内部各部门相互牵制、相互制约,真正发挥审计部门的财务监督职能。这包括完善审计控制制度,要求内部审计人员严格遵守内部控制制度,减少工作失误;加强内部管理,如建立审计项目质量评价、绩效评价体系等,以约束审计人员的行为。此外,还需建立审计风险识别机制,使财会人员能够预判审计风险值和可能造成的损失,对超出其可接受的风险值和损失的部分提前制定应对措施,以此将审计风险控制在最小范围。

3. 针对审计人员的防范

强化审计人员的职业道德、知识和经验。审计工作不仅对审计人员有专业性的要求,即审计人员必须对审计、会计、税务、法律等学科有一定的知识储备,还要有相对丰富的工作经验积累,才能在实际审计工作中及时发现审计问题,做出正确的审计判断。同时,还要求他们具备较强的责任心和职业操守。会计师事务所应当对审计人员进行专业知识及思想道德等内容的培训,并树立优秀榜样,在提高他们分析判断能力的同时增强其责任心和职业操守。此外,还应注意所培训的内容应当与时俱进,让他们紧随时代发展的步伐。事实上,中国注册会计师协会每年都会举办后续教育,学习内容广泛、有针对性,并与实际工作相结合,注册会计师应抓住良好的学习机会。

五、法律风险

国家标准化管理委员会在《GB/T 27914—2011》中将"企业法律风险"定义为"基于法律规定或者合同约定,由于企业外部环境及变化,或者企业及其利益相关者的作为或者不作为导致的不确定性,对企业实现目标的影响"。该标准在法律风险识别方法中详细列出了可能产生法律风险的原因,包括法律环境、违法、违约、侵权、不当行为和怠于行权等。

根据法律风险的定义,可以得出法律风险具有四个特征:发生的必然性与法律规定或者合同约定有关;发生的结果具有强制性;发生领域十分广泛;具有较强的可预见性。

之所以说法律风险发生的领域十分广泛,是因为企业的任何行为都必须遵守法律规定。企业与政府、其他企业、消费者之间的关系,以及企业内部的关系,都应该通过相应的法律进行调整和规范。同时,企业法律风险具有全面性,其存在于企业生产经营的各个环节中,贯穿于企业从成立到终止的全过程。

(一)法律风险的类别

法律风险形式多样,分类依据也多种多样,但是每一种法律风险在形成原因、发生条件及造成的结果方面有所区别。因此,可依据法律风险的来源、发生概率、结果可能性、责任形式将法律风险分为4个方面。

依据法律风险的来源,可将法律风险分为内部法律风险和外部法律风险。内部法律风险的产生主要是因为上市公司的内部行为。例如,上市公司的决策行为、经营活动、管理等,具体体现在劳动人事法律风险、合同风险、公司成立与合并风险、财税风险、知识产权法律风险等方面。可见，内部法律风险是可控的。外部法律风险主要来自上市公司的外部环境，包括国家政策、法律法规等一系列因素，具体又可分为立法缺失、立法冲突、合同相对人的违约欺诈等。可见，外部法律风险是不可控的，但是上市公司可加以防范。

依据法律风险的发生概率，可将法律风险分为必然性法律风险、一次性法律风险和或然性法律风险。其中，必然性法律风险发生的概率为1，一次性法律风险指的是在上市公司生命周期内只发生一次的法律风险，如伴随公司成立或撤销而发生的法律风险。在其发生的那一阶段，其发生的概率为1，当此类法律风险发生过后，再次发生的可能性为0。或然性法律风险发生的概率为50%，例如劳动人事法律风险。

依据法律风险的结果，若法律风险的结果是单一的，即发生该类型的法律风险时，仅为上市公司带来损害这一可能性，那么该类法律风险被称为纯粹法律风险，例如因违规被吊销营业执照或生产资质的法律风险。若法律风险的结果可能为上市公司带来损失，也可能带来收益，即结果可能性不单一时，此类法律风险被称为投机法律风险，例如企业融资的法律风险、企业对外投资的法律风险等。

依据法律风险的责任形式，可分为刑事类法律风险、民事类法律风险和行政类法律风险。其中，刑事类法律风险指的是上市公司因违反刑法有关规定而承担刑事责任的风险，例如职务类犯罪。民事类法律风险指的是上市公司因违反民法典有关规定而承担民事责任的风险，例如民事经济赔偿风险等。行政类法律风险指的是上市公司因违反行政法有关规定而承担行政责任的风险，例如取消经营资质等。

（二）法律风险的产生原因

1. 内部原因

导致企业产生法律风险的内部原因是根本原因。一些企业为了追求自身利益最大化，可能会寻求各种办法降低自身的经营成本，甚至主动地违法违规经营,进而导致企业产生法律风险。同时,还存在一些企业,其管理者的法律风险意识淡薄,不注重防范,无意间触犯了相关法律法规不自知。除以上两点外,还存在着其他内部原因可能会导致的法律风险。

上市公司法律风险管理制度不完善。在市场经济体制快速发展的环境下,上市公司在发展过程中,片面、盲目地追求企业的快速发展,仅专注于提高经济效益。这使得上市公司对未来发展状况的预测不准确,造成无法弥补的损失,甚至导致破产。[①]同时,上市公司未依据自身的实际情况将法律风险管理制度与其工作制度结合起来,且上市公司的合同管理体系存在缺陷。正是由于制度的不完善,各部门的法律风险管理工作存在着范围不明确、责任不明确、漫无目的等问题。此外,上市公司还缺乏有效的、全面系统的评估及预防机制,使得无法发挥企业规章制度的作用。

上市公司内部治理结构存在问题。这主要体现在上市公司的股权结构、董事会和监事会三方面。首先,目前中国的上市公司普遍存在一股独大的现象,这使得上市公司成为大股东的"一言堂",中小股东没有发言权。而大股东有时会为了自身利益,选择采取损害上市公司整体利益或是中小股东利益的事,这些事可能会违反法律造成法律风险。其次,上市公司没有健全的董事会和监事会来保证健全的运行机制,也没有建立相应的健全的经理人选拔、考核和监督机制,从而使得一些公司董事会独立性较弱。最后,因为上市公司的监事会成员无法保持独立,且监事会对自身的职、权、责的了解并不清楚,使得监事会无法发挥作用。

上市公司人员缺乏必要的法律风险意识和防范能力。缺乏法律风险意识主要体现在事前,对已知的风险并没有做出预案,公司平时也没有对员工展开法律培训;事中,未对导致法律风险产生的原因进行分析,也未对犯错的人员进行追责;事后,没有相对应的应急处置措施,也没有总结经验,下次可能再犯。有些上市公司在发展过程中不注意建立法务部门,不注重培养法律人才,进而使得公司缺乏防范法律风险的能力,这就导致上市公司很容

---

① 高洁.企业法律风险管控体系的构建路径探索[J].法制博览,2021(27):164-165.

易在合同签署后,履行合同的过程中发生一些无法控制的法律风险,造成不良影响或经济损失。有些上市公司虽然建立了法务部门,也培养了一些法律人才,但是其并没有从公司实际和整体出发,习惯采用一案一议的管理办法办事,片面停留在合同审查和冲突解决环节,未对企业经营活动进行系统的法律风险控制。

合同管理模式和方法太过滞后。随着资本市场的发展,传统的合同管理模式和方法已经无法满足上市公司的需求。目前中国资本市场上的大多数上市公司仍然采用传统的管理模式和方法,缺乏新颖的、先进的、高效的管理模式和方法,进而使得上市公司在管理合同时出现滞后的问题。运用传统方法管理的合同一般都会存在不合理、不科学、不严谨的地方,不能很好地发挥合同的效用,也使得合同的执行并不会很顺利。此外,在履行合同时,上市公司的监管一般比较宽松,甚至于不进行监督,这就使得公司在思考企业合同中可能出现的危机或问题时忽略了法律意识,进而导致法律风险。

2. 外部原因

监管环境不严:体现在监管处罚不严厉和执法存在滞后两方面。其一,公开批评和行政处罚是中国证券监管机构的主要惩戒方式。前者要求上市公司或相关负责人限期整改。后者分警告、训诫、罚款、禁止市场进入等多种情况。在一般情况下,严重违规者将受到3—5年的市场禁入限制;造成严重经济后果的,期限增至5—10年;非常恶劣的才会终身禁入。①目前,中国法律虽在不断完善,但处罚的严厉程度较低,这也直接导致了上市公司违规行为的低成本。并且与违法所得的非法经济利益相比,罚款金额的处罚意义不大。其二,根据调查,从上市公司违规行为被发现到被处罚的时间为1—2年。处罚时间严重滞后,这导致投资者和其他利益相关者的合法权益受到侵害。因此,惩罚的效果并没有深层次地维护利益相关者的合法权益。

法律、政治、经济环境的变动:其一,为了适应资本市场的发展,中国的

---

① 李青.上市公司法律风险对审计收费、审计意见的影响研究[D].天津:天津财经大学,2016.

法律体系一直都在完善的过程中。当新的法律法规出台时，上市公司原有的一些合法经营活动就会失去依据，这可能导致公司产生法律风险。同时，行政权力的扩张使得许多地方的行政规范性文件复杂多样，上市公司不知应当遵守哪一项规定，这也可能导致公司的法律风险。其二，频繁的政权更迭往往会导致法律的不断变化和不可预测，社会的不安定往往会降低法律的威慑力和执行力。因此，政治因素也可能导致法律风险，而政治因素包括政治稳定，如政权稳定性、社会安定性等和政策连续性，如外汇管制、国有化等。其三，通货膨胀、汇率和利率波动等经济环境的变化一般只影响企业的利润和效益，但在经济衰退、需求过剩、供应过剩、企业管理困难时，其影响就可能扩大，导致法律风险。[①]

(三)法律风险的防范

国务院国有资产监督管理委员会主任李荣融曾提出，企业要善于识别风险、规避风险、控制和化解风险。加强风险管理是现代企业管理制度中不可缺少的重要组成部分，法律风险防范在加强企业风险管理方面具有特殊重要的地位。[②]

1. 针对内部原因

完善上市公司法律风险管理制度。首先，构建风险防范机制。一是构建良好的公司治理体系，依据自身的实际情况将法律风险管理制度与其工作制度结合起来。二是构建法律风险管理信息系统。其次，上市公司应当加强对法律风险的管控。可借鉴美国经验：一是评估企业的法律风险。二是建立法律风险管理项目的优先级。三是为法律风险开发解决方案。四是检查方案内容，提出修改意见。五是实施，并根据实际情况不断调整方案内容。再次，完善支持法律风险管理的基本制度，包括合同管理制度、法律事务管理制度等。最后，健全法律风险管理有效机制。一是完善重大法律纠

---

① 黄雷,郦雨忆.浅析"法律风险环境"的内涵(下)[J].中国集体经济,2013(32):61-63.

② 黄淑和.加强法律风险防范保障和促进中国国有企业改革与发展——在国有重点企业法律风险防范国际论坛上的讲话[J].国务院国有资产监督管理委员会公告,2005(5):4.

纷案件管理机制。这不仅体现在事后处理、解决或救济上，也体现在事前调查和防控上。二是规范重大商业决策。特别要加强对该行为的法律审查和论证。三是加强法律风险管理与管理制度的有机结合，将法律风险防控纳入公司的基本管理制度。

提升上市公司人员的法律风险意识和能力。企业管理层意识到法律风险存在并对其进行管理是一家企业迈向法律预防性实践关键的一步。因此，首先需要提升管理层的法律风险意识，改变法律不产生直接的经济效益和法律事务可有可无的思维习惯。同时，还需加强法律事务的专业支持，将法律风险意识融入企业文化建设当中，进而提高每个员工的法律风险意识。事前，企业需要对上市公司的内部员工开展法律相关培训，尤其是法律风险的培训，可与公司的入职培训、上岗培训结合，进而提高上市公司人员的法律风险意识；事中及时对导致法律风险产生的原因进行分析，并进行追责；事后，制定相对应的应急处置措施，并总结经验。其次，培养或招聘一支高素质的法律顾问团队，提升上市公司防范法律风险的能力。或是在公司内部增设一个法务部门，专门处理公司的法律管理问题；同时需注意建立法务部与其他部门之间的联系，使得该部门及时知晓公司的业务开展情况以及战略规划，以便制定相应的法律风险防范措施。

建立合同法律风险防范制度，注重创新合同管理模式和方法。事实上，合同的法律风险可以说是企业最大的法律风险之一。因此，企业应当建立合同法律风险防范制度，时刻关注合同的签订、生效、履行、变更转让、终止、违约责任的追究问题，并且时刻跟踪合同的变更情况，发现可能存在的风险，即刻采取必要措施。[①]同时，社会经济、市场机制的变化，以及资本市场的发展等外部环境的变化都会对上市公司产生一定的影响。为紧跟时代发展的脚步，上市公司在合同管理中不能墨守成规，必须主动出击，不断地规范合同管理流程，改善公司合同管理模式存在的局限性和不足，优化合同管理模式和制度，将合同管理和法律风险防控相结合，不断改进和更新，进而

---

① 常玉霞.论企业法律风险及防范[J].生产力研究,2009(24):3.

加强合同管理效率,防范和控制法律风险。

2. 针对外部原因

加强监管。行业监管部门必须加强经济法律体系的建设和监督,才能顺应时代的发展,才能使上市公司的法律行为有法可依、有法必依。这主要体现在两方面:一是加大处罚力度,执法必严。对于违反刑法、民法典、行政法等法律法规的上市公司给予严厉的处罚,不把禁入市场当摆设,也不让上市公司违法违规成为一件低成本的事。二是加快执法步伐。决不瞻前顾后、拖泥带水,缩短发现问题到法律制裁的时间间隔,防止投资者和其他利益相关者的合法权益继续受到侵犯。

时刻关注法律、政治、经济环境的变化。上市公司需要深入分析法律法规、政治、经济环境,站在宏观的角度,着眼于国家的法律制度、政策变化、经济举措,在进一步分析、判断的过程中,明确自己的工作思路和管理方向,确保法律风险管理的全面实施,为法律风险管理和安全提供更多依据,实现标准化操作。同时,上市公司应注重对不同行为人的分析和研究,了解现行法律法规的要求,注重事实行为与法律行为的有效区分,并且制定一些法律风险防控方案,以防止发生法律风险。

六、信息披露风险

信息披露即上市公司按照法律规定或自愿向证券监管部门和交易所报告,并向公众公开披露的自身财务变化、经营状况等信息和资料。其意义在于降低信息不对称,提高信息透明度。信息披露存在五个原则:真实性、准确性、完整性、及时性和公平性。

信息披露应贯穿企业的"一生",并且是上市公司的主要义务之一,也是注册制的核心。2019年4月19日,中共中央政治局会议指出,"科创板要真正落实以信息披露为核心的证券发行注册制"。2019年6月13日,刘鹤副总理在出席第十一届陆家嘴论坛时表示,要实施好以信息披露为核心的注册制改革。该制度的本质是把选择权交给市场。2020年5月18日发布的《中共中央国务院关于新时代加快完善社会主义市场经济体制的意见》提出,"推动以信息披露为核心的股票发行注册制改革"。可见,信息披露对于注册制的重要性。

为了贯彻实施新《中华人民共和国证券法》,进一步提高上市公司信息披露水平,促进上市公司质量的提升,深圳证券交易所于2020年9月4日发布了修订的《深圳证券交易所上市公司信息披露评价办法》(以下简称《办法》)。《办法》指出,对上市公司信息披露的考核是以公司自身考核与深交所的考核相结合的方式展开,上市公司信息披露的考核结果主要是基于上市公司信息披露的质量,结合上市公司的标准操作水平、投资者受保护程度的权益和其他因素,以100分为基准分,从高到低分为4个等级:A、B、C、D。其中,考核评级为A的上市公司数量应当不超过总考核数的四分之一。

所谓信息披露风险,指的是上市公司因违反信息披露内容和披露程序而被证券监管机构处罚或被利益相关者提起诉讼的可能性。

(一)信息披露风险类别

信息披露管理体系风险。该类风险主要包括3个方面:一是上市公司缺乏高级领导,并且公司内部存在不完善的管理架构。二是信息披露管理制度不完善。这主要表现为,只有一般的信息披露管理制度,没有细分领域的具体制度,只有对外披露制度,没有内部信息管理制度,相关制度内容不明确、不具体等。三是信息披露分工合作制度不健全。

内幕信息管理及内幕交易风险。所谓内幕信息,指的是与公司经营、财务有关或对公司证券及其衍生品交易价格有重大影响的未公开信息。一是内部人士管理风险,含源头风险、知情人登记风险以及知情人交易核查风险。二是内部信息上报和泄露风险,例如在信息披露前,内外部相关申请流程可能会出现信息泄露。三是内幕交易的风险,例如利用内幕消息买卖上市公司的证券或衍生品。

信息披露操作风险。一是信息披露操作失误带来的风险。这种情况可能发生在信息披露人员对信息披露相关的法律了解不足的情况下。二是文本数据错误的风险。由于数据计算、工作人员的责任等原因,上市公司披露的最终文件可能会有与报表不一致、拼写错误等问题。该类问题可能会增加上市公司信息披露不准确的风险。三是应急处理不当的风险。在上市公司发生信息披露错误时,其可能未及时启动相应的应急预案,或因执行计划不到位未能达到预期的处理效果,进而导致信息披露风险。

与信息披露原则相关的风险。一是信息披露不真实的风险。例如上市公司披露的信息内容存在伪造、变造等情况。二是信息披露不准确的风险。例如,上市公司披露的信息内容存在歧义。三是信息披露不完整的风险。例如,上市公司披露的信息内容存在重大遗漏。四是信息披露不及时的风险。例如,上市公司未在证监会规定的时限内披露定期报告等。五是信息披露不公平的风险,表示上市公司并未将该披露的信息向所有的投资者公开披露。

(二)信息披露风险产生原因

1. 内部原因

信息披露有效性不足。一是信息披露缺乏完整性,上市公司的信息披露对象不完整,严重影响了管理工作的有效开展。例如,一些上市公司选择性地保留了部分投资者和股东的资产信息。二是信息披露不准确。例如,上市公司披露的财务报表中并没有对融资信息和公司自身的信用状况进行明确的描述。三是信息披露缺乏真实性。例如,上市公司所公布信息存在故意夸大、误导投资者等情形。四是信息披露缺乏及时性。五是信息披露缺乏公平性,一些信息只对部分人进行披露。此外,还包括信息披露责任主体缺失、信用证明不足、非财务信息缺失等。

信息披露分工合作制度不健全。这主要表现为信息披露管理分工的具体职责存在空白部分或重叠部分;信息披露责任人未履行职责和相关义务,使得各种信息披露人员之间的信息沟通不顺畅、不到位,各种信息披露流程中不同环节之间的信息沟通不顺畅、不到位,各种信息披露渠道管理松懈,甚至不同渠道发布的信息之间存在矛盾。[①]

---

① 方卫星.上市银行信息披露风险管控问题研究[J].新金融,2017(11):28-32.

上市公司内部治理结构、内部控制机制不完善。这主要体现在上市公司内部存在"一股独大"的现象，各大股东之间缺乏相应的制衡，尤其是中小企业，此现象非常普遍。同时，内部审计机构设置缺失或形同虚设，不能够发挥相应的作用。并且，上市公司会计信息披露责任人的数量和专业能力不足。

上市公司的信息披露管理体系不健全。这主要表现在信息披露的第一责任人不明确，或是信息披露责任人未履行职责，未履行相关义务；未建立信息披露领导小组、委员会、联席会议等讨论协调机制，致使信息处理流程（包括信息产生、收集、保密、甄别、审核、披露）和报告途径不明确；管理结构、职责和人员仅限于总公司或集团一级，不扩展到下属机构；上市公司没有录用合格且有经验的董事会秘书，或是董事会秘书的专业素质不高，未能起到信息披露最后一道防线的作用；未建立专业的信息披露工作团队。

2. 外部原因

信息披露的法律法规不完善。上市公司一般是依据相关的法律法规进行相关信息的披露，包括对承担披露义务的法人的合理性和义务人的过失进行披露。中国信息披露的法律规范还没有明确的规定和统一的标准，而且，之前的信息披露体系是在核准制的理念指导下形成的，并不完全适用于注册制。

信息披露的配套制度不完善。一是退市制度不健全。二是监管制度的设置不完善。信息披露的监管机构主要包括金融机构、证券监管机构、中国注册会计师协会等。从整体情况来看，这些监督管理部门对会计信息披露的监督管理还远远不够，需要充分补充和完善。

（三）信息披露风险防范

1. 针对内部原因

投资者应当加强对风险信息披露重要性的认识。已有研究表明，年报中披露的风险信息具有决策支持价值，可以为股票市场和债券市场的投资者提供决策价值信息。对于投资者而言，在决策时应更加关注上市公司披露的风险信息。可读性差的信息会影响投资者对股票收益的预测，导致权益资本成本的增加。因此,投资者应当加强对风险信息披露重要性的认识,提升自身分析和分辨上市公司所披露信息的真假的能力。

上市公司应加强自愿性信息披露,强化信息披露意识。上市公司应当加强对强制性信息披露的补充,主动披露监管机构未明确要求的信息。其特点在于:上市公司对于披露的信息具有选择权,内容和形式具有多样性与不确定性。该项举措的实施一般有两种方式:一种是在定期报告、招股说明书、上市公告中披露;一种是通过新闻媒体进行披露。自愿性披露能够提高信息披露质量,及时传递公司信息,持续改进上市公司管理。

健全上市公司治理结构和内部控制机制,改善上市公司的股权结构,避免出现"一股独大"的现象。可授予中小股东更多的话语权,比如制定公司方案时,要求投赞成票的股东当中,中小股东的比例不低于四分之一,以此来制衡大股东。同时,上市公司应联合公司各部门建立内部控制机制,这些部门包括股东大会、审计部门、监事会及董事会等。具体可从以下几个方面来建立:首先,必须保证内控制度的合理性和有效性。必须结合公司自身的实际情况,分别设立各个部门,充分发挥不同领导作用,承担各种职能,各部门分工明确,确保没有职能空白和重叠处。其次,加快完善内部审计制度建设,积极建设和完善内部审计机构,充分发挥监事会的领导作用。最后,在充分提供信息的同时,以财务人员为主体,全面提高内部监管能力,加大财务信息披露力度,注意所有监管部门必须保持独立。

完善规章制度和责任体系。一是完善规章制度。上市公司应根据监管规定和变更,将信息披露要求写入公司章程,并送股东大会审议通过,报证监会批准。制定基本信息披露制度及相关配套制度,包括内部人信息与内部人管理制度、信息披露暂停和豁免制度等,并报董事会审议批准实施,对外披露。二是完善责任体系。上市公司应当让董事长或公司法定代表人作为第一责任人,主导整个信息披露管理制度,其职责包括主持董事会会议、签署或授权签署信息披露文件等。同时,上市公司的董监高等应当恪尽职守,确保定期报告和其他全面披露文件真实、准确、完整。其他信息披露代理人也应当履行其信息披露义务。录用具备高素质、专业能力强的董事会秘书。各工作领导部门应各司其职。

2. 针对外部原因

完善上市公司信息披露的法律，制定科学、配套的规范体系。信息披露法律标准应以信息披露的具体情况、信息的可靠性或信息的数量为依据，包括信息披露的外部形态和内部内容以及外部规范和要求约束三部分。依据前文相关介绍可知，中国虽然已经推行了许多关于信息披露的法律法规，但是仍然存在一些不足和漏洞。例如，尚未形成完善清晰的信息披露机制。同时，在制定相关政策时，要注意充分协调各项制度，充分发挥征求意见的优势，结合各方面的反馈，第一时间发现不合理之处。

多方位完善监管体系，各方加强合作，发挥各自的监督职能。例如，政府单位需要完善与信息披露相关的配套机制，同时加大信息披露的监管力度，从根本上避免管理体制多元化的问题。审计机构应当加强重大会计信息审计质量控制，充分发挥"经济警察"和"财务顾问"的双重作用，增强责任意识，对上市公司定期报告和专题报告进行适当审计。律师事务所以及其他机构应当发挥各自的监管作用。

七、信用风险

信用指的是一种相互信任的社会关系，授信人与受信人在经济活动中建立的一种契约关系，用以保证合同的履行。风险是得失的不确定性，具体表现为风险事件是否发生、何时发生以及可能导致的结果的不确定性。

在早期，信用风险仅仅指的是违约风险，具体是指交易对手因为各种各样的原因不能够履行约定的合同义务，给债权人造成损失，偏离预期收益的风险。随着资本市场的不断发展、风险管理技术的不断进步，导致信用风险的原因不再局限于主观的债务人，还包括其他因素，如信用评级下调、宏观环境趋紧等。在这样的背景下，人们对信用风险的定义进行了延伸，指债权人因各种不确定因素而遭受经济损失的概率，包括因主观原因导致的债务违约，或因经营业绩不佳、流动性困难等客观原因导致的债务违约。

上市公司信用风险是指上市公司为了维持或扩大经营规模，向银行、其他企业或个人借款发行证券时发生的违约,以及不偿还债务等失信行为。细分后的上市公司债券的信用风险,广义上包括违约风险、降级风险和破产风险等,狭义上的信用风险仅指违约风险。它除了具有客观性、不确定性等风险共性外,还具有传染性——一个或少数信用主体管理困难或破产会导致信用链的中断和整个信用秩序的混乱、周期性——信用扩张与紧缩交替出现、收入损失不对称和信息不对称的特点。信息不对称可能会导致公司债券的投资者和发行人之间存在道德风险,发行人将发行债券所筹集的资金用于进行收益和风险不匹配的高风险活动,可能导致信用风险升高。[①]

(一)信用风险类别

按信用的期限长短可分为短期信用风险、长期信用风险和不定期信用风险。其中:短期信用风险指的是1年以内,借款人或市场交易对手违约导致债权人损失的可能性,以及借款人信用评级和履行合同能力变化导致债务市值损失的可能性;长期信用风险的期限则是大于1年;不定期信用风险的期限不定。

按照信用风险所涉及的业务种类可分为表内风险与表外风险。由表内业务产生的信用风险称为表内风险,如传统信用风险;由表外业务产生的信用风险称为表外风险,如商业汇票承兑可能带来的风险。

按信用风险的性质可分为3类:一是违约风险,指借款人或交易对手违约给上市公司带来的风险。二是信用评级下调风险,指由于借款人信用评级的变化而引起的债务市场价值变化的不确定性。三是信用价差增大风险,指由于资产收益率、市场利率等因素的波动而导致信用价差增大的风险。

(二)信用风险产生原因

一般而言,信用风险多发生在行业周期性强、产品需求弹性大、库存压力大,并且受宏观经济政策影响较大的行业。例如,水泥行业、化工行业等。

信用风险发生的原因主要有内部原因和外部原因两类。

1. 内部原因

风险管理结构存在缺陷，管理模式老旧。目前，许多上市公司内部尚未形成完整的风险管理体制，管理松懈，使得上市公司风险控制能力较弱。在风险管理的监督方面还存在一定的漏洞，使得业务发展过程中可能会出现风险管理的问题。此外，相比于西方国家上市公司的风险管理模式，中国的风险识别和度量方法并不先进，在新的市场环境下，过度依赖信用、审批、风控人员的权责分离。而且，上市公司风险监管一般采取事后监管，并非对风险的源头进行监控，这可能会导致信用风险。

风险管理意识薄弱，且缺少专业人才。在上市公司内部，未充分重视风险管理，一些上市公司甚至认为风险控制会阻碍业务的发展，或是为了控制风险而减少业务量。不管怎样，最终都将阻碍上市公司的发展。此外，全球经济的快速发展、环境的快速变化，使得上市公司不断地学习和进步，因此需要更多的管理人员。由于上市公司在发展过程中不注重培养风险管理人才，进而使得公司缺乏防范风险的能力。

过度举债经营。在上市公司发展过程中，需要大量的资金支持，仅仅依靠公司自身经营所得不足以支撑其发展。因此，公司往往会进行外部融资。通过发行债券融资是许多上市公司获取资金的重要方式。许多上市公司的融资渠道单一，可能出现债务期限不平衡的问题。一些上市公司虽然能够很好地平衡债务期限，但是债务融资受政策影响大，一旦政策发生变动，企业可能面临资金不足、到期无法偿还债券本息的问题，进而导致信用风险。

2. 外部原因

主要指宏观环境的不确定性对上市公司信用风险的影响，主要指标包括GDP的预期变化、通货膨胀的预期变化等。一般而言，宏观经济环境处于低迷状态，市场状况不好，经济周期紧缩时，上市公司发生信用风险的可能性加大。若是市场状况良好，经济周期扩张，上市公司发生信用风险的可能性就会降低。

监管体制不完善，法律不健全。一是监管体制不完善。对上市公司信用评级过高,多头监管,且采取事后监管。2020 年,信用评级高的上市公司债券频繁爆雷,表明中国上市公司的信用评级存在虚高的现象。同时,多头监管增加了市场上的信息不对称性。此外,对上市公司融资的监管多采用事后监管,这使得被借款公司无法根据借款人资产质量和损益的变化进行及时有效的信用风险分析,无法提前预测信用风险,最终导致信用违约和损失的发生。二是法律不健全。这主要表现在对上市公司失信行为的处罚力度不足上。目前,中国尚未有能够有效保护债权人利益的法律体系。这使得一些上市公司在发生失信行为时未受到相对应的法律制裁,失信成本较低,许多上市公司经常会做出恶意逃债的行为。

(三)信用风险防范

1. 针对内部原因

完善上市公司信用风险管理制度,包括风险识别、风险度量和风险控制几个环节。上市公司应当采取具体措施规避信用风险,达到降低风险的目的:一是建立战略层面的信用风险管理体系,建立专门的信用风险评估体系。二是基于大数据进行信用风险管理,提高对危机的预测和应对能力。三是上市公司应当加强对信息披露公平性、公正性、准确性、真实性的监管,并加强处理,减少信息不对称情况发生。

强化风险管理意识,培养风险管理人才。提高公司职员,尤其是风控人员的职业道德、知识和经验。例如,可对公司职员进行知识培训。注意所培训内容应与时俱进,多渠道加强社会共同风险教育,开展政策解读、产业政策解读等培训,紧随时代发展的步伐。随着科技的不断进步,许多企业开展了网上业务。因此,上市公司应当注重对互联网金融人才的培养。该类人才需要既了解互联网,又了解金融。

完善内部控制机制使公司稳定有序地运行,使大股东与公司管理层相互制衡、相互监督,从而避免出现不利于公司发展的决策,更好地维护公司的良好形象。例如,一些上市公司出现资金链断裂和流动性危机的主要原因是公司实际控制人的行为和决策。同时,公司应建立良好而稳定的股权结构,防止一股独大，进一步形成有效制衡的公司治理结构，使董事会、股东会、监事会充分发挥作用，从而降低公司决策者在经营方向和战略上的失败风险。此外，还可建立权责明确、有一定话语权的独立董事制度，有效监督企业的经营管理，降低因决策和管理失误而导致的信用违约风险。

优化融资结构。上市公司在发展过程中，应根据自身的实际融资需求，合理确定融资规模，考虑自身的偿付能力，适度发行债券，合理平衡财务结构。同时，优化债务融资结构，降低企业资金成本。根据公司项目工期选择合理的长期和短期债务比例，缓解企业债务偿还压力。通过提高企业自身的盈利能力，合理储备营运资金，进一步降低企业的流动性风险。此外，上市公司还可拓宽融资渠道，避免过于依赖债务融资。

2. 针对外部原因

时刻关注宏观环境的变化。首先，政府要把握宏观政策的时机、力度和有效性，加强宏观政策的协调性。缓释和化解债务风险仍需依赖于债务的持续稳定增长和杠杆滚动水平，因此未来宏观政策应严格贯彻中央经济工作会议的方针，定好基调，确保宏观政策"不急转弯"，并加强针对性。其次，上市公司需要站在宏观的角度，着眼于国家的法律制度、政策变化、经济举措，在进一步分析、判断的过程中，明确自己的工作思路和管理方向，顺应宏观经济环境，抓住发展机遇，不断提高自身技术与业务管理水平，扩大市场利润空间，提高公司核心竞争力，实现公司可持续发展。

加强信用监管。政府、银行等金融机构、信用评级机构等社会专业机构都需要对上市公司债务风险形成有效的监管和约束。对于监管机构来说，要增强监管一致性，逐步统一监管机构之间的监管标准，加强企业直接管理机构与债券监管机构之间的沟通，消除信息不对称，促进企业规范发展，从而降低信用违约风险。2021年的政府工作报告中，李克强总理提出要"提升监管能力，加大失信惩处力度，以公正监管促进优胜劣汰"。国务院办公厅《关于加快推进社会信用体系建设构建以信用为基础的新型监管机制的指导意见》也明确指出，必须以加强监管为重点，创新监管的理念、制度和方法，建立健全贯穿市场主体全过程，衔接事前、事中、事后监管全环节的新型监管机制,不断提高监管能力和水平,进一步规范市场秩序,优化经营环境,促进资本市场的高质量发展。

完善监管体系。多渠道加大监管力度,努力搭建信息监管平台,借助大数据网络技术等对金融科技数据进行监测和分析,确保信息更加真实有效,对发债方发布的信息进行有效筛选,减少欺诈等行为的发生。建立健全全面统计债券市场数据,有效识别风险和方法,为监管部门提供高效的信息支持,防范系统性风险。[1]同时,督促管理者建立应对企业信用违约风险的应急管理机制,加强信用违约的预警机制和应急反应能力,如触发要求、预警监测体系、应急处理方案等。落实各主体的违约风险管理职责,对信用风险进行监控和预警,并尽快发现和解决。根据市场实际情况完善债券市场监管体系,制定统一的监管政策,避免出现市场监管"真空"的情况。

进行分类监管。违约风险监管部门应根据公司的行业属性,实施不同的政策,并根据违约风险的严重程度采取不同的措施。经国务院同意,市场监管总局于2022年1月13日印发了《关于推进企业信用风险分类管理进一步提升监管效能的意见》,旨在全面推进市场监管体系中的企业信用风险分类管理,使得监管资源配置进一步优化,监管有效性进一步提升,同时促进诚信经营环境建设,实现高质量发展。关于如何对企业信用风险进行分类管理,国务院办公厅负责人介绍说,一是科学实施分类,准确研究和判断企业信用风险。科学构建指标体系,综合利用各类风险信息,可将企业分为低信用风险(A)、一般信用风险(B)、较高信用风险(C)、高信用风险(D)四类。二是加强对分类结果的运用,使监管更加精准有效。明确企业信用风险分类管理与专业领域"双随机、一公开"监管风险防控一体化。三是加强监测预警,有效防范和化解风险。加强企业信用风险监测预警和处置,提高监管门槛,由被动监管向主动监管转变。

---

[1] 田晓丽,任爱华,刘洁.信用风险防范视角下的数字金融探析[J].征信,2021,39(03):65-72.

八、中介机构职责与上市公司风险控制

证券中介机构主要包含两类，一是保荐人；二是证券服务机构（主要包括律师事务所、会计师事务所等）。一般而言，市场是很难达到完全有效的，总是会存在着信息不对称的问题。中介机构的作用就是充当投资人和筹资人之间的桥梁，为证券的发行和交易提供各种服务，以降低信息不对称性。同时，随着注册制试点的成功，未来，A股市场将会全面实施注册制。在这样的情况下，中国证监会会将真正的审核权移交给市场，中介机构也成为企业上市的"看门人"。因为，中介机构是企业上市过程中的第一把关人，是信息披露的领头者，其应当保持独立性，端着公平、公正的态度，去查看企业申请上市的相关材料，确保这些材料是真实、有效、及时的，之后才为其出具推荐书、法律意见书和评估报告等。

注册制实施后，证监会多次强调"零容忍"，严厉惩处"带病闯关"，强化中介机构的"看门人"职责。这意味着监管部门要对中介机构的违法违规行为保持高压态势，加大执法问责力度，是为了让中介机构在严格监管下归位尽责。现阶段，许多中介机构并未真正具备与注册制相匹配的理念、组织和能力，仍在"穿新鞋走老路"。例如，许多中介机构存在着职责不清、角色冲突等问题。因此，为加大中介机构"看门人"的职责，提升中介机构的执业质量，监管部门加强了监管力度，完善了相关法律制度。例如，证监会为有效加强注册制下的证券中介机构的投资银行业务的廉洁监管，加大金融腐败的惩治力度，加强金融风险防控，也为了使资本市场的生态得到不断的净化，注册制改革能够得到有力保障，其依据新《中华人民共和国证券法》《证券公司监督管理条例》《证券期货经营机构及其工作人员廉洁从业规定》等法律法规，起草了《关于加强注册制下中介机构投资银行业务廉洁从业监管的意见（征求意见稿）》（以下简称《意见》），旨在规范中介机构及其从业人员投资银行业务的诚信和廉洁从业行为。

本节将对注册制背景下的保荐人、律师事务所、会计师事务所三类证券服务中介机构进行讨论。

（一）保荐人

保荐人是指企业上市的推荐人、提案人和担保人，其必须已在证监会注册登记。依据《保荐业务管理办法》第三条的规定，保荐机构必须同时具备两个条件，才能从事相关工作：一是保荐机构具备从事证券发行的资格，可以通过一定的申请、评估等程序取得。二是保荐机构应当指定一个人或者一个团队负责具体业务。而依据新《中华人民共和国证券法》的规定可知，保荐人由证券公司担任。其前期一般负责审查上市材料的真实性和信息披露的合法性，后期则起到督促发行人的作用。其一般以自身声誉为担保条件，向投资者保证即将发行的证券的质量。依据《意见》，证券公司应严格按照《证券公司投资银行业务内部控制指引》的有关要求，建立和完善投资银行业务的"三道防线"，充分发挥其监管制衡的作用。发行人在项目申请、审批、发行、承销过程中，不得以欺诈、胁迫手段获取不正当利益，不得协助发行人隐瞒财务欺诈等违法行为。在证券发行过程中，不得协助发行人直接或者间接认购自己发行的债券，不得通过退款、授权或者非法配售等方式转移或者牟取不正当利益。

注册制的实施，使得保荐人成为控制信息披露的主体，其"看门人"的责任增大，在证券发行审核过程中的参与感增强。其负有对发行人的申请文件和信息披露材料承担全面、审慎核查的义务。为了在日益激烈的中介服务市场竞争中能够存活下来，保荐人应当不断地提升自身的专业能力和职业道德。同时，为贯彻新《中华人民共和国证券法》《证券发行上市保荐业务管理办法》等有关规定，适应注册制改革发展的需要，进一步规范和引导保荐人对拟发行股票、可转换债券或存托凭证的境内公司的尽职调查工作，提高保荐人尽职调查工作质量，2021年11月19日，证监会发布了关于就《保荐人尽职调查工作准则》公开征求意见的通知。双重担保的保荐人制度是基于国外的经验和中国证券市场发展的特点产生的适用于中国资本市场的制度。该制度是指保荐机构保荐业务的开展，一方面需要申请证券公司保荐人资格，另一方面需要保荐代表人负责具体保荐业务的发展。

1. 保荐人的职能

以为上市公司提供服务的证券公司的主要职能为"牵头"职能。也就是说，证券公司必须严格遵守法律规定的程序，勤勉尽责，认真审查发行人提交的上市材料，进行真实客观的分析，督促发行人系统运作。在企业证券发行过程中，证券公司扮演着两个角色——承销商和保荐人。依据现行《证券发行上市保荐业务管理办法》（以下简称《保荐办法》）的规定，后者的法律责任可具体分为3个阶段：从接受发行人的委托到成为保荐人，再到向证券交易所提交申请文件的尽职调查阶段；自证券交易所受理公司申请文件之日起至公司发行上市之日止的推荐上市阶段；上市当年的剩余时间及以后两个完整会计年度的持续督导阶段。在3个阶段的保荐期内，其勤勉尽责责任可从5个方面进行总结，如图3-5所示。

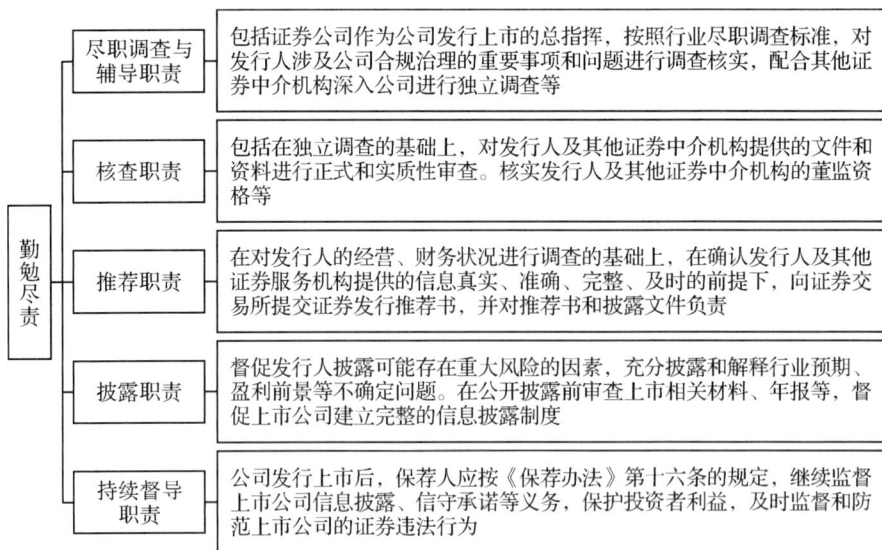

勤勉尽责	尽职调查与辅导职责	包括证券公司作为公司发行上市的总指挥，按照行业尽职调查标准，对发行人涉及公司合规治理的重要事项和问题进行调查核实，配合其他证券中介机构深入公司进行独立调查等
	核查职责	包括在独立调查的基础上，对发行人及其他证券中介机构提供的文件和资料进行正式和实质性审查。核实发行人及其他证券中介机构的董监资格等
	推荐职责	在对发行人的经营、财务状况进行调查的基础上，在确认发行人及其他证券服务机构提供的信息真实、准确、完整、及时的前提下，向证券交易所提交证券发行推荐书，并对推荐书和披露文件负责
	披露职责	督促发行人披露可能存在重大风险的因素，充分披露和解释行业预期、盈利前景等不确定问题。在公开披露前审查上市相关材料、年报等，督促上市公司建立完整的信息披露制度
	持续督导职责	公司发行上市后，保荐人应按《保荐办法》第十六条的规定，继续监督上市公司信息披露、信守承诺等义务，保护投资者利益，及时监督和防范上市公司的证券违法行为

图3-5　保荐人"勤勉尽责"内容

现阶段，为提高保荐业务监管的标准化水平，监管部门正积极研究和完善相关制度和规则，推进保荐机构执业规范体系建设，重点完善尽职调查、信息披露、指导、受理等规则，细化执业规范，提高可操作性。逐步构建覆盖全面、责任明确、层级分明的执业规则体系，进一步研究明确中介机构之间的职责界限。

综上可知,保荐人是上市发行过程中最重要的环节。除去上述的职能外,保荐人还承担着三大责任:一是民事法律责任。具体可分为对发行人的责任(包括缔约过失责任和违约责任)和对投资者的责任(主要指因证券违法行为给投资者造成的侵权责任)。其中缔约过失责任是指从保荐协议的协商到保荐协议履行完毕的期间,因保荐人自身过错未订立保荐协议的,作为保荐人的证券公司应当承担给发行人公司造成的损失。二是行政法律责任。其指的是证券市场主体作为证券行政法律关系的相对人,因违反证券法律法规而应当承担的行政法律效力。其具体类型包括申戒罚、财产罚和行为罚。三是刑事法律责任。证监会应当联合司法机关,加强对涉嫌犯罪的严重证券违法行为的监督。《中华人民共和国刑法修正案(十一)》《最高人民法院关于为设立科创板并试点注册制改革提供司法保障的若干意见》中都加大了对保荐人触犯刑事法律的处罚力度。

2. 注册制下保荐人制度存在的问题

(1)保荐人的独立性不足

由于中国现行的保荐人选拔和运营机制存在隐蔽性和私人性,使得保荐人缺乏相应的独立性。其一,保荐人选拔的私人性,指的是直接由发行人确定保荐人,并支付其相应的报酬。两者通过私下协商签订保荐协议,以达成双方的约定与合作。其二,保荐人工作内容的隐蔽性,指的是保荐人是为发行人服务的,对其负有忠实义务。依据现行的法律法规,在保荐发行和上市的过程中,保荐人需要在中国现行法律框架下履行信息披露的主要责任;但在实践中,保荐人一般与发行人进行发行、上市计划、验证等方面的协调和沟通。如果有问题,保荐人习惯于通过内部消化和秘密改进来解决。

(2)保荐人与相关主体之间的责任界限不明确

其一,保荐人和承销商身份混同。《保荐业务管理办法》第六条规定,尽管发行人的保荐人可能不是其唯一的承销商,但它必充当着承销商。保荐人和承销商的义务在一定程度上重叠,并且两者的民事责任范围不明确。例如,两者都负有仔细核实发行人的文件的义务,但是当两者身份重叠,本需两次核实的文件变为单次审核，可能会加大上市公司的信息披露风险；并且两者义务的重叠导致后续责任不能够明确区分。

其二，保荐人和其他中介机构的责任没有明确分配。首先，根据现行《保荐业务管理办法》，中国保荐机构除履行自身职责外，还应当对其他中介机构出具的专业意见书进行审核并承担责任。这增大了保荐人的责任范围，并且可能导致保荐人与其他中介机构之间的责任界限不明确。其次，保荐人和其他中介人之间的责任界限没有明确的法律依据。[①]我国现行法律制度只规定，中介机构在证券发行上市过程中未勤勉尽责等违法违规行为，应当承担连带责任，但对于中介机构的责任范围、豁免理由等具体事项缺乏必要的解释。最后，保荐人连带责任制度背后的问责问题十分突出。

（3）保荐人的法律责任意识和风险防范意识不足

其一，保荐人的保荐质量有待提高。注册制的实施，使得保荐人控制的信息披露环节成为投资者做出投资判断的主要信息依据。其专业水平和职业道德的重要性不言而喻。国家虽一直在强调加强中介机构"看门人"责任监管，但是仍有一些保荐人缺乏与注册制相匹配的理念、组织和能力，仍在"穿新鞋走老路"，致使许多保荐人的保荐质量不高。

其二，缺乏保荐人自律治理机制。核准制是以行政为主导的发行上市审核模式。在该模式下，以保荐人为代表的证券中介机构的自律监管相对不足。即使是实施了注册制改革，保荐人也不能够快速地适应角色转变。在这种情况下，很容易导致法律责任增大，但职责的履行无法与之相适应的问题。因此，注册制下，保荐人缺乏自律治理机制，会增加保荐人承担法律责任的风险，这也是导致保荐人实施证券虚假陈述的内在动因。

（4）声誉机制有待完善

资本市场声誉机制是保荐人法律监管的重要组成部分。不可赎回的声誉资本是保荐人发挥"认证功能"的基础。声誉在解决"信誉问题"和减少保荐人与投资者之间的信息不对称方面发挥着积极作用。同时，保荐人的声

---

① 高达，王鹏.股票发行注册制改革背景下保荐人制度重构[J].学术探索，2016(12)：98-102.

誉水平也在一定程度上反映了保荐人的素质。目前,中国的声誉机制存在着失灵的问题。

由于之前一直缺乏对声誉机制的重视,目前中国的声誉资本评估机制建设尚处于初级阶段。建立通用的市场声誉资本评估机制离不开制度层面的有力支持。2020年,《证券公司分类监管规定》得到修订。此次修订明确界定了注册制背景下证券公司的分类评级和分类监管制度。虽然证监会主导的"声誉资本"评估机制可以在一定程度上为投资者的投资判断提供参考,但在注册制强调投资者利益保护的背景下,该评估机制的参考价值仍无法满足投资者的需求。此外,证监会虽向社会公众公开了保荐诚信记录,但有人发现,其官网上并没有获取相关信息的指引,这进一步增加了投资者的信息搜集成本。[1]

3. 完善保荐人制度的对策分析

(1)增强保荐人的独立性

保荐人缺乏独立性的主要原因是其受委托于发行人,并从发行人处获取保荐费。因此,为增强保荐人的独立性,应当提高保荐人收费的透明度。具体可从以下3方面展开:一是降低保荐费用与发行人募集资金的相关性。可在完善的声誉机制下,以保荐人的声誉等级为标准给予保荐人保荐费用,这就会让保荐人更加注重业务质量和市场声誉。二是可将保荐费的具体内容细化,包括但不限于保荐费总额和计算依据。三是需确保保荐费机制的独立性。保荐费在发行上市前单独列示,不能与承销、定价等服务费混为一谈。

(2)明确保荐人及相关主体的责任范围

其一,明确保荐人和承销商的责任范围。事实上,两者的定位并不相同,功能属性也不同。前者的功能属性可用"荐"字概括。其功能主要是基于专业和中立的立场,保证发行人向证券监管机构披露信息的合法性,并向投资者推荐高质量的发行人。后者的功能属性可用"销"字概括。其功能主

---

① 江榕.注册制背景下保荐人法律责任承担问题研究[D].石家庄:河北大学,2021.

要是根据发行人的委托，以多种方式将证券投放市场。当其所承销的任务完成时，承销商的职责也就终止了。[①]在此基础上，中国香港就分别规定了保荐人和承销商经营模式。因此，A股市场可借鉴香港经验，规定在证券发行和上市过程中，证券公司只能发挥保荐人的作用或是承销商的作用，而保荐人主要负责尽职调查和信息核实。这使得保荐人和承销商在合理分工的基础上，各展所长，更有效地保证和监督发行质量。

其二，明确保荐人和其他中介机构的责任界限。首先，可以"勤勉尽责"为标准，对证券服务中介机构进行合理分工。保荐人的具体职责可定为：一是确保其他中介机构和人员资格的真实性，即做到尽职调查。二是协助发行人进行信息披露，发挥其作为"看门人"的作用。其次，由于保荐人的责任范围大，责任过重，因此，保荐人有权"合理信任"其他中介机构的专家意见而不承担责任，进而使得证券中介服务机构真正做到"独立执业、发挥优势、承担责任、相互监督"。[②]

（3）增强保荐人的法律责任意识

中国资本市场长久的核准制，使得保荐人的法律意识淡薄，即使是注册制改革增强了其作用，增大了其法律责任，保荐人也无法在短时间内完成角色转变。在这种情况下，要加强保荐人的法律责任意识，证监会作为保荐人的监管机构应发挥作用。证监会应当在根据新规定对保荐人进行监管之前，对新的监管规定进行详细阐述，以保证保荐人能够快速适应注册制度时代的新监管要求。同时，定期向保荐机构通报注册制下法律责任制度的变化，督促保荐机构尽快吸收和学习最新的监管规定，忠实、勤勉地履行法律框架下的保荐义务。此外，保荐机构自身需改变其仅需提供保荐服务的理念。虽然受保荐服务法律关系结构的影响，保荐机构与发行人之间存在较大的投机空间，但是保荐制度真正的保护对象应该是投资者。保荐机构若是真正将保护投资者作为其理念，那么长此以往必会得到市场的认可，其声

---

① 曾毅,王晓丽.保荐人制度与证券市场诚信传导机制探析[J].金融与经济,2014(5):75-77.
② 郭齐.中国证券律师:探索与梦想[J].中国律师,2013(5):3.

誉评级也会有所提高。

（4）健全保荐人的声誉机制

最主要的就是健全保荐人的市场化"声誉资本"评价体系，具体可从声誉评价等级和诚信查询机制两方面入手。一是声誉评价等级。评定主体应当多元化。现阶段，声誉评价体系依据的主要是《证券公司分类监管规定》，主体是证监会，采取的是扣分的方式，该规定并未给予投资者、发行人、其他中介服务机构合理的发言权。在注册制强调投资者利益保护的背景下，这似乎并不合理。因此，可将投资者、发行人、其他中介服务机构纳入评价主体之中，对保荐人的工作质量进行量化考核。二是诚信查询机制。首先，可以保荐人所出具的保荐书质量、诚信记录等为依据，建立保荐人的诚信记录，并进行分级建档，及时向公众披露。其次，对于存在证券违法行为的保荐人，如果根据证券监督管理机构的要求采取了补救措施，还需要披露相应补救措施的实施情况，以供公众监督。这种披露有利于重新积累保荐人的声誉资本，实现积极的激励。最后，拓宽保荐人相关信息传播渠道，充分发挥舆论作用，从道德层面迫使保荐人勤勉尽责。

（二）律师事务所

2009年8月23日，中国证监会发布的《律师事务所从事首次公开发行股票并上市法律业务的执业细则（试行）》草案规定，律师事务所从事首次公开发行股票的法律业务，应当对发行人的主体资格、独立性、业务、主要财产、公司治理等承担责任，对规范运作、关联交易、同业竞争、募集资金使用、业务发展目标、诉讼仲裁等情况进行查验核实。依据《意见》，律师事务所提供证券服务，应当根据事实和证据提出分析意见，不得出具虚假法律意见，不得行贿或者指使、诱导、协助当事人行贿，不得利用提供法律服务的便利性牟取不正当利益。

同时，证券律师作为评估法律风险的专业人员，有义务对法律事务承担比普通人更高的专业责任，并根据自己的理论知识和实践经验得出专业结论。注册制改革后，证监会的角色由实质性审核者转变为监督者，这使得企业上市的门槛降低，申请上市发行的公司数量骤增，律师事务所的业务量增加，需要出具法律意见书数量增加，责任风险也增加。

1. 律师事务所的职能

为上市公司提供服务的律师事务所的主要职能为合规职能，具体是指根据上市公司发行条件的要求，尽职调查，协助制订方案，起草相关法律文件，起草公司章程和制度，协助公司规范经营，协助公司建立规范的股东会、董事会和监事会。若是发现公司业务流程中存在法律问题，出具解决方案、法律意见书和律师工作报告。如果律师事务所未能发挥好该职能，极有可能引发上市公司的法律风险。律师事务所的尽职调查主要考察两个方面：一是调查公司内部经营管理制度，包括股东大会、董事会和监事会的组成、公司章程制度等；二是调查公司的外部交易，包括合同签订情况、公司诉讼情况以及实际控制人征信情况等。

律师事务所应当在尽职调查的基础上，在上市公司不违反《中华人民共和国证券法》和《中华人民共和国公司法》的情况下，才能认定上市公司符合上市条件，并为其出具法律意见书。依据相关的法律明确列出的事项，可以看出律师事务所应该进行广泛的调查。例如，律师在审查上市公司是否具有持续经营能力时，由于决定持续经营能力的因素很多，因此会涉及其他情况的审查，并参考会计师事务所出具的相关会计意见。这就在无形中扩大了律师事务所的审查范围。

2. 注册制下律师事务所存在的问题

导致律师未能够"勤勉尽责"的原因，包括独立性不足、专业性不足和执行标准模糊等。注册制的实施，使得律师事务所的作用增强，遇见的问题也更加复杂。

（1）处罚力度不大，违法成本低

对比保荐人、会计师事务所的处罚力度可知，律师事务所的处罚力度最小；并且在发生欺诈发行案件时，证监会的重点是通过行政处罚来惩罚承办律师和律师事务所，而忽视了制度的威慑作用。同时，人们的关注点一般都在事务所上，而非导致案件发生的承办律师身上。因此对承办律师以及其他律师的处置一般是由事务所执行,但是只有大型的事务所才会具备完善的内部管理制度,才有能力执行对承办律师以及其他律师的处罚,中小型的事务所一般不具备该能力。这导致了证券中介机构的声誉、口碑以及对法律法规的关注,从而引起证券市场的动荡。此外,依据新《中华人民共和国证券法》,未勤勉尽责的律师仅被处以10万元以下的罚款。这一处罚力度明显偏低,对律师无法起到相应的威慑作用。因此,当面对远大于10万元的利润时,为了自身利益,律师可能会选择铤而走险。

(2)未勤勉尽责的认定标准不明确

首先,并没有法律依据明确地对律师未勤勉尽责行为做出规定。虽然新《中华人民共和国证券法》中提升了违法成本,但是并未对律师未勤勉尽责行为做出具体规定。现行的《律师事务所管理办法》(以下简称《管理办法》)等相关配套法律法规也未做出进一步解释。其次,在中国证监会现有的处罚逻辑中,"特别注意义务"和"一般注意义务"的具体规定不够详细,且边界模糊。虽然《管理办法》和《律师事务所执业和管理规则》(以下简称《执业规则》)对两者有相关规定,但并未解释其具体含义和范围。即使是在中国证监会2020年8月7日发布的《征求意见通知书》中,也无法明确解释和区分两者。最后,由于法律规范的滞后性,现阶段律师未勤勉尽责的行政处罚制度存在较强的被动性。现行的未勤勉尽责的判断标准与处罚力度没有准确匹配,进而使得处罚没有明显区别,法律制度的惩罚和威慑作用不能得到有效发挥。

(3)监管执法效率低下

这主要体现在两方面。一是证监会还未彻底转变成一个监督者,其仍掌握着处置律师事务所和承办律师的权力。注册制改革的核心是为了把权力交给市场,以提高中国资本的市场化程度。但是,仍掌握着律师事务所"生杀大权"的证监会,使得自律协会的监管职能受到严格限制,这与将选择权留给市场的核心含义背道而驰。此外,政府对市场的过度干预也会破坏市场机制自发形成的诚信合作的原则和精神理念。二是与自律组织对证券律师的处罚相比,由证监会进行行政处罚的有效性较低。虽然目前的监管模式可以防止因不同政府机构的监管而出现"政出多门"的现象，但过于集中的权力会削弱甚至取代其他政府机构的作用，特别是削弱自律管理机构的作用，进而使得监管体系的反应速度滞后于市场变化，整体监管执法效率低下。

（4）律师可能存在多重相冲突的身份

其一，在实际情况中，从事证券服务的律师，既有着行业律师的资质，还可能存在着另一身份，那就是法务律师。两种身份存在一定的差别。从事证券业务的律师受发行公司委托，查看其信息披露的内容是否合规，并需要出具法律意见书，虽是受托于发行公司，但是其面对的不仅是发行公司，还有社会公众（包括投资者）。而法务律师更具内部性，他同样受托于发行公司，但是不面对社会公众。在实践中，一些从事证券服务的律师作为上市发行律师对公司业务进行尽职调查。在此情况下，律师事务所作为证券中介的"看门人"角色与其对发行公司的忠实义务产生了矛盾。其二，还可能存在上市公司聘请了两家律师事务所的情形，一家负责证券发行的统筹工作，一家充当"看门人"的角色。然而，这种方法的操作成本很高。若是两家事务所不能及时共享相关信息，效率就会降低。

3. 推进律师事务所发展的对策分析

（1）加大处罚力度，提高律师个人的违法成本

一是进一步加大对承办律师个人责任的追究力度，从整体上提高对律师个人的罚款水平。通过前文可知，证监会虽是对律师事务所和承办律师都有处罚，但是对承办律师惩罚的执行者为律师事务所，而公众一般不关注承办律师，中小型事务所内控制度不健全，这就使得承办律师受到的处罚力度小，未起到相应的威慑作用。随着科技的进步，人们物质生活水平的提高，现行制度对律师的罚款数额明显偏低，与市场经济水平不相匹配。另外，总体而言，人员的准入门槛并不高，事务所对其法律业务资格也没有准入限制，律师流动性大。因此，对证券法律业务中的违法违规案件，以追究个人责任为重点，可以起到较好的处罚效果。

二是应当以律师个人的业务收入水平为标准划分相应的等级，并实行

超额累进罚款模式。并非所有的未勤勉尽责的行为都会被证监会查出并受到处罚。因此，与巨额利润相比，证券律师可能会选择铤而走险。这从侧面反映了惩罚力度不足。所以，应当设立不同的罚款比例，该比例与律师个人的业务收入水平呈正相关，最终罚款金额应该等于各级罚款金额之和。这就在一定程度上提高了律师的违法成本，能够起到一定的规范、威慑作用。

三是当承办律师的行为达到某一标准时，可判其禁止入市。依据《证券市场禁入规定》第四条第一款的规定，签约律师因禁止进入证券市场受到中国证监会处罚的，不得在原公司从事证券业务或者担任高级管理人员，不得在其他机构从事证券业务或者担任高级管理人员。可见，这一处罚手段的力度是很大的，其威慑作用远超没收营业收入和罚款。需要注意的是，在设定触及进入市场的红线时，应当是科学合理的。

（2）明确未勤勉尽责的认定标准

一是尽快修订新《中华人民共和国证券法》《管理办法》《执业规则》等配套法律法规，以法律规范的形式确定勤勉责任缺失的认定标准。如果法律的内容不明确，就无法发挥有效的监管作用，这不仅会产生较高的合规成本，而且还存在一定的指导错误的可能性。因此，为了进一步提高证券律师处罚制度的威慑效果，更有效地规范律师行为，必须首先以法律法规的形式明确勤勉尽责的内涵和认定标准。

二是明确"特别注意义务"与"一般注意义务"的界限和内容。两种义务所基于的人群是不一样的，前者是专业人员，后者是普通人。两种义务的判定存在着一定的主观性。因此要尽可能地划分两者的界限。一方面，可以列举明显属于这两个范畴的事项。例如，证监会就明确规定关联关系的认定、重大债权债务风险的认定、重大合同法律风险的认定等属于"特别注意义务"范畴。另一方面，可以从注意的范围和程度的角度进行概括。在程度上，"特别注意义务"侧重于检查证券律师是否能够"胜任"甚至"敏锐"地识别潜在的法律风险。"一般注意义务"则以普通人的标准进行衡量，根据他们的实践经验来判断律师是否履行了适当的注意义务。在范围上，证券律师应确保对可能存在潜在法律风险的合法性问题，如股本演变和公司章程，有特别注意的义务。

为了使行政处罚的结果有所不同，应当对未尽注意义务的具体情况进行细分，并设定相应的处罚力度。注意义务的具体情况按严重程度可细分为未尽"特别注意义务"、未尽"一般注意义务"、尽"一般注意义务"但缺乏相应的能力，三者的处罚力度依次递减。需要注意的是，尽"一般注意义务"但缺乏相应的能力指的是律师尽到了"一般注意义务"，但是该审查事项已超出了律师的能力范围。

（3）提高监管执法效率

为响应注册制改革，加快中国资本市场市场化的脚步，证监会应当进行适度监管，适当放权给律师协会。因为相比于证监会，律师协会更具有专业性，更能够动态且实时地监督证券律师，这有利于提高监管执法效率和促进资本市场的发展。

具体可从两方面入手。一是重新配置证监会和律师协会行使的惩戒权。对于专业性要求较高的"一般注意义务"，可交由律师协会监管和惩戒。同时，因为律师协会存在着一些本质上的缺陷，为了保证其对证券律师的处罚合理及时，证监会和司法行政部门应当对律师协会对证券市场的监管进行监督。二是在之前的监管过程中，由于缺乏双向沟通与合作机制，律师协会未能有效地参与到证券律师的惩戒管理过程中。一般的情况是，证监会发令，律师协会执行。因此，有必要建立司法行政部门、证监会和律师协会之间的实时沟通机制，搭建信息共享平台，实现信息的及时传递，使律师协会更有效地规范证券律师的行为。

（4）规范律师事务所内部制约机制，加强律师执业规范

注册制的实施提高了对律师事务所及律师的需求和专业性要求。为了降低法律风险和责任成本，律师事务所应当规范其内部控制机制，采取团队管理的模式。因为相比于私人律师，团队管理的律师会更加注重外部评价和认可。同时，为了能够详细了解上市公司的具体信息，律师不仅需要审查公司提供的材料，还需要主动从行政机关获取与公司有关的信息，如公司发明专利的申请、公司依法纳税等。因此，应当赋予其广泛的调查权。当然，

权利与义务应当保持一致,所以,律师在调查过程中对所获取的上市公司商业秘密信息应当保密,不得随意传播。

(三)会计师事务所

新《中华人民共和国证券法》规定,为企业上市提供服务的会计师事务所必须向国务院主管部门备案,并且做到勤勉尽责,因为信息披露的核心之一就是高质量的无保留审计报告意见。而无保留审计报告意见就是由会计师事务所的注册会计师利用专业知识、技能和经验,经过包括检测、评估在内的一系列严格的程序后所出具的,投资者一般会根据该鉴证意见做出投资决策。而依据《意见》,会计师事务所提供证券服务,应当严格执行执业标准、职业道德规范和注册会计师的有关规定,建立健全质量管理体系,坚持独立性原则,保持必要的职业疑虑,严格执行执业程序,合理发布专业结论,依法实行签约会计师和主要审计合伙人轮换制度。不得因他人的偏见、利益冲突或不当干预而影响专业判断,不得协助客户进行财务欺诈或隐瞒真实财务状况。

会计师事务所属于实质性审核的第一关,起着至关重要的作用。为规范证券服务机构的行为,《科创板首次公开发行股票注册管理办法》规定,将会对欺诈性发行和虚假陈述负有责任的会计师事务所依法严惩。同时,最高人民法院发布的《关于为设立科创板并试点注册制改革提供司法保障的若干意见》中强调,会计师事务所等保护投资者利益的证券服务机构需要对与之相关的专业业务履行"特别注意义务"。不履行或未履行的,依法追究其相应的法律责任。

1. 会计师事务所的职能

为上市公司提供服务的会计师事务所的主要职能为审计职能。若会计师事务所未能发挥好该职能,极有可能引发上市公司的审计风险。会计师事务所的审计职能主要包含前期工作和核心工作。前期工作指对会计核算和财务报表编制中可能存在的问题提出建议,并对改进财务报表的编制和选择适当的会计政策征求意见和建议。核心工作指对上市公司提供的近3

年关于财务信息方面的基础材料进行记录、分析的基础上,制作无保留意见审计报告;对企业对于未来的财务规划审阅并提供意见;配合其他证券中介机构进行意见书的制作与出具,包括信息披露中的资本声明、上市数据的分析和披露等。

要想很好地发挥会计师事务所的审计职能,注册会计师必须做到勤勉尽责。要是其未做到,依据《科创板首次公开发行股票注册管理办法(试行)》第七十一条规定,证券服务机构未勤勉尽责,致使发行人信息披露资料中与其职责有关的内容及其所出具的文件存在虚假记载、误导性陈述或者重大遗漏的,中国证监会可以视情节轻重,自确认之日起采取3个月至3年不接受相关单位及其责任人员出具的发行证券专项文件的监管措施;情节严重的,对证券服务机构相关责任人员采取证券市场禁入的措施。

2. 注册制下会计师事务所存在的问题

(1)审计风险增加

随着责任的增强,会计师事务所的业务风险增大。这主要体现在两方面:一是上市公司公开发行股票时,存在部分数据需要会计师事务所进行审计,这既困难又耗时。注册制的实施,使得市场监管更加市场化,上市公司的门槛相较于核准制而言有所降低,这使得希望通过IPO上市的公司数量增加,公司类型也增加,特别是在注册制刚刚实施的阶段,相关的法律法规、配套制度还未建立,申请上市的公司数量和类型尤其多,这在一定程度上增加了会计师事务所进行审计招标的数量。随着工作量的加大,会计师事务所若是存在不合理的人事管理方案,就有可能导致其审计质量和审计标准降低,进而使得审计风险增大。二是注册制改革中,证监会的职责由实质性审核变为监管。其监管的内容相较于之前有所不同。核准制下,监管的主要内容是上市公司的投资价值;而在注册制下,监管的内容变为信息披露的真实性、及时性、准确性。也就是说,会计师事务所所出具的无保留审计报告意见将会成为证监会的重点关注对象。

(2)执业风险增加

由前文可知,在注册制背景下,会计师事务所的法律责任加大,执业成本也随之增加。这表示在执业过程中一旦出现审计失误，就可能会支付金额巨大的赔偿金。目前，中国的会计师事务所都存在一定的审计局限性，主要表现在两方面：一是审计程序上。一般而言，注册会计师在对某一企业进行审计时，会依据对企业的了解和自身的判断进行抽样审计，并依据抽样的审计结果推断企业整体的情况。这种以偏概全的做法自然是存在一定风险的。因此，为了规避这一风险，会建议会计师事务所采取全面审计的方法。但是，全面审计所耗费的时间过长，会计师事务所一般无法在规定时间内完成审计；同时成本也比较高，不符合实际。二是公司管理层若是想要进行财务造假，定会精心策划，而注册会计师并不具备侦查权，一般很难发现管理层的弊端。这一可能会使得其审计失败，进而支付金额巨大的赔偿金，造成执业风险。

（3）审计质量控制体系不健全

实际上，为上市公司信息披露内容出具无保留审计报告意见的是注册会计师。因此，审计质量的好坏看的还是注册会计师。但是，现阶段，中国规范审计报告质量的法律法规很少。只有《中国注册会计师质量控制基本准则》这一文件做出了一般性规定，要求对审计报告的质量进行控制。除此之外，并不存在更多更详细的规定。注册制还在初始推广阶段，会计师事务所的责任、风险都有所增加；并且由于其缺乏相关的经验，也存在着广泛的问题，如专业服务水平与新业务需求之间仍有差距、所采用的审计方法滞后、客户群体范围扩大等，这些问题都会影响到审计报告的质量。

（4）会计师事务所独立性不足

导致会计师事务所独立性不足的原因主要有两个。一是审计委托关系不当引起的独立性不足。从会计师事务所的角色角度看，其首先是一个"理性经济人"，是逐利的，一般很难做到道德自律，而是要依靠法律文件等对其加以约束。但是即使是采用法律文件等对其加以约束，会计师事务所也有可能缺乏独立性。其次是在激烈的市场环境中，为获取审计业务，会计师事务所有可能会成为上市公司的附庸，完全丧失独立性。二是会计师事务所的规模过小引起的独立性不足。现阶段，中国大多数会计师事务所是中小型的。这类事务所注册会计师少、客户量也少,因此其对客户的依赖性比较高,这种经济联系可能会影响会计师事务所的独立性。

3. 推进会计师事务所发展的对策分析

(1)健全审计风险控制体系,转变内部管理体制

一是健全审计风险控制体系。该体系主要由审计前控制、审计中控制和审计后控制三方面构成。审计前控制主要是指在正式进行审计前,注册会计师对企业展开调查,采取的方式主要为实地调查等,了解的主要内容为审计的内容、方式、数据重点等。依据了解的内容,判断发行人的基本情况,并综合运用其他手段,排除不符合要求的高风险客户,或是选择与自身专业能力相匹配的项目。进行审计中质量控制时,注册会计师已经与被审计单位提供的真实数据和资料直接接触,以确保审计团队能够及时有效地与发行公司管理层共享高风险信息,从而有效避免风险信息对后续分析的影响。需要注意的是,对于注册会计师的审计工作底稿,必须由专业水平较高、经验丰富的审计人员多次交叉审核,以降低审计失败的可能性。审计后控制是指在完成初步审计信息后,其他团队对审计结果进行复核,以完善风险控制体系。[1]

二是转变内部管理体制。会计师事务所可通过两方面举措转变其运营模式。其一,实行团队管理模式。该模式能够提高审计效率,减少审计业务过多造成的积压,并且能有效解决个人故意隐瞒的问题,提高审计报告的真实性和准确性。其二,提高注册会计师的素质和专业知识水平。会计师事务所应当加强对人才的重视,因为一个专业的、有素质的注册会计师的审计效率比较高,出错率比较低,这能够在很大程度上降低事务所的审计风险和执业风险。因此,事务所应当加大培训力度,在培训时需要关注注册会计师的道德建设。

(2)加强行业监管

加强行业监管,具体可从两方面展开。一是自律监管和行政监管相结

---

① 孙杰.提升会计师事务所质量管理能力的思考[J].中国注册会计师,2021(6):17-18.

合。自律监管者一般是中国注册会计师协会依据相关的执业准则和规范文件,监管各会计师事务所,进而提高其执业质量。并且协会应当加强与政府部门的合作,两者联合监管能够提高监管效率,改善会计师事务所整体的执业环境。二是坚持重点检查与日常监督相结合。重点检查包括持续开展业务风险探究,关注不正当竞争行为等。而日常监督则是充分利用互联网、大数据等技术,建立行业管理信息系统,对行业数据进行实时监控和统计分析,提高监督效率。

（3）推动会计师事务所的可持续发展

推动会计师事务所的可持续发展具体可从两方面进行。一是鼓励会计师事务所做大做强、做精做专。现阶段,中国多数的中小型会计师事务所存在着差距大、无法形成规模效应、成本优势不明显等问题。因此,应当重点关注那些在执业能力、收入规模、市场影响力等方面具有国内一流水平的大型会计师事务所,建立一批具有审计行业的专业知识,审计权威高的大事务所,将大数据等先进的信息技术应用到审计工作中,将技术手段与自身业务能力的提升相结合,在最大程度上提高审计质量,降低审计风险,[①]并引导那些中小型会计师事务所找到正确的市场定位。二是力拓新的业务领域。通过前文可知,注册制的实施使得上市公司的类型增多,会计师事务所应当积极适应经济结构调整、产业转型升级、政府职能转变等资本市场改革的需要,丰富商业服务产品供给,提升其审计质量。[②]

（4）完善会计师事务所执业责任评价机制和执业责任保险

最重要的是明确注册会计师的"勤勉尽责"的标准。事实上,注册会计师是否做到"勤勉尽责"是判断其是否需要承担相应法律责任的标准。在制定标准时,应当是科学合理、符合实际的。首先,在执行审计的过程中,以注册会计师是否严格按照独立审计准则为标准,判断其是否做到了"勤勉尽责"。其次,应结合注册会计师在执业时的具体情况判断其审计过程是否存

① 白玺艳.ST 公司异常扭亏、商誉减值与审计风险——基于盈余管理视角[J].财会通讯,2021(13):48-53.

② 易德鹤.注册会计师行业发展存在的问题与应对[J].中国注册会计师,2020(6):34-36.

在缺陷。也就是说，不能因为结果不好就断定注册会计师的审计过程存在缺陷，而是应当考虑当时的情况，判断是否还有进一步操作的可能。判断的标准应该是同样的专业人士在处理类似工作时应坚持的勤勉和专注程度。最后，若是注册会计师在审计过程中存在缺陷，应当以该缺陷会否导致重大审计风险为标准，判断其是否做到了"勤勉尽责"。

此外，还需完善会计师职业责任保险法律法规。在会计师事务所和注册会计师执业中责任风险不断增加的情况下，会计师事务所的职业责任保险无疑有利于提高会计师事务所的赔偿能力，保护第三方的利益。①

---

① 文杰.会计师事务所职业责任保险法律制度的完善探讨[J].中国注册会计师,2022(2):97-101.

第四章

中国资本市场上市公司治理典型案例研究

　　财务报表能充分反映企业的财务状况、经营成果和现金流量,但财务报表中的数据不能直接、全面地说明企业的财务状况,尤其是企业的经营状况和经营成果的质量。因此,需要进行财务报表分析。

　　张新民在《从报表看企业:数字背后的秘密(第4版)》一书中介绍了3种财务报表(资产负债表、损益表、现金流量表)及其作用。他认为分析财务报表的关键是"八看"企业:一是看战略,包括理解企业的资产结构和扩张性投资等;二是看经营资产管理与竞争力,主要关注的是企业货币资金存量管理、固定资产利用效率等;三是看效益和质量,包括企业的核心利润等;四是看价值,主要是指企业的股东权益价值;五是看成本决定机制,包括决策、管理和核算三因素;六是看财务状况质量,包括存货质量、资产质量等;七是看风险,包括经营风险、财务风险等;八是看前景,从企业经营活动、投资活动等方面对企业的发展进行预测。[①]

　　本章将通过财务报表分析,解释康美药业和尔康制药是如何进行财务造假的。中兴通信、亿阳集团和永泰能源的债券为什么会违约,恒大战略扩张背后的财务风险表现是怎样的。

① 张新民.从报表看企业:数字背后的秘密(第4版)[M].北京:中国人民大学出版社,2021.

一、上市公司财务造假篇

（一）康美药业美丽谎言下的财务造假

1. 公司简介

1997 年，普宁市康美实业有限公司、普宁市国际信息咨询服务有限公司、普宁市金信典当行有限公司 3 家法人企业和许燕君、许冬瑾 2 位自然人在广东省共同发起设立了康美药业股份有限公司（简称"康美药业"，证券代码：600518.SH），并于 2001 年在上交所登记上市。

康美药业上市以后，经过十几年的快速发展，产业结构更加完整、产品种类更加齐全，在 2019 年列广东省百强民营企业第 60 位，在 2020 年列中国品牌 500 强企业第 282 位，是国内医药行业的龙头企业。

康美药业的主营业务为中药饮片、中药材贸易和市场经营、化学原料药及制剂的生产研发，以及药品、保健品、医疗器械营销等。其中，中药饮片的生产和销售为其核心业务，且在行业中处于领先地位。同时，康美药业以智慧药房为抓手，全面打造"大健康＋大平台＋大数据＋大服务"体系，是中医药全产业链精准服务型"智慧＋"大健康产业上市企业。

康美药业的第一大股东为康美实业投资控股有限公司（以下简称"康美实业"），持有康美药业 32.02% 的股份。康美药业 2021 年半年报显示，其第二大股东为五矿国际信托有限公司—五矿信托—优质精选上市公司投资单一资金信托，持有康美药业 4.66% 的股份，远低于第一大股东的持股比例。而马兴田持有康美实业 99.68% 的股份。因此，马兴田即为康美药业的实际控制人，且马兴田任康美药业的董事长兼总经理。

2. 康美药业财务舞弊事件回顾

康美药业的财务舞弊案件最早可追溯到 2012 年。在 2012 年，证券市场周刊和北京中能兴业投资有限公司就曾发布过一篇怀疑康美药业涉嫌财务舞弊的文章《康美谎言》。这篇文章一经发布便引起了市场的关注，也影响了康美药业的股价，但是并未引起证监会的关注。

事实上，2012—2018 年，康美药业的负债率就已达到 62.08%。2019 年的负债金额更是达到人民币 183.27 亿元之巨,但是其财务报表中仍显示其拥有大量资金。有大量的闲置资金却大举借贷,这不禁让人怀疑其是否存在财务舞弊行为。终于,2018 年年底,康美药业的财务舞弊案件逐渐被拉开序幕。至 2021 年底,案件结案。

2021 年 11 月 12 日,康美药业案件一审判决结果出炉。根据重组方案,康美药业共确认被索赔 397.18 亿元,其中担保索赔 4.2 亿元、职工索赔 5500 万元、税收索赔 5500 万元、一般索赔 392.43 亿元(包括证券集体诉讼赔偿 24.59 亿元)。重组方案中,职工工资、税金及 50 万元以下的所有债权以 100% 现金形式清偿,其中:50 万元以下的中小证券投资者的债权以 24.59 亿元一次性现金结算;其他债权应当以股权偿还或者信托收益的形式清偿。如果康美药业成功实施重组,所有债权人的债权将得到 100% 的偿还。

3. 康美药业财务舞弊手段分析

2016—2018 年是康美药业丑闻频发的 3 年,也是证监会注意到康美药业存在财务舞弊行为的 3 年。在这 3 年间,康美药业的一些违法违规行为被曝光,例如财务报表中的数据造假,增值税发票与大额定期存单来历不明等。

本节主要通过分析 2016—2018 年康美药业的年报、半年报等材料,总结得出康美药业进行财务舞弊的手段主要有 4 种:虚增货币资金、虚增收入、虚增资产和利用关联交易。

(1)虚增货币资金

2016—2018 年,康美药业多次采用少计或不计费用、使用一些例如银行交易记录和契约合同等的违法票据等方式,虚增货币资金。虚增的货币资金金额如表 4-1 所示。

表4-1　康美药业2016—2018年虚增货币资金所占比例[①]

年份	虚增货币资金（亿元）	占总资产的比例（%）	占净资产的比例（%）
2016	225.49	41	77
2017	299.44	44	93
2018	361.88	46	108

由表4-1可知,康美药业在3年间虚增货币资金累计高达886.81亿元,每年虚增的货币资金金额占总资产和净资产的比例逐年增加,尤其在2018年虚增货币资金占到了净资产的108%,表示虚增的货币资金超过了净资产。

(2)虚增收入

虚增收入是企业常用的财务舞弊手段之一,因收入并不是一项固定项目,可以进行数据的伪造。康美药业主要通过伪造业务凭证的方式,使得项目收入和实际收入之间存在较大差距。经过2017年的整改后,其2017年的收入即下降了近100亿元,同时净利润降至原来的一半。

如表4-2所示,2016—2018年3年间,康美药业虚增营业收入总额为206.44亿元。其中,2016—2017年间呈现上涨的趋势,这主要是因为其在2016年进行财务造假时未被发现,第二年就变得更加猖狂。2018年虚增收入骤降,这主要是因为在该年10月,康美药业的监事会主席王廉君因涉嫌操纵股价被公安局强制采取措施。同年12月,公司收到证监会通知,因涉嫌信息披露违法违规,证监会决定对其立案调查。同样地,在2016—2017年间,康美药业的虚增营业利润也是上涨的,上涨幅度达到62.19%。2018年的虚增营业利润虽大幅下降,但占当期的利润总额比重还是保持在10%以上。

[①] 数据来源:康美药业2016—2018年年报。

表4-2　康美药业虚增收入项目[1]

年份	虚增营业收入（亿元）	占当期营业总收入比重（%）	虚增营业利润（亿元）	占当期利润总额比重（%）
2016	89.99	41.58	6.56	16.44
2017	100.32	37.89	12.51	25.91
2018	16.13	8.33	1.65	12.11

此外,康美药业还对利息收入进行造假。2016—2018年,其虚增利息收入金额达到了5.10亿元,2016年、2017年及2018年的虚增金额分别为1.51亿元、2.28亿元及1.31亿元。

（3）虚增资产

康美药业虚增的资产包括固定资产、在建工程、投资性房地产三类。2018年,康美药业将6个工程纳入财务报表,这在2018年以前从未出现过。经过证监会的调查,这6个工程均不符合会计确认和计量的条件。这表明,在2018年,康美药业存在虚增资产的行为。这6个工程中所涉及的造假资产金额总计36.05亿元,其中虚增的固定资产、在建工程和投资性房地产分别为11.89亿元、4.01亿元和20.15亿元。[2]

（4）利用关联交易进行财务舞弊

康美药业在2016—2018年间一直存在关联交易,且关联交易的金额达到116.19亿元,这部分资金多用于购买康美药业的公司股票、支付收购溢价、垫付解质押款等。在2018年以前,康美药业并未对关联交易进行披露,而是将关联交易金额计入"货币资金",直接导致了虚增的货币资金。

康美药业的关联交易方主要为普宁康都药业有限公司(以下简称"普宁康都")以及普宁康淳药业有限公司(以下简称"普宁康淳"),这两家公司的股东主要为康美药业的职工及其配偶。2016—2018年,这两家公司相关的

---

① 数据来源:康美药业2016—2018年年报。

② 袁小平,刘光军,彭韶兵.会计差错与会计造假辨析——以康美药业为例[J].财会通讯,2020（11）:138-142.

交易金额也较大，且逐年增加。康美药业正是通过将这些资金转入上述两个关联方公司，并利用两个公司的账户对本公司的股票进行买卖，最终达到操纵公司股价的目的。通过查看康美药业2016年和2017年的年报，我们发现两年的年报均未提及康美药业与两家公司之间存在关联交易，直至2018年该关联交易才被提及。可见，康美药业2017年的年报存在故意遗漏重大信息披露的情形。而依据康美药业2018年年报可知，公司存在未计提坏账准备的其他应收账款为88.79亿元，占公司期末应收款项的96%。其中普宁康都占56.29亿元，普宁康淳占32.50亿元。

4. 康美药业财务舞弊的动因分析

舞弊因子理论是现阶段最为先进的财务舞弊动因理论，它主要包括个别风险因子和一般风险因子。两个因子包含的具体内容如图4-1所示。

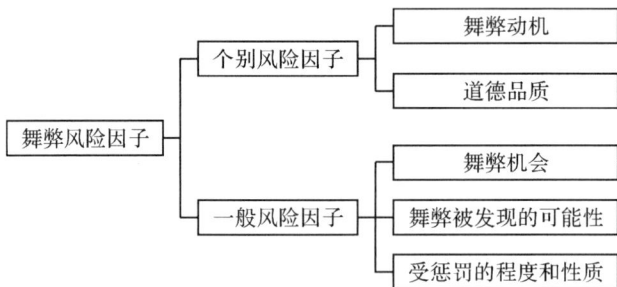

图4-1　舞弊风险因子结构图

（1）个别风险因子

个别风险因子和个人因素有关，不受组织控制，包括舞弊动机和道德品质两方面内容。

①舞弊动机

医药行业的竞争日益激烈，审核也日趋严格。康美药业虽然是医药行业的龙头企业，但是其市场占有率并不高，经营存在着较大的压力。在这样的市场形势下，康美药业曾在年报中表示，为增加市场占有率，希望在较短时间内扩大自身的市场规模。

为获取足够的资金，康美药业的实控人马兴田就曾通过定向增发股票、配股融资、发行债券、短期融资券等方式累计筹集资金逾800亿元。同时，马兴田和许冬瑾所控股的康美实业超过90%的股份被质押，可见其融资手段非常激进。但是即使采取如此激进的融资手段，所获取的资金仍然不能够满足康美药业的资金需求。因此，康美药业采取虚增货币资金、收入、资产等手段进行了财务舞弊。

②道德品质

企业管理者的道德品质也是造成企业财务舞弊行为的原因之一，因为企业管理者可能会为了追求自身利益而铤而走险。通过对康美药业违法事件的研究，可以发现康美药业管理者的法律观念淡薄，管理者们为了自身利益，破坏了中国资本市场的整体运行机制。2000—2018年，康美药业的高级管理人员就曾参与了多起行贿事件，涉及金额达到700万元。上市之后，康美药业丑闻不断，生产的人参产品、菊皇茶、菊花就曾因违法添加行为、农药残留量项目不合格等原因，多次被国家药品监督管理局通报、处罚。

（2）一般风险因子

一般风险因子是客观存在的，主要包括舞弊机会、舞弊被发现的可能性、受惩罚的程度和性质三方面内容。

①舞弊机会

康美药业是一家股权高度集中的公司，其实际控制人为马兴田，康美药业相当于马兴田的"一言堂"。在2018年以前，马兴田不仅是康美药业的董事长，还兼任总经理，享有最高执行权，拥有公司财务负责人的提名权，使得公司财务部门的独立性难以保障。

同时，康美药业的内部控制体系存在漏洞。康美药业为加强内部监督机制，设立了独立董事，在董事会下设有审计委员会，在运营管理层设置了内部审计部门。独立董事是由董事长提名的，审计委员会和审计部门的组成虽不是由马兴田决定，但是他们汇报的对象也是马兴田，这就使得即使公司有着看似完善的内部监督机制，却仍不能够发挥作用。

②舞弊被发现的可能性

现阶段,公司可自行选择会计师事务所对公司的财务报表进行审计,并且在事务所对公司进行审计的过程中,监管机构无法发挥其监督作用。当事务所为了能够与公司进行长期合作,争夺市场份额,或者为了获取利益等,可能会与公司同流合污,帮助公司进行财务舞弊。康美药业与正中珠江会计师事务所有着长期的合作关系,两个公司的高管间关系密切,且康美药业一直给正中珠江较高的审计费,这可能是正中珠江选择帮助康美药业进行财务舞弊的原因。

同时,前文所提及的康美药业内部控制制度存在缺陷,内部监督管理机制看似完善却难以发挥其监督作用,使得公司的内部审计人员无法在财务报告报出之前第一时间发现造假并予以纠正。

此外,政府监管部门的监督力度不足。事实上,从2012年开始就有人怀疑康美药业存在财务舞弊行为。刘志清自2014年开始连续4年向监管部门举报康美药业存在财务舞弊行为,均未引起监管部门的注意,还被多次驳回。可见,政府监管部门的监管力度还有待提升。

③受惩罚的程度和性质

通过前文可知,康美药业在上市后丑闻不断,也曾多次被国家药品监督管理局处罚、通报。但是,康美药业丑闻频出,归根结底还是监管部门的惩罚力度太轻,使得其进行违规操作的成本要低于其收益。依据旧《中华人民共和国证券法》,上市公司存在财务造假行为,处罚力度是以其募集资金为基数,处以1%—5%比例的罚款,相关直接负责的人员则处以3万—30万元罚款。虽然新《中华人民共和国证券法》将处罚的金额上限提升至1000万元,但是这对于康美药业的造假金额而言,依旧是少之又少。①

依据2020年5月13日公布的《中国证监会行政处罚决定书》,我们可以得知证监会对康美药业的具体行政处罚情况,如表4-3所示。可见,此

---

① 宋建波,朱沛青,荆家琪.审判仍在路上:新《证券法》下康美药业财务造假的法律责任[J].财会月刊,2020(13):134-139.

次财务舞弊案件财产处罚合计为250万元,要远低于康美药业虚增的货币资金886.81亿元、虚增的资产36.05亿元以及进行关联交易的金额116.19亿元。

表4-3 康美药业行政处罚情况

处罚对象	资格罚或其他处罚	财产处罚
康美药业股份有限公司	责令改正,给予警告	罚款60万元
马兴田、许冬瑾(实际控制人)	给予警告、终身证券市场禁入	罚款90万元,其中作为直接负责的主管人员罚款30万元,作为实际控制人罚款60万元
邱锡伟(董事、董秘、副总经理)	给予警告、终身证券市场禁入	罚款30万元
庄义清(财务总监)、温少生(监事、副总经理)、马焕洲(职工监事)	给予警告、终身证券市场禁入	罚款25万元
马汉耀、林大浩、李石、江镇平、李定安、罗家谦、林国雄	给予警告	罚款20万元
张弘、郭崇慧、张平、李建华、韩中伟、王敏	给予警告	罚款15万元
唐煦、陈磊	给予警告	罚款10万元

同时,中国目前的财务舞弊索赔制度存在缺陷,仅允许投资者分别提起诉讼,反对集体诉讼,这在提高诉讼成本的同时也降低了诉讼效果,而分别诉讼即使取得了成功,投资者所获得的赔偿也抵不上他们的损失。

5. 康美药业财务舞弊案件的启示

(1)从上市公司角度

首先,上市公司要提升其高管的法律意识和道德品质,不能抱有侥幸心理,财务舞弊行为必然会受到法律的制裁。康美药业财务舞弊行为频发的原因之一就是高管的法律意识淡薄、道德品质不高。企业可通过定期开展法律知识教育、将高管们对相关法律知识的掌握程度纳入考核体系、树立高管"从我做起"的观念、聘任高水平的法律顾问等4个途径进行提升。高管的道德品质也可通过定期开展诚信教育进行提升。

其次，上市公司需要完善内部控制制度，制定合理的内部结构，并规范自身的关联交易。康美药业存在大量的关联交易，且由于自身内部结构不合理，内部控制制度存在缺陷，关联交易方能够自由占有公司的资金，这也是导致康美药业财务舞弊行为频发的原因之一。因此，上市公司应当完善内部控制和内部结构，各股东之间应建立相应的制衡机制，避免出现"一股独大"的现象。同时，还需保障内部审计部门和独立董事的独立性，且选择知识结构丰富、素质较高的人员来担任部门的审计职位，以此提高公司内部监督管理机制。

（2）从投资者角度

事实上，在康美药业被爆出存在财务舞弊行为之前，通过观察其财务报表也能够发现一些端倪。

观察康美药业2017年年报可知，当年康美药业的库存现金高达300亿元，资金量非常充足。但是，其仍通过发行债券、短期融资券和银行贷款的方式获取大量的资金。该年年末，其负债金额达到290亿元。可见，康美药业存在存、贷双高的现象，这一现象的出现并不合理。同时，我们还可发现康美药业的前十大股东中有4人的股权处于质押状态，尤其是第一大股东——康美实业，其有超过90%的股权处于质押状态。康美药业四大股东进行股权质押的原因是为了获取资金，这同样不属于一个有着近300亿元库存资金的企业能够采取的行动。

因此，投资者在进行投资时，需要警惕那些存、贷双高或存在大规模股权质押的公司。

此外，从监管者角度来说，监管者要始终保持自身的独立性，并且加大对社会公众监督作用的重视力度。

(二)中国海关"喊话"尔康制药

1. 公司简介

2003年,湖南尔康制药有限公司成立;2010年,其变更为股份有限公司(以下简称"尔康制药");2011年在深圳证券交易所创业板挂牌上市(证券代码:300267)。

尔康制药是中国品种最全、规模最大的药用辅料制造商之一。医药产品的研发、生产和销售为其主营业务,而其主要业务为药用辅料、新型抗生素产品等。公司曾获得"火炬计划重点高新技术企业""上市公司百强""创业成长公司20强""全国示范院士专家工作站""全国医药上市公司前10强"等多项荣誉称号。下设18家子公司、15家办事处和配送物流中心,涉及原材料收集、产品研发直至销售的各个环节,形成了完整的产业链条。同时,公司业务遍布国内大部分地区及国外部分国家和地区。

湖南尔康柬埔寨投资有限公司(以下简称"尔康柬埔寨")成立于2013年,是尔康制药的子公司,该公司主要负责"年产18万吨药用木薯淀粉"生产项目,本次财务造假事件就是围绕此项目展开的。

尔康制药是一个家族式企业,帅氏一家在公司的话语权要大于董事会和股东大会。因此,公司存在着内部控制不合理、一股独大的问题,并且随着时间的推移,内部管理者之间的矛盾不断加深。

尔康制药2021年一季度报表显示,帅放文一人持股占到41.38%,湖南帅佳投资有限公司的持股比例为7.83%,帅氏家族的持股比例合计高达49.21%。

2. 财务造假事件回顾

尔康制药自2011年上市到2016年,企业产业链不断扩大,并且根据公司披露的年报可知,企业的经营状况良好,其主营业务收入在2016年达到29.61亿元,同比增长68.62%;但是其实际控制人及公司董事却相继减持公司股份,独立董事及监事集体离职,令人怀疑。

尔康制药财务造假案的起点是一篇名为《强烈质疑尔康制药涉嫌严重

财务舞弊：中国海关喊你来对账了！》的文章，该文章是由"市值风云"这一研究机构于2017年5月9日发表的。该文对尔康制药是否存在财务造假行为提出疑问，从而引发了社会各界人士对尔康制药的关注和质疑。该文发表当日，尔康制药的股价即跌停，市值蒸发近26.20亿元。因此，当日收盘后，尔康制药股票被迫紧急停牌。5月10日尔康制药开始自查。两日后，尔康制药董事长帅放文先生否认财务造假。

在尔康制药的股票停牌期间，2017年8月8日，其收到了来自证监会的调查通知，并且因信息披露存在违规行为而被立案调查。尔康制药在同年11月22日发布了自查报告，称公司2016年虚报的利润总额为2.31亿元，其中约有2.29亿元为尔康制药子公司虚假增加的营业收入，虚增净利润约为2.09亿元。此外，公司未能及时处理北美代理商SYN公司的销售退货，导致了0.26亿元的虚增营业收入，0.22亿元的虚增净利润。[①]

终于，在经历长达6个月的停牌后，尔康制药在2017年11月23日复牌，然而，等待它的却是连续4个跌停板。停牌前，其股票价格为11.38元，在经历4个跌停板后，股价骤降至7.47元，跌幅达到34%，投资者损失惨重。

2018年4月，中国证监会下发《行政处罚事先告知书》，确认尔康制药2015年和2016年的年报数据存在财务造假行为，包括造假收入和利润等信息，并对公司予以警告。

3. 财务造假的方式

依据尔康制药在2017年11月23日发布的《关于对前期会计差错更正的公告》及《关于媒体报道自查报告的公告》，我们可以得知其进行财务造假的方式。

（1）运用关联交易虚增利润

①SYN公司基本情况

SYN PHARMATECH INC.（以下简称"SYN公司"）是一家由黄祖云

[①] 李建斌.公司治理失效对业绩预告"变脸"的影响[J].财会月刊,2019(S1):97-99.

任执行董事、100%控股的公司。2010年11月16日该公司在加拿大安大略省注册并成立。

SYN公司从事的经营业务与尔康制药非常相似,主要包括药品研发、辅料贸易等,而辅料贸易业务包括淀粉和工业用改性淀粉等多种类型产品。

②尔康制药与SYN公司的关联

黄祖云先生曾在2014年7月—2015年4月到湖南药用辅料工程技术研究中心有限公司(以下简称"工程技术中心")——尔康制药子公司,就标准物质研发与生产开展技术交流合作,并在此期间多次到工程技术中心进行现场技术指导。

尔康制药与SYN公司于2015年2月签订经销合作意向书,并于次年5月正式签订销售合同。自此,SYN公司成为尔康制药的海外经销商,间接帮助尔康制药开拓北美乃至国际淀粉及淀粉胶囊产品市场。此外,在2016年,黄祖云与帅放文一起在《合成化学》上发表了《西地那非类似物的合成》一文,此时的黄祖云仍与工程技术中心保持着联系。尔康制药交易各方关联情况如图4-2所示。

SYN公司虽为尔康制药的海外经销商,但是,其并未将采购的系列产品在国际市场进行推广和销售,而是在2016年将包括淀粉和原辅料在内的代理业务交由江西睿虎化工。通过尔康制药披露的《关于媒体报道自查报告的公告》可以看出,SYN公司于2016年5月27日从尔康制药购买了22万千克软胶囊变性淀粉,总成交价为399.6万美元。半年后,SYN公司将重量相近的软胶囊变性淀粉转至国内江西睿虎化工。从贸易海运记录可得出,前一笔交易的清关日期为2017年2月24日,后一笔交易的清关日期为同年3月7日。所运软胶囊变性淀粉总质量约25.5万千克,进口商都是江西睿虎化工,出口商是SYN公司。

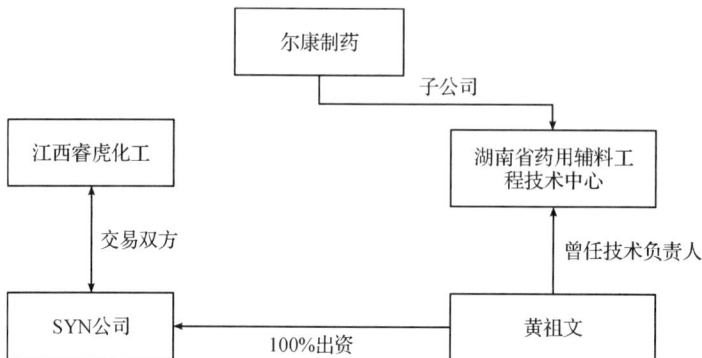

图4-2　尔康制药交易各方关联图

（2）不当处理致使销售收入虚增

在2016年12月—2017年4月期间，在销售改性淀粉产品的过程中，由于终端客户在使用过程中发现部分相近批次（包括同批次）产品质量不合格，导致部分改性淀粉被退回。退货事件发生后，尔康制药与SYN公司就出现的问题进行协商，最终达成如下解决方案：首先，同意终端客户的退货要求，并将剩余产品全部退还给SYN公司；其次，尔康制药不同意接受剩余产品，即不做退货处理，由SYN公司自行处理，销售处置所得款项用于支付软胶囊制造商的损失；最后，尔康制药承诺全额返还该批产品的货款给SYN公司，并按未结清金额的10%计算资金占用费——以后续给予SYN公司购买尔康制药产品折扣的方式。

由于双方就退货事宜的磋商在尔康制药2016年年报发布时仍未结束，因此，尔康制药的国际销售部门没有将退货事件的后续处理情况通知公司总部，致使财务部没有按照企业会计准则中对于销售退货的原则进行处理，最终使得2016年的公司财务报告存在虚增的主营业务收入和净利润。

通过上述内容可知，尔康制药与SYN公司之间的关系并不一般，两者却就该事件磋商时间长达4个月之久。这样的理由，很难让人信服。

（3）未实现销售未合并抵消导致收入、利润虚增

2015年各省市纷纷制定了药品集中采购文件及相关规定，就具有高质量、创新特色的药品采用单列分组进行招标方式向社会公众征求意见。尔

康制药通过经销商获取的信息表示公司生产的淀粉胶囊制剂产品进入了河南、云南等省份单列分组招标计划，这一消息明确表明后续淀粉胶囊制剂产品的需求将会大幅增加。因此，为增加产品的产量以满足需求，尔康制药提前开始采购和制备淀粉胶囊制剂产品的原料。尔康制药表示出于商业保密的角度，其采购原料的方式为向第三方供应商向子公司尔康柬埔寨购买空心胶囊用变性淀粉。

然而，计划赶不上变化。由于各省市的药品集中采购政策发生变化，原定的单列分组招标的药品采购政策均没能贯彻执行，这在很大程度上影响了尔康制药提前制定的淀粉胶囊制剂生产和推广计划。正是因为公司出现了误判政策行为，导致公司提前准备的改性淀粉并未全部用于生产空心胶囊；同时，已生产的空心胶囊也并未实现全部销售。

依据企业会计准则的要求，尔康制药上述内部采购的没能够实现的销售收入应该在合并报表中抵消。但在2016年财务报告的编制过程中，尔康制药的业务部门和尔康柬埔寨未及时与财务部门沟通关于上述内部采购事项，最终使得公司2016年财务报告主营业务收入和净利润出现虚增的情况。

4. 尔康制药财务造假的影响

自2017年尔康制药财务造假事件受到关注之后，其经营状况每况愈下，业绩不断下滑，投资者遭受了巨大损失。

（1）投资者损失惨重

尔康制药在"爆雷"之前，在许多投资者眼中是"白马股"，也曾是许多公募基金的持仓对象，例如中邮基金、华夏基金和安信基金等公募基金机构都曾持仓尔康制药。据统计，截至2016年底，尔康制药的持仓数量约为1.8亿股，市值达到21亿元，近百家基金持有尔康制药股份，它们所持仓的股份占到了尔康制药流通股的近10.04%。但是，随着尔康制药财务造假被爆出，当日即收获1个跌停板，随后停牌时间长达6个月，复牌后接连吃了4个跌停板，累计跌幅达到34%，投资者损失惨重。

机构投资者都未识别出尔康制药存在财务造假行为，并且重仓其股票，最终受到如此大的影响，更何况是没有机构投资者专业，缺乏辨别真假信息的知识和能力的普通中小投资者。

（2）中介服务机构信誉受损

在上市公司发布定期报告之前，需要聘请会计师事务所进行审计。参与尔康制药审计的机构是天健会计师事务所。该事务所成立于1983年，是中国首批具有A+H股企业审计资质的大型国家会计和审计专业服务机构，所处行业排名是国内第7位，世界排名约20位。尔康制药财务造假案无疑损害了天健会计师事务所的声誉，其审计独立性受到严重质疑，所涉及的签名注册会计师也受到了证监会的严厉批评。

通过后续的媒体报道，在尔康制药财务造假案件之后，有75家企业未能成功上市，其中有18家是天健会计师事务所的客户，是所有会计师事务所当中失败项目最多的。由此可见，财务造假事件使得中介机构失去公信力，使公众对会计行业和审计行业的服务质量产生怀疑，而涉及的注册会计师将受到法律的严厉惩罚，甚至结束其职业生涯。

二、股权结构与公司控制权篇

（一）宝能万科股权之争：谁的万科？

1. 宝能与万科简要情况

（1）宝能集团

2000年3月，宝能集团成立，公司唯一的股东为姚振华。3年后，宝能集团入股深业物流，并持有该公司40%的股份，掌握了该公司的控制权。2005年，宝能太古城获得巨大成功，使得姚振华注意到了综合物业开发的商业契机。因此，宝能集团开始将资金集中至该业务。至2009年，该业务扩大至全国七大区域。2012年，宝能集团建立了前海人寿保险股份有限公司（以下简称"前海人寿"）。自此，宝能集团的业务共覆盖五大板块，分别为综合物业开发、金融、现代物流、文化旅游和民生产业。其旗下有许多子公司，而"宝万之争"所涉及的子公司为钜盛华股份有限公司（以下简称"钜盛华"）和前海人寿。

（2）钜盛华和前海人寿

钜盛华是宝能集团的金融平台，2002年在深圳成立，公司共有四大股东，分别为深圳宝源物流有限公司、深圳市浙商宝能产业投资合伙企业（有限合伙）、深圳市宝能创赢投资企业（有限合伙）及宝能集团。其中，宝能集团拥有钜盛华67.4%的股份，掌握着实际控制权。

前海人寿是一家主营业务为保险的公司，2011年开始筹备，并于次年2月正式成立。成立后，公司资产规模迅速扩大。至2015年10月，其保险费用规模就已经达到618亿元，跻身全国人身保险前列。而在2015年，前海人寿的所有股东当中，钜盛华持股比例达到51%，拥有该公司的实际控制权。因此，宝能集团间接控股了前海人寿。

（3）万科企业股份有限公司（简称"万科"）

1984年5月万科成立，1991年1月在深交所挂牌交易并上市，成为中国第二家在深交所上市的公司。1988年进入房地产行业，同年万科通过发行股票的方式进行了资金募集，迅速扩大了公司的资产规模。2003年，万科迈开了跨市扩张步伐，进军鞍山、广州、大连和中山的房地产行业。至2004年，万科房地产业务扩展至19个城市。经过多年的发展，万科跻身为中国住宅开发企业规模第一名。万科自上市后，公司第一大股东华润集团，在合作的15年间一直被视为行业公司治理的典范——因其不参与万科的经营管理。

万科本身是一个股权相对分散的公司，其第一大股东华润集团持万科的股份仅有14.91%，并不具有万科的实际控制权，同时公司的管理层也不具备控股权。正因为如此，宝能集团才会选中其成为收购对象。

2. 宝万之争过程

"宝万之争"最初可追溯到2015年6月的股灾。为了救市，2015年7月8日，中国保监会发布了《关于提高保险资金投资蓝筹股票监管比例有关事项的通知》，为后续宝能系叠加使用险资和高杠杆资金收购万科埋下了伏笔。

根据媒体公开报道，宝能集团收购万科的资金来源除了保险，还有大量来源于银行的理财资金。而依据新财富的统计，宝能集团购买万科股份的均价大概为每股 16.22 元,持股数为 26.81 亿股。

（1）前海人寿初次举牌

2015 年 7 月 10 日,前海人寿初次举牌万科,正式对万科发起攻势。依据信息披露有关规定,当购买某公司股票达到 5% 时需要进行正式公告,此举即为"举牌"。前海人寿通过在二级市场购入万科股票 5.53 亿股,股本数恰好为万科总股本的 5%。

查看前海人寿的交易记录,我们可以发现,在初次举牌前 6 个月内,其曾多次购买 0.319 亿股万科股票,并通过数量不同的 6 笔交易出售了合计 0.323 亿股万科股票。因上述交易的股份数均未触及 5% 的举牌标准,故不需要进行正式公告,外界当时并不知晓前海人寿的收购行为。由此可见,前海人寿早在 2014 年就计划收购万科,并累计持有万科股票 0.041 亿股。宝能集团 5% 的持股比例虽然远低于当时最大股东华润集团 14.91% 的持股比例,但超过了万科管理层"盈安合伙"4.14% 的持股比例。

2015 年 7 月 25 日,前海人寿再次通过二级市场购买了万科 1.03 亿股股票。与此同时,钜盛华也开始购入 4.496 亿股万科股票,其中在二级市场购入 0.28 亿股,通过银河证券、华泰证券购入 4.216 亿股,并以"以收益互换业务"的方式持有股票收益权。截至 7 月 25 日,前海人寿和钜盛华共同持有万科 11.05 亿股股票,达到了万科总股本的 10%。7 月 29 日,万科第一大股东华润表示并不反对万科引进新的战略投资者。而在 8 月 1 日—14 日期间,华润的态度变得晦暗不明,经过考虑后,万科管理层准备通过定向增发的方式引入新的战略投资者。但是,在 8 月 20 日,万科管理层制定的议案被华润否决,引入战略投资者的想法被暂时搁置。

（2）钜盛华接续跟进

在完成前两次的增持后不久——2015 年 8 月 27 日,宝能集团开始了第三次增持。在此次增持中,前海人寿买入 0.802 亿股万科股票,总持股数为 7.36 亿股,占万科总股本的 6.66%。钜盛华通过在二级市场"以收益互换业务"的形式持有和融资融券两种方式买入万科股票 4.764 亿股,合计持股数为 9.26 亿股,占万科总股本的 8.38%。此后不久,钜盛华开始了对前海人寿的收购,将其持股比例从20%增加到51%,实现了对前海人寿的绝对控制。可见,经过第三次增持,宝能集团累计持有万科16.62亿股股票,持股比例达到15.04%,超越第一大股东华润集团的14.91%,成为万科的第一大股东。

在此期间,王石和郁亮拜访了华润集团的最高管理层,希望华润集团能够增加其在万科的股份,但华润只是略微增加其股份。华润集团分别在2015年8月31日及次日分两次购入4.97亿元,合计股票数为0.373亿股,占总股本0.38%的万科股票。因此,华润集团的持股比例变更为15.29%,仅比宝能集团高出0.25%,再次成为万科的第一大股东。

(3)宝能集团借助资管计划加大增持

2015年11月24—26日,钜盛华先后与南方资本、西部利得基金和泰信基金3家机构签订协议,合作成立"资管计划"用于增持万科股票。

截至2015年12月4日,钜盛华通过7个"资管计划"买入5.49亿股万科股票。此时,宝能集团通过前海人寿、钜盛华合计持有22.11亿股万科股份,以20.008%的持股比例,正式取代华润,成为万科第一大股东。

2015年12月7日开始,钜盛华继续通过"资管计划",增持4.7亿股万科股票。

宝能集团与3家机构签订的协议表示,在"资管计划"的存续期内,资产管理人在万科行使表决权时,遵从的是宝能集团的意见。通过此方式,宝能集团间接享有万科的表决权。

宝能集团旗下子公司——钜盛华借助"资管计划",两次增持万科股票,并最终持有万科19.455亿股股票。而在第三次增持中,前海人寿持有万科股份为7.36亿股。截至2015年12月7日,宝能集团合计持有万科股份数为26.81亿股,持股比例达到24.27%,再次成为万科的第一大股东,持股比例超过第二大股东华润集团8.98%。12月11日,媒体曝光宝能系收购万科的杠杆资金来源,随后,在12月15日宝能系钜盛华就资金来源一事回复了深交所的关注函。而在12月17日,王石在万科内部讲话时表示不欢迎宝能入主万科,首次对宝能宣战。12月18日下午,万科宣布停牌,理由是"计划发行股票进行重大资产重组和资产收购"。宝能集团的增持行动被迫停止。

（4）"三雄逐鹿"局面形成

2016年3月12日，万科找到了新的投资者——深圳地铁集团有限公司（以下简称"深圳地铁"），并与其签订了一份合作备忘录。依据该备忘录的内容，万科将以400亿—600亿元的交易对价收购深圳地铁持有的目标公司全部或部分股权，收购费用主要通过向其发行新股的方式进行，若有差额则以现金进行支付。不久后，万科即宣布以456.13亿元的交易对价100%收购深圳地铁前海国际发展有限公司。新股将以每股15.88元的价格发行。因此，新股发行后，深圳地铁将持有万科28.72亿股A股，占到万科总股本的20.65%，成为万科的第一大股东。而宝能集团的持股比例被稀释至19.27%，位居第二大股东。深圳地铁虽已成为万科第一大股东，但是其持股比例只高出宝能集团1.38个百分点。因此，宝万之争并未停止。

2016年4月9日，华润集团约谈了深圳地铁，表示其希望深圳地铁能够退出万科的重组，遭到深圳地铁的拒绝。同日，钜盛华向前海人寿让渡了14.73亿股的万科表决权。6月17日，万科举行董事会审议其发行股份购买深圳地铁资产的预案，遭到华润的反对，宝万之争转变为华万之争。6月23—24日，华润和宝能联手，抨击万科已成为内部人控制的企业，认为其公司治理存在问题。之后，宝能集团于2016年6月26日向万科的董事会提出了召开临时股东大会的建议，此次会议的目的是罢免万科董事会和监事会现任的主要成员。宝能集团之所以做出这样的举动，是因为在其收购万科股份的过程中，万科一直保持着抵抗的态度，并在2015年12月18日停牌，制止其"凶猛"的增持行为。也正是因为停牌，万科才有了喘息的时间。6月27—28日，深交所就向华润和宝能是否是一致行动人关系下发了关注函和问询函。7月3日，万科董事会否决了6月26日宝能提出的建议，华润董事会的改组提议也胎死腹中。

（5）监管层出手调停

2016年7月19日，证监会收到万科的公开举报信，于次日召开多次紧急会议，讨论相关法律认定及对策。同时，还成立了一个包括办公室、市场部等部门在内的专门领导小组来处理宝能万科事件。

2016年7月21日,深圳证监局向万科下发了关注函。关注函中表示,万科在《关于提请查处钜盛华及其控制的相关资管计划违法违规行为的报告》(以下简称《报告》)正式披露前,曾向未指定媒体披露了该报告的全文。证监会表示此举违反了《股票上市规则》的相关规定,并于24日要求万科主要负责人下午3点到证监局谈话,希望万科能够"尽最大努力与各方股东积极磋商,妥善解决争议"。同时,钜盛华在2015年12月和2016年7月所披露的报告由于缺乏有关文件的正本或合法有效的副本,同样违反了《股票上市规则》的相关规定。因此,深圳证监局也对钜盛华下发了关注函,并于约谈万科主要负责人后的一小时约谈钜盛华的主要负责人,要求其认真履行股东义务,及时依法披露有关信息,妥善解决有关纠纷。

2017年2月24日,保监会表示,前海人寿在现场检查中被查出提供虚假材料、非法使用保险资金,根据《中华人民共和国保险法》的有关规定,前海人寿原董事长姚振华被取消职务,并被禁止从事保险业务10年。这一惩罚不可谓不重。

(6)宝万之争落下帷幕

由于万科的深圳地铁与宝能集团持股比例相差不大。因此,股权之争一直在持续。直至2017年1月和6月,华润集团和恒大下属企业分别将16.9亿股和15.5亿股的万科A股转让给深圳地铁。转让完成后,深圳地铁的持股比例达到29.38%,才坐稳了万科第一大股东的宝座。

2017年6月21日,万科发布公告称,新一届的董事会已出,郁亮接棒王石。至此,经历了两年的"宝万之争"暂告一段落。直至2019年12月19日,宝能集团所持股份数降至万科总股本的5%以下时,宝能集团与万科的股权之争才算结束。

3. 宝万之争影响

(1)公司治理改革

①建立合理的股权结构

公司要想保持长期健康的发展,就必须依据实际情况合理调整公司的股权结构。在进行股权结构调整的过程中,应注意两个方面:一要保障股东的控制权,平衡股东利益;二要平衡各股东的权利,避免股权纠纷现象的出现。这样,才能促进公司治理模式的有效运行,也符合公司自身的实际情况。

②健全董事会治理机制

在进行公司治理的过程中,董事会起着非常重要的作用。首先,其肩负着制定企业政策、决定公司未来发展方向的重要任务。其次,为完成公司的发展目标,必须确定公司的管理层人员,制定合适的公司运行机制,并通过合适的方式选择、激励和监督管理人员。因此,必须健全公司的董事会治理机制。

③在公司章程设计上完善反收购的防御性条款

通过对宝万之争的分析可得出,企业应当采取一些手段来防止恶意收购。由于公司章程在公司依法进行经营管理的过程中发挥着十分重要的作用。因此,可通过在公司章程设计上完善反收购的防御性条款来防止恶意收购。

首先,上市公司可在保障多数股东权利的条件下,在公司章程中加入"毒丸"条款,即当进行恶意收购的收购方持股比例达到某一比例(各公司可依据自身实际制定)时,上市公司将向除收购方以外的股东授予额外的股票期权以自保,借此抬高收购方的收购成本,以防止公司被恶意收购。其次,为防止收购方通过股权优势收购公司,上市公司可在公司章程中对股东大会提议权和董事提名权加以限制。

④实行公司员工持股制度

将公司股份分配给管理层和员工,把他们的利益与公司利益"捆绑"在一起,同时增强他们的归属感和责任感。由此,在面临公司股票被恶意收购时,公司员工不会因贪一时之利而将本公司的股票随意抛售,这对防止恶意收购具有十分重要的作用。此外,实行公司员工持股制度还能够对员工起到激励作用,在增强团队合作能力的同时提高生产积极性。

（2）对中国资本市场建设的影响

宝万之争除了对上市公司治理有所影响外，对中国资本市场的建设也有影响。这主要体现在两个方面。

一是更加注重信息的透明化。市场应建立系统全面和规范的信息披露制度，使交易双方能够畅通无阻，又能诚实有序地与股东进行交流，而不致出现连大股东对董事会的抵御措施漠然无知的情况。

二是加快构建规范的制度框架。构建起规范收购与反收购的系统性制度框架，绝不能因为一人一事，或者领导的一时起兴而随意转变制度规范的方向。

（二）优刻得——双重股权结构下的公司治理

双重股权结构已经有几百年的历史了，只是这种股权结构设计长期以来被认为不利于保护外部投资者的权益，因此受到唾弃。首先，伴随着以互联网技术为标志的第四次工业革命的到来，双重股权结构逐渐受到众多高科技企业的青睐。这主要有两个原因：一是随着互联网技术的成熟，市场信息不对称现象有所改善。二是外部投资者对现金流来源的识别能力和业务模式创新的信息不对称程度加剧，导致外部融资的投融资双方出现逆向选择：一方面，由于创业团队难以说清现金流来源，使得公司获得外部融资的难度增加；另一方面，外部投资者找不到值得投资的项目。其次，因为高科技企业属于技术密集型企业，该类企业的物质资本权重低，估值波动大，易遭到"野蛮人"的入侵。

1. 公司简介

优刻得股份有限公司（简称"优刻得"）成立于2012年3月16日，是中国首批通过国家三级网络安全防护评估的云计算企业之一。从2012年公司成立到2020年登陆科创板，优刻得的发展历程如表4-4所示。

表4-4　优刻得的发展历程

时　间	事　件
2012年3月	优刻得正式成立
2012年7月	优刻得云平台上线运营
2013年5月	华北数据中心开放运营
2013年11月	获DCM、贝塔斯曼的A轮投资
2014年1月	成为首批通过工信部可信云认证的云服务企业
2014年6月	获得君联资本、贝塔斯曼领投，DCM跟投的B轮投资
2014年11月	获工信部IDC/ISP业务牌照
2015年4月	获君联资本领投的C轮投资
2015年5月	国内率先推出全球节点CDN加速服务
2016年4月	与Mirantis合资成立子公司优铭云
2017年3月	确定"CBA"战略，正式推出AI基础服务平台；推出"云汉"解决方案体系
2017年6月	推出安全中立的大数据流通交易平台"安全屋"
2017年12月	完成对优铭云的外资股份收购，优铭云成为全资子公司
2018年3月	与乌兰察布市政府达成战略合作，合力推进大数据、人工智能产业发展
2018年7月	获得中国移动投资公司E轮投资，双方达成战略合作
2018年9月	完成海外15个地区的数据中心布局，全面推进出海战略
2019年5月	与厦门市人民政府达成战略合作
2020年1月	正式登陆科创板，成为中国云计算第一股

　　截至2020年9月30日，优刻得与实际控制人的产权控制关系如图4-3所示。

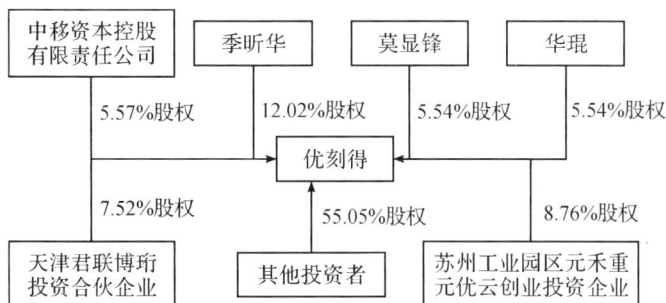

图4-3　优刻得股权结构

其中,季昕华为优刻得的第一大股东,持有优刻得12.02%的股份。

2. 优刻得实行同股不同权的动因

（1）保障创业团队的控制权

根据IDC公布的数据,优刻得在中国市场份额占比4.8%,排名第6位。从2016年开始,优刻得陆续进行了7轮外部融资。2018年10月,中移创新产业基金入股优刻得。此次融资后,创始人团队的持股比例已经不足30%。可见,在经历多轮融资后,创业团队的股权被大大稀释,对公司的控制权下降,话语权降低,很容易在之后的经营管理过程中与其他股东发生冲突,并有可能做出利于大股东、却不利于公司发展和中小股东利益的事情。[①]

通过同股不同权的股权设计,创业团队对公司拥有了实际控制权,不用担心遭到大股东的"绑架",同时也使得市场上的恶意收购威胁不到公司的经营。这种机制很好地保障了公司经营的稳定性,使得创业团队能够专注公司经营。

（2）保障公司的长远发展

优刻得的创始人团队不仅拥有丰富的行业经验,而且掌握了公司发展的核心技术。他们不仅追求个人利益,也追求企业的长期发展,拥有着长远的目光。优刻得的主营业务是"云计算"服务,该项服务非常依靠技术人才的创新思想,严重依赖创始人团队掌握的核心技术和人力资本。因此,保证

---

① 于培友,邵昂珠,李青格.优刻得双重股权结构对公司治理的影响[J].财务与会计,2020(24):30-34.

企业能沿着创始人团队的规划实现长远发展才是最符合公司利益的。

同时,同股不同权的股权结构能够使股东和创业团队之间的专业化分工进一步加深,创业团队专注于业务模式的创新,股东专注于风险分担,从而提高管理效率。

3. 优刻得的同股不同权

(1)基本情况

优刻得2019年第一次临时股东大会于3月17日召开,此次会议表决通过了《关于〈优刻得科技股份有限公司关于设置特别表决权股份的方案〉的议案》(以下简称《议案》),并依据该议案对公司章程进行了修改,设置了特别表决权。此外,该议案还规定除非通过发行人股东大会决议终止特别表决权安排,否则发行人特别表决权设置将持续、长期运行。

同时,依据优刻得的招股说明书和最新的公司章程,公司的实际控制人季昕华、莫显锋和华琨均持有 A 类股,该类股所具有的表决权是 B 类股的 5 倍。因此,3 位实际控制人对公司的管理以及需要在股东大会上通过决议的事项拥有绝对控制权。

(2)同股不同权情况

上市后,优刻得共有 A,B 两种类型的股票,股东具体持股情况如表 4-5 所示。而在 2018 年 5 月,优刻得的共同实际控制人季昕华、莫显锋和华琨共同签署了《一致行动协定》,成为一致行动人。由表 4-5 可知,优刻得上市后,3 人均持有公司 A 类股票,持股比例合计为 26.84%,但所拥有的表决权比例却达到 64.71%。

表4-5 优刻得上市后股东持股情况表

序号	股东 名称	持股种类、股份数 (股)	股权比例 (%)	表决权数量 (票)	表决权比例 (%)
1	季昕华	A 类 50831173	13.96	254155865	33.67

续 表

序号	股东 名称	持股种类、股份数 （股）	股权比例 （％）	表决权数量 （票）	表决权比例 （％）
2	莫显锋	A类 23428536	6.44	117142680	15.52
3	华琨	A类 23428536	6.44	117142680	15.52
4	其他股东	B类 266343919	73.16	266343919	35.29
合计		364032164	100.00	754785144	100.00

（3）对特殊表决权的限制

①依据优刻得新公司章程，当股东对图4-4中的5个事项行使表决权时，每一股A类股的表决权数量等同于B类股。

图4-4　优刻得A类股表决权数量等于B类股的事项

需要注意的是，股东大会在对图4-4中的事项〈2〉进行决议时，应当由出席会议的股东所持表决权的2/3以上通过。但依据《上海证券交易所科创板股票上市规则》有关规定，将相应数量的A类股转换为B类股时，该项约束无效。

②上市后，不得在境内外发行A类股票或增加特别表决权的比例，但同比例的配股和转增资本除外。如果因回购股份或其他原因导致特殊表决权比例增加，公司应同时采取相应的措施将同等数量的A类股转换为B类股，以确保特殊表决权比例不变。

③对 A 类股份的转让增加限制条件：该类股份不能够在二级市场进行交易，但可以依照证券交易所有关规定进行转让。

④依据优刻得新公司章程，当遇到 4 种情形时，A 类股应当按 1∶1 的比例转换成 B 类股。

A. 持有 A 类股份的股东不再符合《上海证券交易科创股票上市规则》及《优刻得科技股份有限公司关于设置特别表决权股份的方案》规定的资格和最低持股要求，或者丧失相应履职能力、离任、死亡。

B. 持有 A 类股份的股东向他人转让持有的 A 类股份，或者将 A 类股份的表决权委托他人行使。

C. 实际持有 A 类股份的股东失去对相关持股主体的实际控制。

D. 公司控制权发生变更。

4. 优刻得给予的启示

（1）创业团队应以真金白银入股

创业团队入股的真金白银可为其做出的错误决策承担责任。例如：优刻得创业团队季昕华、莫显锋及华琨合计直接持有发行人 23.12% 的股份。此举动能够减少股东和经理人之间的代理冲突，便于在两者之间建立合作共赢的关系。

（2）设计日落条款

由于同股不同权的股权设计，在特殊情况下，创业团队的利益可能与公司股东，特别是中小股东的利益不一致，甚至会损害中小股东的利益，因此需要设计日落条款。所谓日落条款，即附有特殊表决权的 A（B）类股份转让退出和转换成为附有普通表决权的 B（A）类股份，以及创业团队权利限制的各种条款的总称。

例如：优刻得季昕华、莫显锋及华琨 3 人通过签订一致行动协议，成为该公司的共同实际控制人。他们持有附有特殊表决权的 A 类股份，3 人持股比例虽只有 23.12%，但拥有 64.71% 的表决权。因此，3 人能够完全控制公司的经营管理以及需要股东大会决议的事项。为防止 3 人滥用表决权而损害公司或其他股东的利益,公司对特殊表决权加以限制。①

三、股权激励与上市公司成长篇(中兴通信的长期股权激励)

1. 公司简介

(1)基本情况

中兴通讯股份有限公司(以下简称"中兴通讯",证券代码:000063)是由深圳市中兴新通信设备有限公司与中国精密机械进出口深圳公司等7家公司于1985年共同发起设立的股份有限公司,于1997年在深圳证券交易所上市,是中国境内比较有名的一家电信设备制造业上市企业。2004年在香港交易及结算所有限公司上市,是中国首家在港交所主板上市的A股企业。其业务范围涉及三大领域:运营商网络(无线网络、有线网络、核心网、电信软件系统与服务和产品解决方案)、政企业务(顶层设计和咨询服务、信息化综合解决方案)和消费者业务(智能手机、移动数据终端、家庭终端、融合创新终端、可穿戴设备)。

中兴通讯不仅在国内市场占有主导地位,在国际市场上也占有一席之地。其电信业务覆盖160多个国家和地区,为全球许多国家和地区的电信服务运营商以及政府和企业客户提供创新的技术和产品解决方案,使全球用户能够享受语音、数据、多媒体、无线宽带、有线宽带等。

据世界知识产权组织统计,2018年中兴通讯申请国际专利2080项,排名世界前五。PCT专利申请量累计超过2.9万件,PCT专利申请量在2011年、2012年和2017年3年均为世界首位。中兴通讯以其卓越的科技实力和研发能力跻身"全球创新企业70强"和"全球ICT企业50强"。2020年,中兴通讯实现营业收入1014.51亿元,较2019年同期增长11.81%,其中国内市场实现营业收入680.51亿元,国际市场实现营业收入334亿元。归属于上市公司普通股股东的净利润42.6亿元。由此可见,中兴通讯发展态势良

---

① 傅穹,卫恒志.表决权差异安排与科创板治理[J].现代法学,2019,41(6):91-103.

好,具有较强的成长能力及广阔的发展前景。

（2）股权结构

截至2021年12月31日,中兴通讯与实际控制人的产权控制关系如图4-5所示。

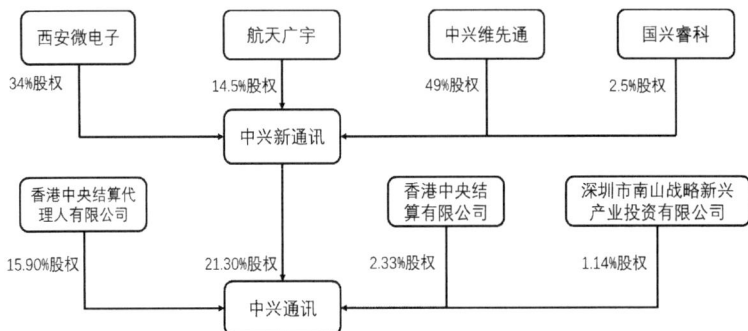

图4-5　中兴通讯股权结构

由图4-5可知,中兴通讯的第一大股东为中兴新通讯,而中兴新通讯由西安微电子、航天广宇、中兴维先通和国兴睿科共同持有。可见,中兴通讯不存在实际控制人。

中兴新通讯在2016年12月之前,仅有三大股东,即西安微电子、航天广宇和中兴维先通,分别持有中兴新通讯34％,17％和49％的股权,同样是共同持有中兴通讯的股权,是中兴通讯的第一大股东。由此也可得出中兴通讯在2016年也不存在实际控制人。

2. 中兴通讯实施股权激励的动因

股权激励是指公司通过向激励对象授予公司股权,并设定一定形式的股权条件,促进公司经营战略的发展,从而使得公司获得更长期的发展。股权激励的基本要素包括激励对象、有效期、期权实施和购买金额等。激励对象一般为公司董事、高管以及业务骨干。

股权激励计划纠正了股东与管理者之间的信息不对称问题,避免了管理者不良行为导致的许多异常结果。该计划使公司股东能够在考虑公司整体利益的情况下做出决策,并继续做出适合公司未来利益的决策。

（1）稳定员工队伍

由于中兴通讯是一家高科技企业,核心技术是其发展的第一生产力,核心技术人员是其生产力与创新能力的根本。因此,人才是中兴通讯最重要的资源。这些核心技术人员一般具有高流动性的特点,且他们创造的价值一般难以衡量,致使他们的绩效计算并不准确。为留住这些人才,股权激励是一种很好的办法。首先,让核心技术人员持有公司股份,能够有效调动其工作的积极性和创造性。其次,股权激励的效果具有长期性,能够在一定程度上缓解核心技术人员绩效计算不准确的问题。最后,股权激励能够稳定员工队伍,保障企业科研水平的不断进步。[①]

（2）促进长远发展

企业是以营利为目的的组织,一切经营决策的最终目的都是提高公司的业绩和获取利润。依据委托代理理论,在进行经营决策时,代理人为追求自身利益最大化,可能做出不利于企业长期发展的决策。股权激励计划能够有效地解决这一问题,让经营者持有公司股权,将经营者的自身利益与公司利益紧密联系在一起,减少了经营者与股东之间的矛盾,从而促进了公司的长远发展。

3. 中兴通讯股权激励计划

截至2021年3月,中兴通讯现已实施股权激励计划4期,实施时间分别为2007年、2013年、2017年及2020年。中国于2005年正式开始实施股权分置改革,强调上市公司流通股由市场定价,公司价值交由市场衡量,这是一种不易操纵且相对公平的机制。不久后,国家正式修订《中华人民共和国证券法》,在很大程度上完善了证券市场的法律法规。2006年国家又颁布《上市公司股权激励管理办法》,进一步完善了上市公司治理结构,促进了企业规范运作和可持续发展,为股权期权策略提供了相应的法律保障,也拉开了上市公司股权激励的序幕。

---

① 何瑛,舒文琼."天子"与"庶民"的狂欢——中兴通讯股权激励案评析[J].财务与会计,2015(13):
34-37.

2006年，中兴通讯开始逐步改变公司治理模式，并在上述时代背景下实施了第一期股权激励计划。

第一期股权激励计划设计人数总计3435人，其中董事和高级管理人员21人，关键岗位员工3414人。2007—2009年，中兴通讯股权解锁条件全部达成。因此，中兴通讯第一期股权激励于2012年12月21日解锁完成，第一期股权激励全部行权。

第一期股权激励计划的亮点：①激励对象覆盖面广，规模较大。②预留部分股权的安排提高了激励计划的价值和吸引力。③解锁比例逐年提高，并以股权激励代替部分奖金，大大提高了员工的积极性。受第一期股权激励计划影响，中兴通讯2006—2010年的营业收入和利润均有大幅增长。

中兴通讯2012年首次出现巨额亏损，股价创历史新低，关键岗位人员流失率有所增加。与此同时，电信设备市场迎来了4G建设机遇，智能手机和企业网络市场也面临着重要的时间窗口，中兴通讯希望能抓住这一机遇，激活内部活力，这需要大量的人才。因此，中兴通讯急需采取一些措施来维持并吸引人才。在这样的时代背景下，中兴通讯开始了第二期股权激励计划。

2013年7月23日，中兴通讯公布了第二期股权激励计划草案。第二期股权激励计划设计人数总计1531人，其中董事和高级管理人员18人、以市场和研发骨干为主的核心岗位员工1513人。2013年8月27日，将激励总人数调整为1528人，总股本调整为10298.9万份。

通过比较，第二期股权激励计划的激励范围要小于第一期股权激励计划，其将激励对象锁定在以市场和研发骨干为主的核心岗位，符合中兴通讯自身和行业属性，有利于留住人才、激发技术创新。

在行权期的3年内，中兴通讯的具体业绩指标如表4-6所示。

表4-6 2014—2016年中兴通讯业绩指标[1]

（％）

年份	加权净资产收益率	考核条件	净利润增长率	考核条件
2014	11.1	≥6	90.27	≥20
2015	12.28	≥8	37.12	≥20
2016	−8.4	≥10	−137.64	≥44

由表4-6可知,2014年和2015年满足行权条件,但2016年未满足行权条件,并且该年归属于上市公司股东的净利润为−23.57亿元,要小于授予日前3年的平均水平8.23亿元。可见,中兴通讯3个指标均不达标,因此未能在2016年行权,主要是受到了中兴通讯被"禁采购",罚款8.92亿美元的影响。该事件使得中兴通讯净利润大幅下降,若剔除这一计提损失,其归属于普通股股东的净利润将为38.30亿元,同比增长19.20%。

第二期股权激励计划的亮点:①以针对性较强、激励力度大、关注核心人才为主。②个人和公司整体绩效的"双考核"机制改善了行权条件。③注重基层员工的激励,提高在岗3年以上员工的工资。

到2017年3月31日,中兴通讯第二期股权激励计划成功走过两个行权期,第三个行权期正在进行中,已行权6798.60万股,注销4439.23万股。第二期股权激励计划的实施,使得2013—2016年期间收入增长34.50%,利润增长182.00%。

2016年中兴通讯的业绩被低估,主要是因为美国的出口管制政策,而被处以8.92亿美元的罚款。因此,其收入较2015年略有下降,但整体表现还是稳定、不断增长和可持续的。2010—2016年,中兴通讯连续7年跻身全球PCT应用前3名,其投入巨资的技术积累也迎来变现期,并进行了人员调整。在这样的背景下,中兴通讯进行了第三期的股权激励计划。

第三期股权激励计划设计人数总计2013人,其中董事和高级管理人员

---

① 数据来源:中兴通讯公司公告。

11人,以市场和研发骨干为主的核心岗位员工2002人。2017年7月7日,中兴通讯对激励总人数和总股本进行调整,前者上限调整为1996人,后者上限调整为14960.12万份。在第一个行权期开始行权前,中兴通讯再次对两者进行调整,其中激励人数调整为1687人,总股本调整为11911.56万份。2021年6月30日,在第三个行权期开始行权前,中兴通讯第三次做出调整,最终使得激励对象调整为1583人;其中10名激励对象因个人原因不符合第三个行权期的行权条件,使得可行权激励对象人数再调整为1573名,第三个行权期的可行权股票期权数量由3972.65万份调整至3728.91万份。

在行权期的3年内,中兴通讯的具体业绩指标完成情况如表4-7所示。

表4-7　2017—2019年中兴通讯业绩指标[1]

（％）

年份	加权净资产收益率	考核条件	净利润增长率	考核条件
2017	15.74	≥10	293.17	≥10
2018	−26.1	≥10	−282.59	≥20
2019	19.96	≥10	34.59	≥30

第三期股权激励计划的亮点:①以2016年扣除美国处罚损失前的净利润为基数,即38.25亿元。②与第二期相比,激励对象范围有所扩大,研发、销售等核心人员占比达到97.84％。[2]

2020年是5G网络建设和产业应用快速发展的时期,这为中兴通讯打造了一扇腾飞的"黄金窗口"。2020年前,中兴通讯就已做好了准备,截至2020年2月,其5G战略全球专利布局超过5000件,全球专利申请超过76000件,已授权专利超过36000件,向全球标准组织提交了7000+5GNR/5GC提案。在这样的背景下,中兴通讯开始了第四期股权激励计划。

第四期股权激励计划设计人数总计6124人,其中董事和高级管理人员

---

① 数据来源:中兴通讯公司公告

② 陈彤.股权激励实施效果影响因素研究[D].厦门:厦门大学,2018.

52人,以市场和研发骨干为主的核心岗位员工6072人。2020年11月7日,中兴通讯将首次授予的激励对象人数调整为6123人;股票期权授予总数上限由16349.20万份调整为16347.20万份,其中,首次授予的股票期权数量由15849.20万份调整为15847.20万份,约占公司总股本的3.44%,预留授予的股票期权总数仍为500万份,约占公司总股本的0.11%。

第四期股权激励计划的亮点:①以归属于上市公司普通股股东的净利润作为公司业绩考核指标,不同于前3期;②与前3期相比,激励对象的覆盖面大幅提升,扩增幅度超过200%;研发、销售等核心人员占比达到99.15%。这对于在5G商业建设的关键发展时期留住骨干员工、激活公司内在活力、保持公司的稳定经营和发展将起到重要作用,能够实现公司未来的长期健康发展,为公司和股东创造更高的价值。

4. 中兴通讯股权激励计划实施效果

中兴通讯共实施了4期股权激励,其草案发布时间至有效期结束的时间段如图4-6所示。

图4-6　中兴通讯4期股权激励计划时间段

由于第二期、第三期和第四期激励计划存在业绩要求的年份正好相接,因此将三期的激励情况合并表述。

(1)财务业绩分析

为了分析股权激励前后业绩的整体变化,选取2005—2020年的数据指标进行分析,选择的指标为营业收入、净利润、每股收益和净资产收益率。中兴通讯2005—2020年的总体业绩统计如表4-8所示。

表4-8　中兴通讯2005—2020年的总体业绩统计表①

年份	营业收入（亿元）	净利润（亿元）	每股收益（元）	净资产收益率（%）
2005	215.76	13.43	1.20	11.80
2006	230.32	9.44	0.80	7.56
2007	347.77	14.51	1.30	10.32
2008	442.93	19.12	1.24	11.65
2009	602.73	26.96	1.40	14.61
2010	702.64	34.76	1.17	14.07
2011	862.54	22.43	0.61	8.50
2012	842.19	−26.05	−0.83	−13.21
2013	752.34	14.34	0.39	6.03
2014	814.71	27.28	0.77	10.59
2015	1001.86	37.40	0.78	8.23
2016	1012.33	−14.08	−0.57	−6.60
2017	1088.15	53.86	1.09	11.15
2018	855.13	−69.49	−1.67	−23.96
2019	907.37	57.77	1.22	14.67
2020	1014.51	47.22	0.92	9.84

在第一期股权激励计划有效期内,营业收入整体上升,但是另外3个指标2010—2012年出现下降的情况。由此可见,股权激励的解锁条件只有加权平均资产收益率并不够。此外,第一期股权激励计划5年的激励期只对2007年至2009年的3年有业绩要求。因此这3年的业绩较好,但之后的两年,激励效果降低,使得公司业绩下降。

2012年的中兴通讯出现了上市以来的首次亏损。在此背景下,实行了第二期股权激励计划,希望扭转亏损的局面,考核指标有个人KPI、ROE和归属于上市公司股东的净利润增长率。与第一期一样,营业收入整体上升,在有业绩要求的3年内,前两年所有指标均表现良好,但2016年受到美国"禁购"影响,计提了8.92亿美元损失,使得该年净利润和各项盈利指标均为负值,不满足行权条件,未能行权。

2017年,为了消除被美国处罚的负面影响,中兴通讯开启了第三期股权激励计划。同样5年有效期,有3年有业绩要求,但在2018年因受到美国制裁,支付了高达10亿美元的美国罚款,各项指标大幅下降,最终未满足行权条件而未能行权。紧接着2020年实施了第四期股权激励计划,有4年有效期,3年有业绩要求。

从第一期股权激励计划来看,其对短期业绩的激励效果明显,但对长期业绩的激励效果不佳。之后3次由于受到行业低迷、美国惩罚事件等客观事件的影响,再加上各计划实施间隔较短,并不能判断长期的激励效果。

(2)创新能力分析

由于中兴通讯是一家高科技企业,创新能力也是判断其市场竞争力的一部分。

①创新激发能力

技术是高科技企业发展的第一生产力,特别是近年来高科技企业不断受到全球化遏制,技术更成为中国企业的生长关键,而企业的技术来源于核心岗位人才。企业要想提高自身创新激发能力,就必须增加研发投入。

所谓研发投入,指在产品、技术、材料、工艺和标准的研发过程中,为增强企业自主创新能力、增强企业核心竞争力而发生的各项费用。它具有高风险、高收益和滞后收益的特点。因此,研发投入较其他资产的投入更易产生代理问题。而通过股权激励能够降低代理成本,使管理者关注企业的长期发展,从而将更多的资金投入研发,[①]如表4-9所示。

---

① 孟佳仪,孙金燕.国有企业混合所有制改革的若干思考——以格力电器为例[J].科技创新与生产力,2020(8):10-12+15.

表4-9　中兴通讯研发投入与人力投入统计表①

年份	研发投入			人力投入			
	研发投入金额（百万元）	研发投入占营业收入比例（%）	同比增长（%）	研发人员数（人）	研发人员数量占比（%）	硕博学历人数（人）	硕博士数量占比（%）
2006	828.97	3.78	-	13600	34.64	9342	23.79
2007	1066.60	3.25	28.67	16940	35.10	11163	23.13
2008	3994.15	9.02	274.47	20750	33.82	14557	23.73
2009	5781.58	9.59	44.75	23544	33.47	18589	26.43
2010	7091.97	10.14	22.66	27941	32.78	22996	26.98
2011	8492.62	9.85	19.75	30187	33.62	24642	27.45
2012	8829.19	10.48	3.96	29764	37.96	24442	31.18
2013	7383.89	9.81	-16.37	25874	37.45	20792	30.09
2014	9008.54	11.06	22.00	27101	35.84	21036	27.82
2015	12200.54	12.18	35.43	31703	37.46	24147	28.54
2016	12762.06	12.61	4.60	30086	36.93	22830	28.02
2017	12962.25	11.91	1.57	28942	38.71	23319	31.19
2018	10905.58	12.75	-15.87	25969	38.10	21954	32.17
2019	12547.90	13.83	15.06	28301	40.39	23615	33.70
2020	14797.03	14.59	17.92	31747	43.07	26186	35.53

　　由表4-9可知,在实行股权激励计划之前,企业的研发投入和人力投入都比较少。

　　企业的研发投入在第一期激励计划实施后逐渐增加,直至2013年有所下降,但是随着第二期激励计划的实施,研发资金的投入重新呈现出上涨趋势。2018年由于受到美国制裁和全球市场低迷的影响,投入金额较2017年有所下降,但还是维持在较高水平。

---

① 数据来源：中兴通讯2006—2020年年报整理。

从人力投入的角度看,实施股权激励后,吸引并留住了许多研发人员和高学历人才,2008年研发人员突破2万人,2011年突破3万人,2019年研发人员占企业总人数突破40%。高学历人才整体呈现出增长趋势。2012—2013年,为第一期激励计划激励失效期,企业面临人才流失问题;随着第二期激励计划的实施,人才重新被吸引回企业。

股权激励计划将董事、高管和核心人才的利益与企业利益绑在一起,使得高管更注重企业的长远发展,重视技术创新,才会不断地加大人力和研发投入。

②创新实现能力

专利是研发投入和人力投入所产生的创新成果。专利主要有4种类型:发明授权、发明公布、实用新型和外观设计。本节从企业每年专利发布数量角度判断企业的创新实现能力。

由表4-10可知,中兴通讯第一次股权激励后,2007—2011年每年专利发布数整体呈现上升趋势,但在2011年之后的两年每年专利发布数骤降。在第二期激励计划实施后,专利发布数量开始回升。这表明每年的研发投入与人力投入均较好地转变成创新成果,股权激励计划对企业的创新产出具有积极作用,但是这种作用时效并不长久。

表4-10 中兴通讯2006—2020年专利发布数量表[1]

年份	专利发布数(项)				
	发明公布	发明授权	实用新型	外观设计	合计
2006	695	240	90	31	1056
2007	2090	286	226	34	2636
2008	5522	571	334	32	6459
2009	3336	1336	238	52	4962
2010	4637	1968	265	318	7188

---

[1] 数据来源:企查查官网。

续　表

年份	专利发布数（项）				
	发明公布	发明授权	实用新型	外观设计	合计
2011	4613	2630	286	167	7696
2012	3801	2268	179	104	6352
2013	2774	1275	159	47	4255
2014	2162	1822	123	109	4216
2015	1956	1968	156	150	4230
2016	3387	1581	152	119	5239
2017	4327	1604	106	73	6110
2018	3454	1748	52	75	5329
2019	2039	1419	44	74	3576
2020	1689	1345	32	27	3093

（3）小结

通过以上分析可知，中兴通讯股权激励计划短期激励效果明显，但是长期激励效果不佳。其主要原因有以下几个。

①激励计划有效期短

前三期激励计划的有效期均为5年，存在业绩要求的年限均为3年；第四期的有效期为4年，有业绩要求的年限也为3年。在有业绩要求的年限内，只要达到了指定要求，在剩下的时间里员工不用卖力工作即可坐享收益。这在之前股权激励计划实施效果的分析中可得到充分体现。中兴通讯第一期股权激励计划实施期间，2007—2010年企业整体表现良好，但在2010—2012年，企业业绩大幅下降，核心岗位员工离职人数增加。这一现象就充分体现了中兴通讯股权激励计划有效期短的问题。

因此，中兴通讯要想使得股权激励计划的长期激励效果明显，可通过将相近的两期激励计划在时点安排上紧密连接，就比如中兴通讯第二期至第四期股权激励计划的实施时间安排。这样可以使员工始终保持着工作热情，高管持续关注企业创新投入，保障企业长远发展。

②行权设计不完善

首先，行权条件宽松。主要表现为公司业绩考核指标单一和个人考核指标设计不严谨。中兴通讯第一期股权激励计划仅对净资产收益率这一指标提出了要求；第二期和第三期股权激励计划增加了对净利润的要求，但绩效指标设置仍然过于单一；第四期股权激励计划仅对净利润提出了要求。净资产收益率只能反映企业利用净资产获利的能力，并且净资产和净利润都可以被操纵，这使得高管可能会通过操纵财务指标从中获利。中兴通讯对个人考核仅要求合格即可，激励对象的考核压力较小，因此激励和约束效果不佳。

其次，前两期股权激励计划的行权价格偏低。行权价格的设计应当适中，过低会使得股权激励等同于福利，过高会使得股权激励失效。中兴通讯的前两期行权价格的标准均为激励计划草案公布前一个交易日公司 A 股收盘价，这个价格可以被操纵。第二期激励计划的另一个标准为激励计划公布前 30 个交易日内公司 A 股平均收盘价，当公司受到一些客观或者主观事件的短期影响时，该价格可能会低于或者高于其平时价格，致使行权价格不合理。当股权激励等同于福利时，高管可能为了自身利益，做出不利于中兴通讯长期发展的举措。之后第三、第四期的股权激励计划的行权价格设计比较合理。

最后，激励对象范围设计不合理。中兴通讯 4 期的股权激励计划均不包括独立非执行董事、监事、单独或合计持股 5% 以上的主要股东或实际控制人及其配偶、父母、子女。股权激励是为了消除股东与企业高管之间的代理问题，使企业经营者的切身利益与公司的利益和风险息息相关，从而避免代理人短视问题。而忽视对核心高管的激励，可能会影响企业的长期发展。同时，中兴通讯只根据职级来确定激励目标，这会挫伤没有获得股权激励的员工的工作积极性。此外，根据中国法律法规，外籍员工不得参与股权激励计划，而中兴通讯外籍员工比例相对较高，这在一定程度上影响了其股权激励的效果。

综上，股权激励的设计非常重要。一个完善的股权激励计划需要具备完善的行权条件、合适的激励对象和合适的行权价格。好的股权激励计划可以帮助企业提高财务业绩和创新能力，从而提高企业的成长性。

四、信用违约篇

(一)亿阳集团债券兑付失败后导致的信用违约

1. 公司简介

亿阳集团股份有限公司(以下简称"亿阳集团")是一家民营企业，位于黑龙江省哈尔滨市，成立于1994年，于2000年在上海证券交易所上市(证券代码:600289)。公司主营业务为商品贸易和IT应用服务，主要业务领域为交通、投资、电信、能源。其董事长为邓伟。

由表4-11可知，亿阳集团的第一大股东为黑龙江省新北方浆纸贸易有限公司，持股比例为49%。而依据企查查官网所获得的信息，集团的最终受益人为邓伟和逄守江——黑龙江省新北方浆纸贸易有限公司法定代表人，其中邓伟持股比例为47.0212%，等于其最终受益股份，逄守江持股比例为0.1140%，最终受益股份却有29.5140%。

表4-11　亿阳集团股东持股比例及最终受益股份表[①]

(%)

发起人及出资信息	持股比例	最终受益股份
黑龙江省新北方浆纸贸易有限公司	49.0000	49.0000
邓伟	47.0212	47.0212
张小红	0.8798	0.8798
黄翊	0.7650	0.7650
冯惠杰	0.3060	0.3060
郑德刚	0.3060	0.3060

① 数据来源:企查查官网。

续表

发起人及出资信息	持股比例	最终受益股份
常学群	0.2132	0.2132
逄守江	0.1140	29.5140
其他	1.3900	1.3949

2. 违约事件回顾

（1）债券违约过程

2017年5月，亿阳集团的实际控制人、董事长邓伟因涉嫌行贿被带走调查；6月30日，亿阳集团发布相关公告。自此，亿阳集团陷入了债务危机。

2017年10月，由于与大同证券就5700万元本金债务的转让发生纠纷，公司持有的上市子公司亿阳信通的全部股份被司法机关冻结，4期公债暂停交易。

11月1日，相关法院发起对亿阳集团持有亿阳信通股票6轮轮候冻结，且其子公司亿阳信通资金账户被冻结。

11月8日，亿阳集团4期公债召开债券持有人大会，其中16亿阳01，16亿阳03通过了未提供有效担保的情况下提前到期债券、提前到期未偿付则启动加速清偿程序的提案，同时16亿阳03通过了交叉违约条款，16亿阳04，16亿阳05未通过交叉违约、提前到期及加速清偿议案。由于公司未提供有效担保，16亿阳01，16亿阳03持有人要求提前回售，启动加速清偿程序。

12月18日，亿阳集团发布公告称，公司提出了"五步走"的重组方案：首先解决上市公司*ST信通的债务和非法担保问题，然后启动约60亿元的"债转股"计划，以兑付约50亿元的剩余债务。

债券兑付前夕，16亿阳01的受托人中山证券股份有限公司发布风险警示，称亿阳集团尚未披露重组进度和计划。

2018年1月26日，亿阳集团发生债券违约。同日，其公告称公司未能如期支付16亿阳01本息及相关费用共计2.24亿元，构成实质性违约。之后，16亿阳01，16亿阳03于1月27日、2月28日相继违约。

由于该事件的发生，亿阳集团的主体信用评级在2017年年内进行了多次变化，并最终由2017年年初的A调低至2017年末的CC。

（2）债券违约情况

亿阳集团累计发行债券10只，其中存续债券6只，6只债券均在2018年违约，如表4-12所示。

表4-12　亿阳集团债券违约情况①

债券简称	发行日期	债券期限	债券类别	首次违约日	最新状态
16亿阳07	2016/9/12	3年	私募债	2018/9/12	实质违约
16亿阳06	2016/9/12	3年	私募债	2018/9/10	实质违约
16亿阳05	2016/7/8	669日	一般公司债	2018/7/3	实质违约
16亿阳04	2016/4/20	750日	一般公司债	2018/4/17	实质违约
16亿阳03	2016/3/2	624日	一般公司债	2018/2/28	实质违约
16亿阳01	2016/1/26	657日	一般公司债	2018/1/27	实质违约

3. 违约成因分析

通过中诚信研究院评级与债券部对亿阳集团此次事件研究发现，其发生违约的因素有三方面。

（1）公司盈利缺乏持续性

商业贸易业务是亿阳集团的主要收入来源，占90%以上，但是该项业务的利润相对于其他业务较薄。通过2017年半年报可知，公司主营业务利润率仅4.6%，较2016年大幅下降。由此可见，通过商业贸易业务获得的收入存在不稳定性，一定程度上影响了公司的资本实力。

此外，公司的营业成本一直高于营业收入。该情况下，通过出售长期股权投资和金融资产变现获得的投资收益成为公司营业利润的主要来源，但

---

① 资料来源：Wind，华创证券。

缺乏持续性。这主要是因为公司长期股权投资与主营业务相关性不大,无法有效与主营业务形成协同效应,促进公司业务的进一步增长。

（2）公司可能存在资金占用

由亿阳集团2015年和2016年的年报可知,这两年公司其他应收款占总资产比例较高,且一直保持高位。并且年报中披露,其他应收款主要为往来款。查看其他应收账款账龄发现,3年以上的其他应收账款占比超过10%,这说明公司可能存在资金占用问题。

（3）质押比例较高,股票被冻结,公司融资受限

在亿阳集团可变现资产中,较高比例的资产被用以质押,以取得贷款,其中具有较高流动性的亿阳信通股票的质押比例高达99.98%。在亿阳集团子公司、合营联营、参股公司均有股权被法院轮候冻结,资管计划逾期、债务纠纷等负面影响下,公司融资受到影响。

4. 思考与启示

首先,民营企业的实际控制人影响着公司的日常经营、投融资等许多方面。实际控制人的风险将直接导致资金链断裂、经营困难等一系列情况。一旦实际控制人发生事故,特别是发生违法违规等事件,公司将面临业务停滞、融资渠道变窄、资金链紧张、债务违约等情况。

其次,从短期来看,投资者保护条款可能造成债券提前偿还并集中到期,增加了发行人的履约压力。随着投资者保护机制的逐步完善,很多新发行的债券配备了交叉保护条款,特别是对于资质较差的发行人所发行的债券。从长远来看,这些条款设置可以降低发行人在公司治理、资产转让等方面的道德风险,并保护投资者不因尚未到期的债券而处于较低的索偿地位。

（二）永泰能源短期融资券取消后导致的信用违约

1. 公司简介

永泰能源有限公司（以下简称"永泰能源"）是一家综合性能源企业,主要经营电力业务和煤炭业务。此外还涉足石化工贸、管理咨询、投资基金、

金融、医疗、物流、新能源等领域。业务遍及全国多个省份，并在积极开拓海外市场。其曾获"山西省资本市场先进单位""山西上市公司金翼奖"等荣誉称号。

2017年，永泰能源的实际控制人及董事长为王广西。他持有永泰科技投资有限公司100%股权；同时，永泰科技持有永泰集团96.97%股权，永泰集团持有永泰能源32.41%股权。最终，王广西间接实现了对永泰能源的控制。截至2017年底，永泰能源因合并公司规模扩大，下辖9家子公司、96家孙公司。

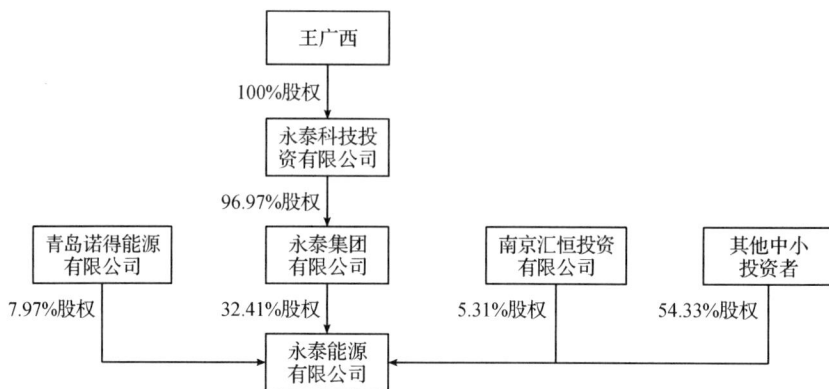

图4-7　永泰能源股权结构

2. 违约事件回顾

（1）债券违约过程

2011年，永泰能源首次发行债券，发行金额为5亿元，随后两年债券发行相对缓慢。不过，自2014年以来，永泰能源迅速扩大了债券发行次数和募集金额。截至2017年，永泰能源已发行13只债券，涉及金额高达111亿元，为其后续违约埋下了隐患。

2017年12月，永泰能源陆续遭到银行抽贷，金额达到80亿元。公司的13永泰在2018年5月连续下跌17个交易日，并且在5月24日大跌18.86%，价格由初始面值100元跌至72元。5月25日，公司发布公告称，由于控股股东股权质押比例高达99.92%，因此可能发生实际控制人变更。7月5日，公司于7月3日声称为偿还同日到期的2017年第四期短期融资券而准备发布的2018年第四期短期融资券取消发行,此次事件直接导致公司到期债券的重大违约。

次日,公司主体信用评级由AA+调低至CC。由于债券相继违约带来的巨大影响,主体信用评级最终于2018年10月23日调低至C。

(2)债券违约情况

①其他违约

通过表4-13可知,永泰能源债券除触发交叉违约这一类型外,还存在本息违约、利息违约、担保违约和展期4种,其债券数量分别为18只、2只、2只和3只。

表4-13　永泰能源债券违约情况①

违约日期	债券简称	债券类型	违约事项类型
2018/7/5	17永泰能源CP004	短期融资券	本息违约
2018/7/30	17永泰能源MTN001	中期票据	本息违约
2018/7/30	17永泰能源MTN002	中期票据	本息违约
2018/8/1	17永泰能源CP005	短期融资券	本息违约
2018/8/1	17永泰能源CP006	短期融资券	本息违约
2018/8/1	17永泰能源CP007	短期融资券	本息违约
2018/8/1	18永泰能源CP002	短期融资券	本息违约
2018/8/1	18永泰能源CP003	短期融资券	本息违约
2018/8/6	13永泰债	公司债	本息违约
2018/10/22	15永泰能源MTN001	中期票据	本息违约
2018/11/16	17永泰能源MTN001	中期票据	利息违约
2018/11/27	15永泰能源MTN002	中期票据	本息违约
2018/12/24	17永泰能源PPN003	非公开定向债务融资工具	利息违约

---

① 资料来源:Wind,永泰能源公司公告。

续　表

违约日期	债券简称	债券类型	违约事项类型
2019/1/22	18永泰能源CP001	短期融资券	本息违约
2019/3/19	18永泰能源CP002	短期融资券	本息违约
2019/4/1	16永泰01	公司债	展期
2019/4/4	18永泰能源MTN001	中期票据	本息违约
2019/4/8	18永泰能源MTN001	中期票据	担保违约
2019/4/26	18永泰能源CP003	短期融资券	本息违约
2019/5/20	16永泰02	公司债	展期
2019/6/28	16永泰03	公司债	展期
2019/9/29	17永泰能源PPN001	非公开定向债务融资工具	担保违约
2019/11/18	17永泰能源MTN001	中期票据	本息违约
2019/11/27	15永泰能源MTN002	中期票据	本息违约
2019/12/6	17永泰能源MTN001	中期票据	本息违约

②触发交叉违约条款

由于永泰能源"17永泰能源CP004"重大债券违约，触发了13只债券的"交叉保护条款"，导致一系列债券违约，如表4-14所示。

表4-14　永泰能源交叉违约汇总[①]

时间	债券简称	违约事项类型	发行规模（亿元）
2018/7/5	17永泰能源CP005	触发交叉违约	10
	17永泰能源CP006		8
	17永泰能源CP007		10
	17永泰能源MTN001		10
	17永泰能源MTN002		10

---

① 资料来源：永泰能源公司公告。

续表

时间	债券简称	违约事项类型	发行规模（亿元）
2018/7/5	17 永泰能源 PPN001	触发交叉违约	3.5
	17 永泰能源 PPN002		1.8
	17 永泰能源 PPN003		10
	18 永泰能源 CP001		10
	18 永泰能源 CP002		10
	18 永泰能源 CP003		10
	18 永泰能源 MTN001		5
	18 永泰能源 PPN001		1

③后续处理

永泰能源违约事件发生后，受到多方关注，公司快速开始了债务处置。成立债券委员会，争取银行和政府支持，同时与债权人进行沟通，通过协商获取债券展期；通过高管项目增持，增强市场信心，从而维持公司运营；实际控制人王广西回归台前，稳定工作；制定出售涉及8个项目，初始投资总额为238亿元的非核心资产计划，资产处理所得收入用以偿还债务。

3. 违约成因分析

永泰能源违约事件的发生受到多方面的影响，包括外部原因和内部原因。从外部原因来看，2014 年，供给侧结构性改革被提上日程，经济持续低迷，尤其进入 2018 年，经济下行压力加大。同时，煤炭行业属于一个产能过剩的行业，存在负债规模大、资产负债率高的特点。与此同时，中国的信用评级并不准确，存在虚高的现象。随着 2017 年金融监管的不断加强，并于 2018 年发布资管新规，公司的各种融资渠道受到影响。从内部原因来看，公司财务、投融资和战略管理等都是导致永泰能源违约的原因。[①]

---

① 白继飞.永泰能源债券违约原因及经济后果研究[D].南昌：华东交通大学，2020.

（1）战略管理分析

①盲目多元化扩张

2013年以前，永泰能源是一家以煤炭为单一业务的企业。之后，受到经济结构调整的影响，中国经济增速下降，重污染行业（包括煤炭）的景气度下降，于是永泰能源于2013年为了改变原来的单一业务结构，增强企业盈利能力，走上了转型之路。

2014年，永泰能源调整发展战略，将"能源、物流、投资"作为转型目标，其中能源方面是指煤炭、电力和油气。2015年，新增的电力业务刚开始盈利，公司便加快推进物流建设并扩大投资，投资方向在原来的物联网及页岩气项目基础上增加了医疗、基金、保险等。2017年，公司将煤炭、电力以及石化确定为三大核心产业，希望成为综合能源供应商。

仅用了四五年的时间，永泰能源即从一个单一的煤炭企业转型成为一个业务范围包括煤炭、电力、医疗、物流、石化、基金保险等多领域的综合能源企业。在这期间，永泰能源成功收购了14家公司的股权，其资产总额7年来扩大了近7倍。但是，从主营业务看，除电力产业带来了不错的收益外，其他产业并未带来高回报。

综上可知，寻求多元化发展能够改变单一的业务模式，增强企业的盈利能力，但是不能进行盲目的多元化扩张，向并不熟悉的领域扩张，并不能获得优势。永泰能源就是因为扩张的领域过多，且新开展的业务与主营业务不存在协同效应，增加了其管理难度和管理成本，最终陷入资金不足的困境。

②投资激进

如表4-15所示，2015—2018年，永泰能源的股权投资项目平均每年为14个，在2016年更是达到25个，金额为214.08亿元。然而2015—2018年每年的净利润都不超过10亿元，远不能满足公司的投资需求。在建工程自2016年开始扩大，其原因是主要大客户晋中晋煤煤炭销售有限公司流失，电网河南、江苏省电力公司成为新的大客户。因此，在建工程主要是电力基础设施。

表4-15　2015—2018年永泰能源投资项目[1]

项目名称	2015 年		2016 年		2017 年		2018 年	
	数量（个）	金额（亿元）	数量（个）	金额（亿元）	数量（个）	金额（亿元）	数量（个）	金额（亿元）
股权投资	11	85.39	25	214.08	17	157.46	4	3.93
在建工程投资	0	0	4	66.25	4	45.67	5	24.45
同年净利润	9.84		7.65		8.67		1.59	

　　除了电力和煤炭，永泰能源投资还涉及其他多个领域，业务板块扩展迅速，然而其运营获得的利润并不能满足其投资所需资金，这也为其违约埋下了隐患。

　　（2）再融资分析

　　①股权质押比例过高

　　永泰能源的股权质押比例一直保持在较高的水平。在违约前，一直保持在60%以上。违约时的股权质押比例为60.96%，金额为126亿元。依据2017年年报，永泰能源前五大股东合计持有公司58.97%的股份，他们几乎质押了所有的股权，如表4-16所示。高比例的质押从侧面反映了公司资金紧张，也限制了公司再融资能力，若出现债券的集中兑付或大额兑付，违约风险相对较高。

表4-16　永泰能源股东股权质押情况[2]

股东名称	持股比例（%）	持股数量（万股）	质押股份数量（万股）	质押比例（%）
永泰集团有限公司	32.41	402729.24	401665.50	99.92
青岛诺德能源有限公司	7.97	98984.77	98983.85	100
西藏泰能股权投资管理有限公司	7.97	98984.77	92857.50	100

---

① 数据来源：永泰能源2015—2018年年报。

② 数据来源：永泰能源2017年年报。

股东名称	持股比例（%）	持股数量（万股）	质押股份数量（万股）	质押比例（%）
襄垣县襄银投资合伙企业	5.31	65,989.85	62,928.43	100
南京汇恒投资有限公司	5.31	65,989.85	65,989.85	99.41
合计	55.19	685,772.07	685,138.16	99.91

②定向增发受限

Wind数据显示，永泰能源自上市以来筹资1228.53亿元，其中222.4亿元是通过定向增发筹集的。定向增发已成为永泰能源的重要资金来源之一，募集的资金主要用于公司扩张和流动性补偿。自2010年以来，除2013年外，公司几乎每年都会进行一次定向增发。然而，2017年，中国证监会发布了《关于修改〈上市公司非公开发行股票实施细则〉的决定》，新细则规定：第一，上市公司申请非公开发行股份，必须保证发行的股份总数占股本总额的比例不超过20%。第二，本次发行的董事会决议日与上次募集资金到位日原则上应当至少有一年半的时间。第三，非金融企业在申请再融资时，不能在最近一期期末持有可供出售的大型长期金融资产、委托理财等财务性投资情况。这些新规定使得永泰能源的定向增发受限。

（3）财务分析

①盈利能力

盈利能力与企业利润呈正相关。企业利润是偿还债务的资金来源，因此，企业盈利能力越好，企业偿债就越有保障，发生债券违约的可能性就越低。

如表4-17所示，永泰能源2013—2018年的净资产收益率、销售净利率、营业利润率、成本费用率自2015年开始持续下降，而财务费用逐年增长，表明永泰能源自2015年开始盈利能力不断下降，这使得公司更加需要外部融资。然而，更多的债务会造成更多的财务费用，由此公司陷入恶性循环。

表4-17　2013—2018年永泰能源盈利能力相关指标[1]

指　　标	2013年	2014年	2015年	2016年	2017年	2018年
财务费用(亿元)	14.13	22.9	28.92	33.18	36.14	44.63
净资产收益率(%)	4.85	4.07	2.95	2.83	2.47	0.27
销售净利率(%)	6.38	6.12	9.13	5.59	3.87	0.71
营业利润率(%)	8.93	5.28	9.43	6.48	5.09	2.90
成本费用率(%)	10.17	8.43	13.04	8.46	5.34	2.78

②偿债能力

偿债能力可分为短期与长期。短期偿债能力主要看流动比率、速动比率、现金比率等3个指标。流动比率等于流动资产除以流动负债,表示企业每1元流动负债有多少流动资产作为偿还担保。速动比率等于流动资产减去存货后与流动负债的比值。现金比率则为企业一定时期的经营现金净流量除以流动负债。三者的值越大,表明企业的短期偿债能力越强,如图4-8所示。

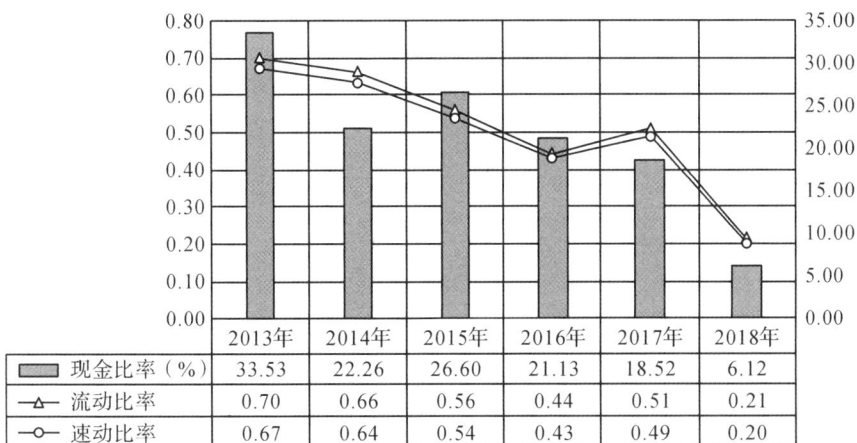

	2013年	2014年	2015年	2016年	2017年	2018年
现金比率(%)	33.53	22.26	26.60	21.13	18.52	6.12
流动比率	0.70	0.66	0.56	0.44	0.51	0.21
速动比率	0.67	0.64	0.54	0.43	0.49	0.20

图4-8　2013—2018年永泰能源短期偿债能力相关指标[2]

---

① 数据来源:永泰能源2013—2018年年报。

② 数据来源:永泰能源2013—2018年年报。

由于永泰能源自2013年开始转型，使得其2014年的现金比率有所下降，而2015年，其新增的电力板块开始实现盈利，该年的现金比率有所上升，随后逐年下降，是因为其投资激进并且盲目多元化扩张的结果。流动比率与速动比率总体呈现下降趋势，2017年，煤炭行业的平均速动比率为0.67，高于永泰能源，主要是因为永泰能源在2017年发行了许多短期融资券且速动资产较少。可见，总体来看，三个指标都有所降低，说明永泰能源的短期偿债能力不断下降。

长期偿债能力的衡量指标为资产负债率和产权比率。

如图4-9所示，永泰能源的资产负债率2013—2018年均在70%以上，处在较高的水平；同时产权比率总体呈现上升趋势，表明企业的负债水平高，偿债风险大。然而只有可持续的融资来源才能够支撑起一个企业的高资产负债率。通过之前的分析我们可知，永泰能源的融资渠道受限，并不能够获取持续的资金，并且其盈利能力不足，利润不足以偿还企业债务。由此可得，公司的长期偿债能力也不好。

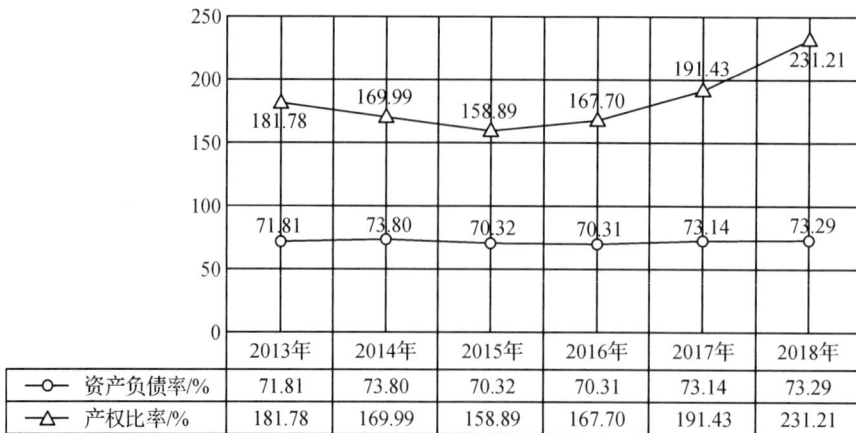

	2013年	2014年	2015年	2016年	2017年	2018年
资产负债率/%	71.81	73.80	70.32	70.31	73.14	73.29
产权比率/%	181.78	169.99	158.89	167.70	191.43	231.21

图4-9　2013—2018永泰能源长期偿债能力相关指标[①]

① 数据来源：永泰能源2013—2018年年报.

③现金流分析

由图4-10可知,永泰能源经营活动所产生的现金流总体呈现上涨趋势,主要原因是公司于2013年开始转型并不断扩张,同时公司的投资领域不断扩大,经营活动所获得的资金并不能满足公司的投资活动,公司通过加大筹资活动来增加企业的现金流。2015年和2016年,永泰能源投资活动所产生的现金净流出均超过100亿元,筹资活动现金流分别为104.41亿元与92.22亿元。这是因为公司2015年开始了多元化扩张,而永泰能源采取了相当激进的投资策略,并且增加了固定资产、无形资产和其他长期资产支付的现金。可见,公司债务规模在这两年达到了巅峰,于是,公司为偿还债务发行了债券。例如,"15永泰能源MTN001"和"15永泰能源MTN002"。之后,公司以"发新债还旧债"的方式循环着,一旦一只债券违约,就会影响到公司的融资能力,随之而来的就是一系列的违约。永泰能源就是因为"17永泰能源CP004"发生实质违约才导致一系列的违约事件。

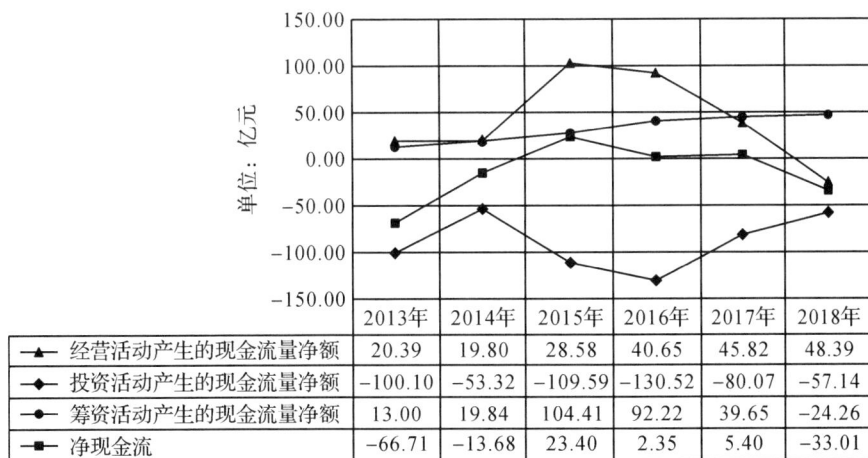

	2013年	2014年	2015年	2016年	2017年	2018年
经营活动产生的现金流量净额	20.39	19.80	28.58	40.65	45.82	48.39
投资活动产生的现金流量净额	-100.10	-53.32	-109.59	-130.52	-80.07	-57.14
筹资活动产生的现金流量净额	13.00	19.84	104.41	92.22	39.65	-24.26
净现金流	-66.71	-13.68	23.40	2.35	5.40	-33.01

图4-10　2013—2018年永泰能源现金流相关指标[1]（单位：亿元）

总之,永泰能源主要是通过外部募集资金来满足投资和日常经营的需要,而不是通过自身经营产生的现金流来满足。随着中国金融监管的不断

---

[1] 数据来源：永泰能源2013—2018年年报。

加强,永泰能源经营现金流不足,融资能力下降,债务违约风险加大。

④Z值预警

美国阿尔曼在20世纪60年代中期首次提出了Z值预警,并建立了一个判别函数:$Z=0.012X_1+0.014X_2+0.033X_3+0.006X_4+0.999X_5$。$X_1$—$X_5$代表的是基本财务指标。通过得到的Z值来分析和预测企业财务失败或破产的可能性。

一般而言,Z值越低企业破产的可能性越大,存在财务危机可能性也就越大,如表4-18所示。

表4-18　Z值结果释义

Z 值	财务状况	结果释义
Z < 1.81	差	企业存在破产危机
1.81≤Z≤2.657	极为不稳定	企业控制不当,极易陷入危机
Z > 2.657	良好	企业发生破产的可能性小

如表4-19所示,永泰能源的Z值多年来一直处于1.81以下,并且所得数值整体呈现下降的趋势,表明公司财务状况差,存在破产危机。

表4-19　2013—2018年永泰能源Z值预警分析

指　标	2013 年	2014 年	2015 年	2016 年	2017 年	2018 年
Z 值分数	0.4888	0.4237	0.6841	0.5010	0.4750	0.1140
Z 值-同比增减	–	-0.0651	0.2604	-0.1831	-0.0260	-0.3610
因素分解:						
X_1营运资本/总资产	-0.1271	-0.1401	-0.1380	-0.1943	-0.1796	-0.3405
X_2留存收益/总资产	0.0289	0.0308	0.0232	0.0225	0.0249	0.0257
X_3息税前利润/总资产	0.0487	0.0562	0.0478	0.0393	0.0386	0.0451
X_4当日总市值/负债合计	0.3925	0.3549	0.4220	0.0722	0.0533	0.0213
X_5营业收入/总资产	0.2067	0.1518	0.6841	0.0140	0.0209	0.0210
Z 值结果描述	堪忧	堪忧	堪忧	堪忧	堪忧	堪忧

4. 影响与启示

（1）债券发行方

永泰能源的违约事件使得其股价不断下降，债券发行方损失惨重。同时，债券违约使其再融资难度加大，而公司经营所获资金并不能够满足自身的经营所需，导致公司生产经营困难，盈利能力下降。通过前文的分析可知，导致债券违约的原因之一是其多元化扩张盲目且过快。因此，在进行多元化扩张时，需要进行多方位的考量，并制定一些应急措施。

第一，需要考虑行业的周期性。不要在行业进入衰退期，尤其当该期限有可能保持长期不变的情况下向该行业发起"攻势"。永泰能源就是在火电市场进入衰退期时，将大量资金投入该市场，同时还涉足正处于初始阶段，具有高风险的物联网行业，这些举动都显得不聪明。

第二，需要考虑扩张领域及业务之间的相关性，具有相关性的业务之间能够实现公司的协同、长期发展。永泰能源在进行多元化扩张时，进入了电力、石化、医疗、基金、保险等多领域，这些领域之间并不存在相关性，使得公司的风险增加，可能陷入财务危机。

第三，需要考虑自身经济实力，并以此为依据进行扩张。永泰能源进行扩张时，自身经营状况不佳，通过经营所获得的资金并不足以满足投资所需，便进行了大量的外部融资，使得公司举债经营，形成了外部融资与费用增加的恶性循环。

第四，避免过度依赖外部融资。依据"优序融资理论"，企业融资最好的顺序是内部融资、债务融资、股权融资。企业应当加强自身的实力，提升经营能力，以自身经营所获得的资金来支撑企业的发展，并合理运用融资工具。永泰能源就是过度依赖债务融资，并且后续形成了"发新债还旧债"，一旦一只债券发生违约，随之而来的就是一系列的债券违约。

第五，关注宏观环境的变化。注意金融政策与行业变化，并据此对公司的发展战略适时作出调整，提高内部风险控制水平，建立危机应对机制。例如，2017年，证监会发布《关于修改〈上市公司非公开发行股票实施细则〉的决定》使得许多企业的融资受限。永泰能源正是被这项金融政策打得"措手不及"，其又未建立危机应对机制，最终使得18永泰能源CP004取消发行，直接导致17永泰能源CP004发生实质违约。

（2）投资者

投资者由于债券到期时无法获得应得的本息，遭受了严重的经济损失。因此，需要增强投资者的风险意识，对其进行风险教育，并提升其风险识别能力，向投资者灌输"不要把鸡蛋放在一个篮子"的投资理念。同时，还需消除投资者"刚性兑付"预期。由于中国债券市场长期以来都有政府"兜底"，使得投资者忽略风险与收益之间的关系，扭曲了债券运行机制。并且近几年，随着金融监管的趋严，债券"爆雷"频发，而"刚性兑付"被打破，缺乏经验、知识和风险意识的个人投资者一旦踩雷，将会损失惨重。

（3）监管者与评级机构

从永泰能源债券违约事件可看出，中国的评级机构并未发挥风险警示作用，而是在违约事件发生后才开始对债券评级进行调整。可见，中国债券评级存在虚高的现象。

因此，中国的评级机构应当加强跟踪检测机制，时刻关注着公司的经营发展状况，并对公司的评级进行实时调整。同时，其评级标准要依据环境的变化、行业的不同进行调整，不能够一成不变，要保持中立性。此外，监管部门需加大对不尽职尽责的评级机构的惩罚力度，以此督促评级机构发挥其监管作用。

五、国有企业混改篇（格力电器的国企混改进程）

1. 公司简介

（1）基本情况

珠海格力电器股份有限公司（以下简称"格力电器"，股票代码：000651）成立于1991年，在深交所挂牌上市的时间为1996年11月。格力电器以空调业务为核心。按照收入不同，格力电器的业务可以分为：空调、家用电器、智能设备、其他主营业务和其他收入五大类除自营业务外，其他主营业务主要来自公司压缩机、电机子公司。格力电器始终坚持自主创新、发展，并紧跟时代潮流,最终在2013年斩获中国家电行业最具价值品牌50强的榜首。在2020年,格力的大容量高效离心空调设备关键技术荣获2019年国家技术发明奖二等奖。同年,再次上榜《财富》世界500强第436位;上榜福布斯"全球企业2000强"第246位。至2020年,其中央空调市场占有率已连续9年位居第一。

如今,格力电器已经成长为多元化、科技型的国际工业集团,旗下有着格力、TOSOT、晶弘三大品牌,产品主要涉及家用消费品以及工业装备两大领域,且远销160多个国家和地区,服务超4亿的用户。格力的发展经过了4个阶段:一是1991—1994年的初创期。在这个时期,格力比较注重研发,实施的是"精品战略",推行的是"零缺陷工程"。在该阶段,格力研发出了全球制冷效果最佳的空调——节能分体机"空调王",能效远超国家标准。二是1995—2011年的高速发展阶段。在该阶段,格力高度重视产品质量,下发"总经理12条禁令",严格质量保证。格力空调质量体系开始达到国际标准,多项核心技术取得重大突破。在渠道端,建立了经销商共同拥有的区域公司,开创了21世纪经济领域新的营销模式。2005年,公司在100多个国家和地区建立了销售和服务网络,公司家用空调销量突破1000万台,实现了销售量世界第一的目标。三是2012—2019年的多元化发展阶段。在该阶段,格力电器进入智能设备、通信设备、精密模具、再生资源等领域,实现了多元化发展。同时,格力电器完成了国企混改,公司治理结构、董事会结构、股权结构都发生了变化。四是2020年至今的积极布局新零售阶段。格力电器自成立以来,收入稳步增长,但因为疫情的影响,格力电器线下空调市场暂停,收入在2020年有所放缓。1996—2020年,公司营业收入由28.41亿元增加到174.97亿元,复合增长率为17.80%。2021年上半年营业收入920.11亿元,同比增长30.32%。正因为如此,格力电器加快了营销渠道的改革,积极布局新的零售渠道,推动开设3万家线下门店的格力董明珠店,进一步加强消费者与品牌之间的沟通。2020年,格力电器在全国共举办8场直播活动,推动两线融合。

（2）股权变更过程

1996—2019 年底,格力集团始终为格力电器的第一大股东。在此期间,格力电器经过多次配股送股、股权激励、引入战略投资者、再融资等多种手段获得资金的同时也稀释了第一大股东的控制权。

格力电器从2005—2018 年实行了股权分置的改革,使得格力集团持有格力电器的股份数逐渐下降,有效地改善了格力集团"一股独大"的局面。至 2019 年底,格力电器完成混改,格力集团不再是第一大股东。

截至 2021 年上半年,格力电器的股权结构如图 4-11 所示。

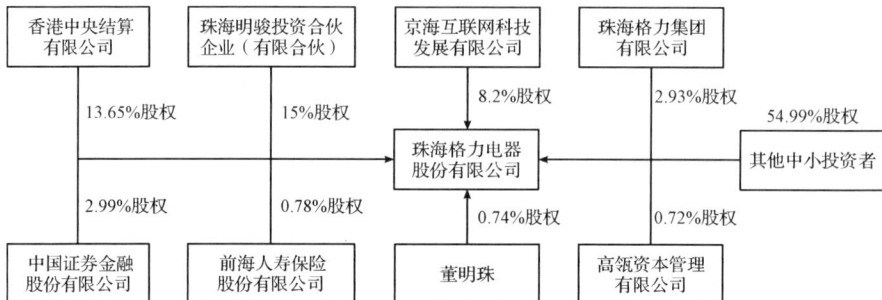

图4-11　2021年格力电器股权结构

这个股权结构是混合改制(以下简称"混改")后的。可见,混合改制后,格力电器没有了控股股东和实际控制人,委托代理问题得到了解决。在此次改制中,格力集团计划转让 15% 的格力电器股份。股权转让后,上市公司的股权结构将进行分散。除陆股通外,前 3 名股东分别为:珠海明骏,持股占比为 15.00%;京海互联网科技发展有限公司,持股占比为 8.20%;香港中央结算有限公司,持股占比为 13.65%。珠海明骏作为格力电器的第一大股东,与第二大股东的持股比例差距仅为 1.35%,并且与格力电器的其他股东之间不存在一致行动、表决权委托或持股安排。自此,格力电器形成了一个分散、多元化的股权结构,核心经销商、战略投资者、国资委和二级市场的机构投资者共同持股,管理层的决策权得到增强,股东的利益将得到平衡。

珠海明骏投资合伙企业事实上是格力电器管理层的实体。

2. 格力电器混改全过程

格力电器的混改采取的是股权转让方式。在进行股权分置改革后，2013—2018年格力集团持有格力电器的股份数一直维持在18.22%。2019年4月，格力电器抓住混改机遇，继续改善股权结构。历时8个月后，混改完成。

（1）准备阶段

格力电器混改的准备阶段历时4个月。2019年4月29日，格力电器发布转让公告，称格力集团将以公开受让方式将格力电器15%的股权、合计持股9.024亿股，转让给珠海明骏，并宣布进行混改。

8月13日，格力电器发布公告表示开始公开征集受让方，并明确了受让人应当符合的条件。同时，要求战略投资者所引进的先进技术、市场资源等战略资源应能与企业产生协同效应，且有能力帮助企业增强竞争力，改善公司结构。

（2）实施与整合阶段

由表4-20可知，格力电器的混改途中也遇到过困难。在暂定珠海明骏为受让方后，经历了一次较大的延期调整。同时，董明珠带领格力电器管理层成立珠海格臻，参与到混改中。

表4-20　2019—2020年格力电器混改实施与整合阶段事件[①]

时　间	事　件
2019/9/2	珠海明骏向格力电器提交转让申请材料，并全额支付保证金
2019/9/3	珠海明骏和厚朴资本意向受让方提交了材料，格力电器进行综合评价
2019/9/26	格力电器管理层成立珠海格臻投资管理合伙企业（简称"珠海格臻"）
2019/10/29	格力集团暂时选定珠海明骏为受让方
2019/11/12	发布股份转让协议的计划签约日期延后公告

① 资料来源：格力电器公司公告。

续表

时　间	事　件
2019/12/2	因转让部分股权，发布临时停牌公告，格力集团与珠海明骏签署股份转让协议
2019/12/3	确定珠海明骏为最终受让方，签署《股份转让协议》，以46.17元/股，共计416.62亿元转让15%股权
2019/12/13	珠海市人民政府和珠海市国资委分别批复同意本次股份转让
2020/2/3	格力电器取得《过户登记确认书》，手续完成，混改完成

　　珠海明骏成立于2017年，并于2019年9月备案完成，总共有五大股东，分别为珠海博韬至恒企业管理咨询中心（简称"珠海博韬"）、深圳高瓴瀚盈投资咨询中心、珠海格臻投资管理合伙企业（简称"珠海格臻"）、珠海熠辉投资管理合伙企业（简称"珠海熠辉"）、珠海贤盈股权投资合伙企业（简称"珠海贤盈"），5家企业均为有限合伙企业，前两者的实际控制人均为高瓴资本。可见，珠海明骏的实际控制人为高瓴资本。

　　高瓴资本是一家专注于长期结构性价值投资的投资公司，由张磊创立。目前，它已发展成为亚洲最大的资产管理投资基金之一。高瓴资本专注于技术创新与传统产业的结合。投资领域涵盖TMT、生命健康、企业服务等，以及最早期的种子投资、风险投资、上市公司投资、并购投资等股权投资的各个阶段。可见，高瓴资本投资的行业和领域均是快速发展的，尤其专注于互联网与媒体、消费与零售、医疗卫生、能源、先进制造业等投资领域。

　　格力股份之所以最后会卖给高瓴资本，主要有两个原因：一是高瓴资本的加入保证了格力电器原有管理团队的稳定。因为在过去高瓴资本私有化百丽后，高瓴资本并未改变百丽原有的管理层，仍然由百丽原有的管理层主导着百丽，是在不改变百丽原有业务流程的情况下进行业务增量的。由此可见，高瓴资本非常符合格力电器"拒绝野蛮人"的诉求。二是高瓴资本在零售和互联网方面的产业资源可以帮助格力电器进行渠道改革和效率提升。

（3）混改模式选择

国有企业进行混改主要有"4种方式"和"1种配套措施"，如图4-12所示，而格力电器选择了引入战略投资者进行混改。

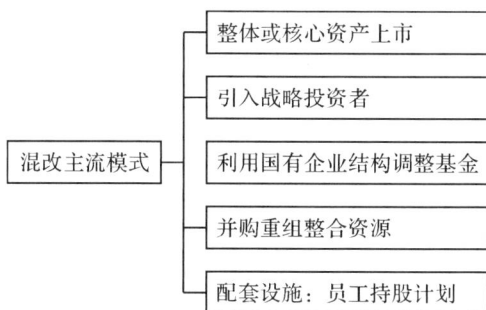

```
                           ┌─ 整体或核心资产上市 ─┐
                           ├─ 引入战略投资者 ─┤
混改主流模式 ──┤ 利用国有企业结构调整基金 ─┤
                           ├─ 并购重组整合资源 ─┤
                           └─ 配套设施：员工持股计划 ─┘
```

图4-12　国有企业混改主要方式

格力电器引入的战略投资者为金融类格力电器企业高瓴资本。这主要是因为格力电器急需大量资金。

格力电器需要大量资金的原因有两点：一是研发新产品需要技术，从而需要大量的资金投入。在科技就是第一生产力的互联网时代，传统企业急需转型升级。二是多元化销售渠道和多样化产品都需要资金。仅仅依靠线下的销售会被历史淘汰，而在国内市场趋于饱和的情况下，以销售空调的业绩为主要资金来源并不是长远之计。

格力电器之所以选择高瓴资本控制下的珠海明骏，是因为其价值理念与格力电器相同。一方面，高瓴资本与格力电器都注重长期的价值投资，并非着眼于眼前利益；另一方面，高瓴资本投资领域多元化，多投资于科技创新、金融科技等领域，这能够帮助促进格力电器渠道的多元化和产品的多样化，加快其转型升级。

3. 格力电器改革动因分析

格力电器改革动因，可从宏观经济环境与微观主体需求两方面进行解析。

（1）宏观经济环境

①国家政策层面

中国国有企业的产权关系并不清晰，除所有者与经营者关系不明确外，所有者层次也存在问题，这常使得国有企业陷入是选择公益性还是盈利性的困境。国有企业还存在决策力、创新力、领导力不足，管理体制落后等问题，严重阻碍了国有企业的发展。尤其在中国经济进入"新常态"后，经济增长依靠的不再是劳动力、进出口等要素，而是消费、技术创新等。国有企业若不做出改变，将会被市场淘汰，因此改革迫在眉睫。

2013年，党的十八届三中全会通过了《中共中央关于全面深化改革若干重大问题的决定》，国有企业改革自此进入以混合所有制改革为主要路径、全面深化改革的新阶段。2015年，中共中央、国务院印发《关于深化国有企业改革的指导意见》，指出了国有企业混改的基本原则、方法和主要目标，开启了新一轮的国有企业改革。之后，相继出台了22个配套文件，旨在推动国有企业"适应市场化、现代化、国际化的新形势"，优化其公司治理水平，提高国有资本配置效率。特别是对于商业类竞争性子公司，其主要目标是"增强国有经济活力，扩大国有资本功能，实现国有资产保值增值"。2016年，我国开始了第一批国有企业改革试点，面向的是商业类竞争性子公司，且要求国资控股50%以上。2017年，开始了第二批改革试点，向国防军工等国家重点领域推进，且国资控股要求降至50%以下。

广东省作为改革的先试省份，结合自身的实际情况，于2016年颁布了《广东省人民政府关于深化国有企业改革的实施意见》。该文件提出"在加强管控和规避风险的基础上，支持有实力的国有企业实施走出去战略，在全球范围内获取重要资源、关键技术、知名品牌和市场渠道"的要求；针对企业管理和商业模式，则提出"信息化和工业化深度融合，鼓励国有企业加快发展生产性服务业，努力向解决方案提供商、综合服务提供商等新业态转变"的要求。

正是在这样的背景下，2019年格力电器开始了混改。

②行业层面

格力电器属于家电行业,其主营业务为空调、生活电器及各配件的生产和销售。其所处的家电行业是传统的充分竞争行业。在中国空调行业的发展过程中,市场需求已经达到一定的饱和,甚至引发了3次价格战。其根本原因主要有供需不平衡可能导致高库存,从而引发价格战;公司为了获得更大的市场份额,品牌商发动价格战。3次价格战的时间分别是2000—2004年、2014—2016年、2019—2020年。因此,格力要想实现长远的发展,还需不断地开拓新市场,抓住新机遇。

首先,空调的需求包括新增和更新需求,新增表示新增家庭首次购买空调,更新则为原有家庭以旧换新。随着国家对房地产行业采取的一系列严控政策,新增需求量下降,致使近年来空调的需求量虽总体上升,但是空调库存量仍然很多。2018—2019年,空调行业开始了价格战,在空调库存量减少的同时,国内空调市场趋于饱和,市场上的空调供大于求。因此,国内几大龙头企业纷纷转向国际市场和小家电市场。

其次,随着人民生活水平的不断提高,消费者对高端家电的需求逐渐增加,特别是随着互联网技术的进步,推动了中国智能家电市场的蓬勃发展。一方面,线上销售逐渐成为主要销售渠道,尤其是新冠肺炎疫情的暴发,实体经济的发展受到了很大的影响。因此,各企业应当加快线上线下整合,促进销售渠道多元化发展。另一方面,空调的基本功能不再满足人们对美好生活的追求,个性化、智能化的产品才会受到欢迎。

以上两个原因督促着传统行业进行转型升级,而混改正是一次开拓国际市场同时提升自身创新能力的机会。

(2)微观主体需求

格力电器在进行混改之前,其股权结构存在着委托代理问题,并且缺乏有效的激励机制,管理层和核心员工的积极性和利益捆绑还不够。从格力混改前的股权结构看,其内部股权集中度高,大股东缺乏制约。在2019年以前,格力集团一直都是格力电器的第一大股东,但是其对格力电器并无实际控制能力,其实际控制人为珠海国资委,各地的核心经销商持股的京海担保占比为8.9%，而以董明珠为代表的管理层持股比例较少。可见，在进行混改之前，格力电器的管理层并没有决策权，拥有决策权的是珠海国资委，这也是导致格力电器存在委托代理问题的原因。

同时，在格力电器上市之后，其业绩越来越好，格力集团持有股份数却逐渐减少，"母子关系"逐渐发生改变。随着"子强母弱"局势的形成，再加上母子公司之间存在着经营理念等的不同，格力"母子"之间的矛盾日渐加深。这些矛盾涉及人事纠纷、产业布局冲突、侵害上市公司利益等方面。格力集团虽为格力电器的第一大股东，但是其并未促进格力电器的发展，相反却阻碍了其发展，这就使得格力电器产生了"抵制情绪"，也使得格力集团失去了对格力电器的控制权，只能通过股权稳定来威胁格力电器，进一步恶化了"母子关系"。此外，格力电器股权激励计划较少，管理层和核心员工的积极性和利益约束不够。

因此，不论是格力集团还是格力电器，都希望能够通过混改改变格力电器的股权结构。

4. 格力电器混改影响

格力电器此次混改的影响可分两方面进行分析，一方面是对格力电器自身的影响，另一方面是对国有企业混改的启示。

（1）对格力电器自身的影响

①财务绩效

本节主要通过分析格力电器2016—2020年第二季度的财务指标来判断混改对财务业绩的影响。

如表4-21所示，受到新冠肺炎疫情的影响，2020年第一季度所有财务指标均出现大幅下降。随着经济的逐步恢复，2020年第二季度的盈利能力和营运能力指标较第一季度都有明显的提升，但并未恢复到2019年的水平。在格力电器整体运行不畅的情况下，格力电器加快网上销售渠道的建设，疫情期间，董明珠也多次参与线上直播销售。但这只是因为环境压力所迫，事实上该新型销售渠道与格力电器的契合度并不够，格力电器的多元化销售渠道之路还需继续走下去。

　　流动比率与速动比率差别在于是否包含存货,两者都代表着企业短期偿债能力,两者的比例分别保持在2:1和1:1比较好。在混改后,格力电器2020年第二季度的流动比率增加了0.01%,速动比率降低了0.01%,两者更加接近彼此的"较好比例",表明混改后格力电器的短期偿债能力有所提升。资产负债率能够反映企业的长期偿债能力。2020年第一季度同样因受到疫情的影响,格力电器的资产负债率有所下降;在实施混改后,第二季度其上升了1.01%,也可证明混改提高了格力电器的长期偿债能力。

　　从成长能力指标看,主营业务收入增长率和总资产增长率在2020年第一、二季度都不好。这主要是因为格力电器的主营业务收入过于依赖空调的销售收入,但国内市场趋于饱和且受到疫情影响,空调销售情况并不乐观。混改后,格力电器将会更加注重产品多样化发展,改变其单一的产品结构,有望提升其成长能力。

表4-21　2016—2020年格力电器财务分析①

指　标		2016 年	2017 年	2018 年	2019 年	2020 年 Q1	2020 年 Q2
盈利能力（％）	净资产收益率	28.63	34.15	28.69	22.42	1.38	6.4
	总资产利润率	8.51	10.47	10.5	8.77	0.57	2.27
	资产报酬率	42.58	47.62	41.63	35.75	1.37	8.19
偿债能力（％）	流动比率	1.13	1.16	1.27	1.26	1.27	1.26
	速动比率	1.06	1.05	1.14	1.12	1.11	1.1
	资产负债率	69.88	68.91	63.1	60.4	58.26	59.27
营运能力（％）	应收账款周转率	37.09	33.8	29.32	24.44	2.26	7.29
	存货周转率	7.88	7.78	7.56	6.51	0.66	2.19
成长能力（％）	主营业务收入增长率	10.8	36.92	33.61	0.02	−49.7	−28.57
	总资产增长率	12.78	17.87	16.87	12.63	4.48	−0.16

① 数据来源:据格力电器公司2016—2019年年报、2020年半年报和一季度报整理。

②创新能力与渠道改革

高瓴资本产业赋权有望给格力渠道和产品终端带来积极变化。随着互联网技术的不断发展，近年来，家电的传统零售渠道发生了很大变化。尤其是受到新冠肺炎疫情的影响，线上模式逐渐成为近些年的主要销售渠道。截至2020年6月中旬，我国家电在线销售量已经超过线下销售量，这是几十年来家电市场首次出现这种趋势。高瓴资本作为中国顶级的消费者和TMT投资机构，与腾讯、美团、京东等新零售核心参与者有着深度合作。未来，高瓴资本能够帮助格力提升其传统销售渠道效率，实施新的零售改革。同时，高瓴资本能够帮助格力电器探索信息化、智能化的新方向，帮助其实现从"先进制造"跨越到"智能制造"。

2020年暴发的新冠肺炎疫情，使格力电器花费55天即在原有能够杀菌消毒的空调的基础上研发出了能够抵制新冠病毒的空调净化器，还跨界研发生产了N95口罩，这都是其创新能力得到提升的表现。同时，混改拓宽了格力电器的融资渠道。国有企业的融资渠道多为政府补助。混改后，格力电器除能够取得政府补助外，还能够通过银行借款和向其他金融机构借入资金。此外，混改后，格力电器加快了销售渠道的改革，积极推进线上、线下业务布局，两种渠道彼此互补深度融合，打造全渠道销售平台。疫情期间，格力电器线下销售量大幅下降。因此，董明珠直接上阵，借助抖音、快手、京东等平台进行直播卖货，总共参与5场直播，并完成8场巡回直播。格力电器的线上销售量得到大幅提升，创下了新纪录。

③改善了董事会结构

董事会是由组织结构和成员来源两部分组成，后者一般代表了其来源方在进行重大事项决策时的意愿。因此，通过对比混改前后董事会成员来源的变化方可知，格力电器的董事会结构是否得到改善，如表4-22所示。

表4-22　格力电器2020年董事会结构[1]

来源	混改前	混改后
独立董事	3	3
格力集团	4	1
格力电器	2	2
珠海明骏	0	3
合计	9	9

　　事实上,董事会作为公司的最高决策机构,与股权结构相比,其对企业绩效的影响更大。混改前,格力集团所派董事占格力电器董事会人数的44.44%,格力集团占据绝对的话语权,并没有能够与之抗衡的企业存在,格力电器成了格力集团的"一言堂"。混改后,董事会总人数、独立董事人数以及来自格力电器的董事人数未变,但格力集团委派董事缩减至1人,珠海明骏可委派3人,董事会由国有资本、非国有资本及独立董事共同组成。格力集团、格力电器以及珠海明骏所拥有的决策权不仅不能够影响重大决策,还形成了相互制衡的关系,促进了企业的长远发展。

　　④管理层的利益得到保护,话语权增强

　　混改后,管理者的利益得到进一步保障。格臻投资代表的是格力电器的管理层,与珠海明骏上层权益持有人高瓴资本、HH Mansion和Pearl Brilliance等签署了合作协议,答应受让珠海毓秀的股权、受让珠海贤盈的有限合伙份额、认缴珠海明骏的有限合伙份额,在珠海毓秀、珠海贤盈、珠海明骏分别拥有相应权益,并与珠海博韬达成有关珠海明骏的股份转让协议安排。按照协议转让后,格臻投资将持有珠海明骏11.3%的股权。并且依据股份转让协议安排,珠海高瓴、HH Mansion、Pearl Brilliance和格臻投资同意在混改完成后推动股权激励计划,表示关键员工可持有格力电器不超过4%的股权。格力电器的股权激励计划有望在未来取得实质性

―――――――――
[1]　数据来源:据格力电器2020年年报整理。

进展。

混改后,格力电器的第一大股东变为珠海明骏。珠海明骏是一家合伙制企业,并且有着唯一的普通合伙人珠海贤盈,珠海贤盈拥有着珠海明骏的执行管理权。而珠海贤盈也仅有一名普通合伙人珠海毓秀,它是一家公司制企业。与此同时,珠海格臻作为格力管理层实体,持有珠海毓秀41%的股份,是珠海毓秀的第一大股东。因此,格力电器的管理层拥有着珠海明骏的执行管理权。间接地,格力电器的公司治理结构得到改善的同时,管理层的话语权也有所增强。由此,格力电器的委托代理问题得到解决。

综上,格力管理层最终持有格力电器的股份能够达到19.74%。其中董明珠持股比例为0.74%,格力管理层通过珠海明骏持股15%,关键员工可持有格力电器4%的股权。

(2)对国有企业混改的启示

第一,对于"子强母弱"的国有企业。在母公司失去对子公司的控制权,并可能采取相关措施损害子公司利益的情形下,可考虑为子公司引入战略投资者,改变子公司的股权结构,从而使得各方的所有权、控制权和所获收益相匹配。战略投资者需在得到原有股东的同意后才可引入,而合格的战略投资者应当能够长期投资,且其先进技术、市场份额等战略资源应能与企业产生协同效应,有能力帮助企业增强竞争力。在引入方式上应当结合国有资本的战略意图选择是股权转让还是增资扩股。

第二,混改模式应当结合企业自身实际情况,依据企业的战略方向、发展理念以及营商环境等进行选择。

第三,在混改过程中,要注意做好控制权框架的优化和人力资本方案的设计。首先,在优化控制权时,应使得各方的所有权与决策权相匹配,同时注意发挥所引入的战略投资者的优势,以促进企业的发展。其次,注意发挥企业家的优势,应设计有效的人力资本政策,完善人力资本发声渠道。在注重管理层多元化激励和股权安排的同时,注意建立各方之间的制衡,增强战略投资者的话语权。[①]

六、战略扩张与上市公司金融风险篇

1. 中国恒大集团简介

（1）基本情况

中国恒大集团（以下简称"恒大"，股票代码：03333），原名为恒大地产集团有限公司，1996年在广州成立，于2009年在中国香港实现上市，并于2021年实现从房地产向"多元产业＋数字科技"转型的世界500强企业。其主营业务为房地产开发，该业务的运营主要由房地产开发部、物业投资部、物业管理部和其他业务部等4个部门负责，其中其他业务部主要负责房地产建造、提供酒店及其他房地产开发相关服务、保险及快速消费品业务。恒大在全国的280多个城市拥有1300多个项目，并且是行业中首个开展"全精装修交楼""无理由退房""网上销售"的企业。除房地产业务外，恒大还从事矿泉水生产及食品生产业务，旗下拥有多家子公司，共涉及八大产业，如恒大新能源汽车、恒大物业、恒大冰泉等。

（2）股权结构

通过查阅恒大的半年报、年报可知，2015年至今，其主要股东在2018年由2位增至4位。在2018年的半年报中，其主要股东为鑫鑫（BVI）有限公司——持有恒大71.16%的股份、均荣控股有限公司——持有恒大6.01%的股份。而在2018年的年报中，其主要股东新增华人置业集团有限公司和陈凯韵2位。随后，直至2021年6月30日，恒大的主要股东一直是以上4位。4位股东所持股份情况如图4-13所示。

由图4-13可知，中国恒大集团的第一大股东为鑫鑫（BVI）有限公司——持有恒大70.73%的股份，远远超过第二大股东华人置业集团有限公司所持有的6.47%的股份。而许家印百分百控股了鑫鑫（BVI）有限公司，可

---

① 沈红波,宗赟,杨慧辉.国企混改如何从管企业过渡到管资本——基于格力电器的案例研究[J].中国管理会计,2021(1):89-101.

见,恒大的实际控制人为许家印。同时,许家印也是恒大的董事长。

在恒大发生危机后,至2021年事件结束,恒大集团的股权结构发生了巨大的变化。广州市凯隆置业有限公司成为其唯一的股东,持有其100%的股份。

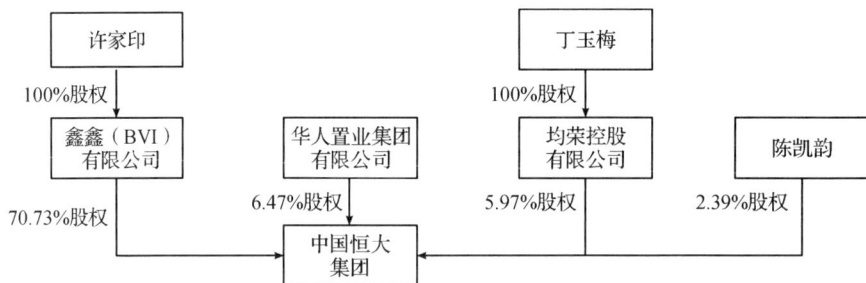

图4-13　中国恒大集团四大主要股东持股情况

2. 中国恒大集团债务危机的爆发

(1)事件经过

2021年,正是恒大处于风口浪尖的一年。在这一年,恒大爆发了债务危机。事实上,早在2017年,恒大就意识到了其高负债、高杠杆、高周转、低成本的"三高一低"经营模式存在问题,并在该年将经营模式转变为低负债、低杠杆、低成本、高周转的"三低一高"。之后,恒大一直坚定不移地实施该经营模式。

表4-23是导致恒大债务问题的事件的时间表,以及该公司迄今为止为筹集资金所做的工作。

表4-23　2017—2021年导致恒大债务问题的事件情况[①]

时　间	事　件
2017年8月	恒大首次誓言削减债务,目标是到2020年6月将净负债率从2017年6月的240%降至70%

---

① 数据来源:中国恒大集团公告和声明、wind、新浪财经。

续表

时　间	事　件
2018 年 11 月	在央行的一份报告中,恒大被列为其监管下少数可能构成系统性风险的金融控股集团之一
2020 年 3 月	恒大制定在 3 年内每年削减 1500 亿元债务的目标
2020 年 8 月	监管机构在北京会晤了包括恒大在内的 12 家大型房地产开发商,在一项名为"三条红线"的试点计划中,为 3 种不同的债务比率设定上限。 恒大地产在 IPO 前以 30 亿美元的价格出售了旗下物业管理公司 28% 的股份。 在致广东省政府的一封信中,恒大承诺,将批准已搁置了 4 年的深圳借壳上市计划,并警告称,恒大将面临可能导致系统性风险的资金短缺
2020 年 9 月	恒大提供 1 个月的 7 折促销卖房活动
2020 年 10 月	恒大在香港通过增发新股筹资 5.55 亿美元
2020 年 11 月	恒大终止深圳借壳上市计划,并与部分战略投资者达成不追偿协议。 恒大地产在香港 IPO 融资 18 亿美元
2021 年 1 月	电动汽车公司——中国恒大新能源汽车公司通过引入 6 家新投资者融资 34 亿美元
2021 年 3 月	恒大在 IPO 前,以 21 亿美元的价格将旗下在线房地产和汽车市场房车宝 10% 的股份出售给了 17 家投资者。 恒大制定在 2022 年底前达到所有 3 个债务比率上限的目标,并计划 2022 年年初让汽车宝上市,并分拆恒大冰泉和旅游业等其他部门
2021 年 6 月	恒大地产表示,将出售其在规模较小的同行嘉凯城 58% 的股份中的一半以上,价值 3.86 亿美元。 惠誉将恒大评级从"B+"下调至"B",展望为负面% 恒大开发商安排了 136 亿港元(合 17.5 亿美元)来偿还到期债券和其他所有美元债券的利息,并表示在 2022 年 3 月之前不会再有债券到期; 恒大达到了监管机构设定的债务比率上限之一,其有息债务从 6 个月前的 7165 亿元降至约 5700 亿元
2021 年 7 月	在广发银行的要求下,法院下令冻结恒大持有的 1.32 亿元银行存款。 恒大表示,这笔贷款要到明年 3 月才到期,并计划采取法律行动。 香港部分银行拒绝为恒大两个未完工住宅项目的买家提供新的贷款; 恒大取消了一项特别分红计划。 标普将恒大评级从 B+ 下调至 B-,展望为负面。 惠誉将恒大评级从 B 级下调至 CCC+

续表

时　间	事　件
2021 年 8 月	恒大同意出售其互联网子公司恒大网络集团有限公司的股份,价值总计 32.5 亿港元。 穆迪将恒大的企业家族评级,从 B_2 降至 Caa1。 针对恒大的全国性诉讼将由广州中级人民法院集中处理。 标普再次将恒大的评级从 B- 下调至 CCC。 恒大表示,正在谈判出售某些资产,包括恒大新能源汽车和恒大地产的股份。 恒大暂停在昆明的两个项目,一个是因为逾期付款而停工,另一个原定于 10 月份交付给买家。 许家印辞去恒大地产集团董事长一职,恒大称这是因为其借壳上市计划终止。 央行和银行业监管机构召见了恒大的高管,并罕见地发出警告,称该公司需要降低债务风险,将稳定放在首位。恒大承诺将尽其所能地解决债务问题,并将努力保持房地产市场稳定。 恒大警告称,如果不能恢复建设、处置更多资产和续借贷款,将面临流动性违约风险。公司报告称,包括非控股权益在内的净利润同比下降 29%,已至 105 亿元人民币
2021 年 9 月	恒大集团举行"保交楼"军令状签署大会,向买家承诺将完成他们的房屋建设。 中诚信国际信用评级有限公司将恒大及其在岸债券评级从"AAA"下调至"AA",从而抹去了该债券用于质押回购交易的价值。 穆迪将恒大的企业家族评级从"Caa1"下调至"Ca",展望为负面。 惠誉将恒大评级从"CCC+"下调至"CC",表示"可能"违约。 恒大要求延长向包括中信信托在内的债权人支付信托贷款利息的期限。 恒大发表声明称,网络上近日出现的有关恒大破产重组的言论完全失实,并承认公司目前确实遇到了前所未有的困难。 恒大表示,已聘请财务顾问审查其财务选择,并警告称,在房产销售暴跌之际,存在交叉违约风险。 恒大发布公告称,根据此前公布的《恒大财富投资产品兑付方案》,针对 9 月份到期的投资产品,其旗下恒大金融财富管理(深圳)有限公司已于 9 月 30 日完成首期 10% 的兑付,相关款项已经发放到相应投资人账户

时　间	事　件
2021 年 10 月	恒大在 10 月 4 日早上起停牌,停牌前收报 2.95 港元,估计质押股份市值最多为 14.75 亿港元。 恒大发布公告称,6 名提前赎回恒大财富投资产品的管理人员,已于 10 月 8 日前将所有提前赎回的款项全额归还到恒大财富指定账户。 10 月 8 日许家印将手上 5 亿股恒大股份,质押于第三方。 恒大被迫卖资产偿还到期债务,出售两架私有飞机湾流 G450 筹款 5000 多万美元。同时,在 30 天宽限期到期前支付了两笔逾期的美元债利息;恒大汽车召开合作伙伴大会,恒驰首车明年初下线

（2）偿付风险表现

①"保交楼"偿付风险

根据 2020 年 9 月 25 日的恒大公告,其全国共有 866 个项目在正常施工,而根据后来财新核实的数据,恒大 800 多个项目中有 500 多个处于停工状态,已售未交楼的商品房有 61.7 万套,而要完成房屋交付所需资金至少要上千亿元。然而,恒大地产 8 月份销售额同比下降 26%,1—8 月份累计销售额为 4386.5 亿元。此外,恒大集团 9 月 14 日宣布,预计 9 月销售额将继续大幅下滑,销售回款压力继续加大流动性压力。实际上,恒大的偿债风险正向反馈了其流动性压力:因为恒大债务风险的快速发酵,新闻头条的频繁曝光使得人们对恒大建设的信心丧失,销售额下降,反过来也会阻碍后续恒大通过"保交楼"偿债的能力。

②"保兑付"的压力

恒大财富的理财产品大量吸纳社会资金,经过财新保守估计,各方涉及金额至少为 400 亿元。2021 年 9 月 10 日,恒大集团董事长许家印说"确保所有到期的尽早全部兑付,一分钱都不能少",但仍难以消除个人债权人的债权,恒大财富提出的分期支付现金、实物资产、现金抵付和购房余额支付 3 种解决办法都存在兑现困难。由于恒大债务清算的核心仍然是依靠出售房地产的资金返还,预计后续的"保交楼"将优先于"保兑付"。而恒大的"保交楼"存在偿付风险,更不用说"保兑付"的压力如何大了。

③"保偿债"的压力

通过查看恒大2021年的半年报可知,截至2021年年中,恒大集团借款余额从2020年底的381055亿元下降到331726亿元,其他应付账款却从9278亿元增加到11771亿元,这在一定程度上反映了企业的债务结构正在由有息负债向经营负债转变。恒大地产报表中有息无息债务总规模为1.5285亿元,其中贷款4327亿元(包括债券发行、贷款等),预付款等合同负债1701亿元、上下游企业包括商业票据在内的应付账款9257亿元。总体债务压力依然很大。在恒大的债务危机及以往所有的债务危机中,最难处理的不是金融机构的债权,而是个人债权。因为金融机构的债务可以在监管政策干预下拖延。因此,"保偿债"的偿付次序要在"保交楼"和"保兑付"之后。

(3)财务危机的表现

恒大的财务危机主要表现为偿债能力、盈利能力和成长能力的降低。下文的分析选取的是恒大2016—2020年的财务数据。

①偿债能力

本文主要选取流动比率、速动比率和资产负债率三者来判断恒大的偿债能力。其中,前两者反映的是短期偿债能力,流动比率一般控制在2,速动比率一般控制在1比较合适,而资产负债率反映的是长期偿债能力,一般控制在40%—60%比较合适,如表4-24所示。

表4-24　2016—2020年恒大偿债能力的衡量指标[1]

分类	指标	2016年	2017年	2018年	2019年	2020年
短期偿债能力指标	流动比率	1.52	1.40	1.36	1.37	1.26
	速动比率	0.62	0.52	0.42	0.38	0.33

---

① 数据来源:东方财富网。

续表

分类	指标	2016 年	2017 年	2018 年	2019 年	2020 年
长期偿债能力指标	资产负债率(%)	85.75	86.25	83.58	83.75	84.77
	负债权益比	6.02	6.27	5.09	5.15	5.57

通过表4-24可以看出,从2016—2020年其流动比率均低于2、速动比率均低于1。可见,恒大的短期偿债能力并不好。而从资产负债率来看,房地产企业由于其自身特性,保持在60%—70%较好,一般不高于80%,但是恒大的资产负债率也一直维持在80%以上。同时,恒大负债权益比一直保持在5倍以上。可见,恒大的长期偿债能力也较弱,这说明公司负债较多。这主要是因为恒大长期坚持"高负债、高杠杆、高周转、低成本"三高一低的经营模式,使得其偿债压力逐年增加,最终在2021年国家政策改变的背景下,爆发了债务危机。

②盈利能力

本文主要通过分析恒大的销售净利率、总资产净利率和股东权益回报率来判断其盈利能力。同时,通过分析恒大的净利润、所得税、利润总额、递延税项资产以及所得税/利润总额来判断其盈利质量。

a. 盈利能力降低

如表4-25所示,随着恒大多元化战略的实施,其销售净利率、总资产净利率、股东权益回报率三者都呈现出整体下滑趋势,尤其到了2019年销售净利率只有7.02%,总资产净利率仅仅只有0.85%,股东权益回报率也只有11.86%,三者较2018年均出现了大幅下降。这说明恒大在近几年的盈利能力有所降低。

表4-25 恒大盈利能力的衡量指标(单位:%)[①]

指　标	2016 年	2017 年	2018 年	2019 年	2020 年
销售净利率	8.33	11.91	14.27	7.02	6.19

---

① 数据来源:东方财富网。

续 表

指 标	2016 年	2017 年	2018 年	2019 年	2020 年
总资产净利率	0.48	1.57	2.05	0.85	0.36
股东权益回报率	11.51	21.24	28.11	11.86	5.50

b. 盈利质量不佳

由表4—26可知,2016—2020年恒大利润总额要小于净利润,并且除了2018年的利润总额为正值外,其余4年均为负值,这主要是因为递延税项过多,这5年均已破亿元。此外,所得税/利润总额比例一直在50%上下浮动。可见,恒大的盈利质量不佳。

表4-26　2016—2020年恒大盈利质量的衡量指标(单位:亿元)[1]

指 标	2016 年	2017 年	2018 年	2019 年	2020 年
利润总额	−16.28	−33.75	63.29	−70.88	−54.45
净利润	176.17	370.49	665.47	335.42	314.00
所得税费用	−192.45	−404.24	−602.18	−406.30	−368.45
递延税项资产	40.36	38.72	43.89	56.76	59.43
所得税/利润总额(%)	52.21	52.18	47.50	54.78	53.99

③成长能力下降

如表4-27所示,通过分析恒大的营业总收入同比增长、毛利润同比增长、归母净利润同比增长可判断其成长能力的好坏。

3项指标整体均有所下降,尤其是在2019年,3项指标均出现了骤降,说明从2019年开始,恒大的经营状况开始变差。这主要是因为恒大多年来盲目扩张、"三高一低"的经营模式以及国家政策的改变。

---

[1] 数据来源:东方财富网。

表4-27　恒大成长能力的衡量指标(单位:%)[①]

指　标	2016年	2017年	2018年	2019年	2020年
营业总收入同比增长	58.83	47.09	49.89	2.44	6.22
毛利润同比增长	58.83	88.92	50.49	21.31	-7.77
归母净利润同比增长	-51.32	378.72	53.41	-53.78	-53.26

综上,近几年恒大的成长能力大大降低,未来发展状况堪忧。

3. 中国恒大集团债务危机的成因

(1)中国恒大集团债务危机的成因

导致恒大债务危机爆发的原因具体可分为外部原因和内部原因。

①外部原因

外部原因具体又可分为两类:一类是国家政策的变化;一类是人口大趋势。

a. 国家政策的变化,金融监管趋严

事实上,恒大之所以能够发展得那么迅速,靠的就是逆势加杠杆,并且赌对了两次政策刺激,本质上就是一个投机者。第一次是2011年左右,迎来了2012年的加息周期。第二次是2015年,中国不仅进行了5次降息降准,而且开始"房地产去库存"。然而,这一次恒大就没有那么幸运了,它赌错了政策,以为会放松,结果却是趋紧。

第一,中央政府在2020年多次表明其"房住不炒"的立场。事实上,早在2016年,中央经济工作会议就提出了"坚持房子是用来住的、不是用来炒的"的房地产政策。直至2020年,因城施策以及稳地价、稳房价、稳预期的长效管理调控机制开始全面落实,旨在推动房地产行业的健康平稳发展,构建一个良好的资本市场环境。

第二,渠道分层管控,融资环境趋紧。从房地产企业再融资政策来看,自2018年以来,监管部门通过不同渠道不同程度地控制了房地产融资规

---

① 数据来源:东方财富网。

模,行业融资环境一直处于严格监管的状态,包括对企业债券发行使用的限制和对非标准房地产融资规模的限制等,如表4-28所示。

表4-28　2018—2020年房地产融资政策[①]

政策时间	发布单位	文 件	政策内容
2018年5月	发改委、财政部	《关于完善市场约束机制　严格防范外债风险和地方债务风险的通知》	规范房企境外发债资金投向,主要用于偿还到期债务,避免债务违约;限制投资境内外房地产项目、补充运营资金等
2019年5月	银保监会	《中国银保监会关于开展"巩固治乱象成果促进合规建设"工作的通知》	严防资金通过信托、金融租赁、AMC等各个渠道违规流入地产市场,要求银行对地产项目审查更为严格
2019年7月	央行、发改委	《对房地产企业发行外债申请备案登记的有关要求的通知》	房企发行外债只能用于置换未来一年内到期的中长期境外债务
2019年8月	银保监会	《信托部关于进一步做好下半年信托监管工作的通知》	坚决遏制房地产信托过快增长、风险过度积累的势头
2019年10月	银保监会、证监会	窗口指导部分券商	私募公司债规模超过净资产40%的部分只能用于借新还旧
2020年5月	银保监会	《信托公司资金信托管理暂行办法(征求意见稿)》	全部集合资金信托投资于同一融资人及其关联方的非标债权资产的合计金额不得超过信托公司净资产的30%
2020年8月	央行、住建部	联合召开房地产企业座谈会	形成重点房地产企业资金监测和融资管理规则

　　第三,"三道红线"新规的出现。2020年8月,住建部、央行等多部委在北京召开重点房地产企业座谈会,研究进一步落实房地产长效机制,并且形成了重点房地产企业资金监测和融资管理规则,制定地产企业融资的"三道

①　数据来源:政府公告。

红线":剔除预收款后的资产负债率大于70%、净负债率大于100%、现金短债比小于1倍。按照"三条红线"的分割线,将所有住房企业分为"红、橙、黄、绿"4个等级。红色档表示该企业三道线全超,接下来不能增加有息负债;橙色档表示该企业超过两道线,有息负债规模年增速不得超过5%;黄色档表示该企业超过一道线,有息负债规模年增速不得超过10%;绿色档表示即使该企业三道红线都未中招,有息负债规模年增速也不得超过15%。

b. 人口大趋势

依据表4-29可知,在中国进行的第七次人口普查中,总人口数虽在增加,但人口总量增速放缓。目前,中国人口总数虽然已超过14亿人,但与2010年相比,仅增加了0.79亿人,增长率为5.38%。事实上,从20世纪90年代开始,中国人口增长率便逐年下降,1990年第四次人口普查的人口增长率是2021年的2.3倍。

表4-29 中国人口变化表①

	年份	人口数量(亿人)	人口增长率(%)
第一次人口普查	1953	6.02	-
第二次人口普查	1964	7.23	19.93
第三次人口普查	1982	10.32	45.10
第四次人口普查	1990	11.60	12.45
第五次人口普查	2001	12.95	11.66
第六次人口普查	2010	13.33	5.84
第七次人口普查	2020	14.12	5.38

人口是房地产市场的基本需求来源。无论是住房需求还是投资需求,没有一定的人口规模,房地产市场要想获得更好的发展是不可能的。依据《中国经济报告》的研究,适龄购房人口总量与住宅销售走势呈线性关系,而

---

① 数据来源:国家统计局。

适龄购房者指的是中国青年。通过表4-30可知，目前中国的人口增长放缓，适龄购房人口总量也随之下降；同时，中国正面临人口老龄化问题。上述两个问题促使住房需求放缓。

②内部原因

导致恒大爆发债务危机的内部原因主要有三个：融资渠道单一、盲目地多元化扩张和高息分红。

a. 融资渠道单一，高负债使得偿债能力降低

恒大自上市以来，发展规模迅速扩大。2017年的全年销售额达到5009.6亿元，同比增长34.2%。而在这种耀眼的成绩背后，是高债务的支撑。大量的债务利息给恒大的发展带来了经济压力，一旦其销售不尽如人意，资金供应不及时，公司的资金周转就会遇到困难，甚至面临资不抵债或者破产的风险。恒大以往多是通过借新还旧偿债的方式来维持公司的正常运作，但是这种行为不仅不利于企业扩大盈利，甚至还会影响银行和金融市场的稳定。[①]

通过表4-30可知，恒大在2016—2020年间的主要融资方式为银行及其他借款、优先票据、中国债券、可换股债券和永续债等5类，均为有息负债。其中，银行及其他借款占据主要规模，2016—2020年分别占融资总额的70.53%，84.77%，79.75%，75.50%，70.72%，其融资成本在8%上下浮动，利息率并不高，所以银行借款的融资成本较低，因此是房地产企业首选的融资方式。由于银行是风险集中的地方，银行对资金流向的检查很严格。因此，过度依赖银行贷款会使企业处于被动地位，并承担更多的金融风险。

表4-30　2016—2020年恒大集团主要融资渠道（单位：亿元）[②]

指　　标		2016年	2017年	2018年	2019年	2020年
银行及其他借款	实际利率（%）	7.74	7.62	7.99	8.85	9.52
	金额	4591.97	6210.8	5368.6	6016.72	5067.24

---

① 刘艳丰.恒大集团多元化发展财务风险研究[D].长春:吉林大学,2019.

② 数据来源:企业年报。

续表

指　标		2016 年	2017 年	2018 年	2019 年	2020 年
优先票据	实际利率（%）	9.81	8.33	8.99	10.06	10.09
	金额	221.12	576.82	799.12	1366.01	1512.77
中国债券	实际利率（%）	7.04	7.18	7.50	7.08	6.83
	金额	537.61	538.63	436.66	451.95	450.11
可换股债券	实际利率（%）	–	–	10.71	10.71	10.71
	金额	–	–	127.04	134.27	135.2
永续债	实际利率（%）	9.40	–	–	–	–
	金额	1160.02	–	–	–	–
总额		6510.72	7326.25	6731.42	7968.95	7165.32

通过表格对比可知，恒大近几年优先票据的融资额在逐年增大，且优先票据的发行是在高额的利率基础之上，融资成本在9%上下浮动，2019—2020年这两年还有上升趋势。同时，优先票据是企业负债的一种，因此发行优先票据变相增加了企业的资产负债率。相比之下，中国债券的融资成本较低且稳定，徘徊在7%左右。

永续债是以委托贷款的形式发放给恒大旗下企业使用，不设固定还款期限，并设有担保抵押，但永续债有利率重设条款：借款的第三年如果不还钱，永续债的利率将在接下来的几年里重置，并大幅上升，即银行将在第三年以较高的利息要求企业在两年内偿还贷款，因此也被称为"2+N模式"。可见，永续债的利率是逐步上升的。如果企业赎回不及时，利率就会越来越高，进而提高企业的融资成本。事实上，在2013—2016年4年间，恒大连续4年发行永续债，金额逐年增加，并在2016年达到1160.02亿元，其融资成本不断加大。因此，在2017年恒大停止发行永续债。

2017年，恒大新增了发行可换股这一融资渠道。该方式的融资成本比较固定，一直保持在10.71%，是所有融资方式中融资成本最高的。因此，通过该种方式融资的金额要少于其他4种融资方式。

综上，恒大一直处于高负债经营的状态，这进一步影响了其偿债能力。

此外，恒大也有通过股权融资的方式获取资金，但该方式会稀释公司股权。因此，通过该方式募集资金的金额相较于债务融资来说是非常的少。除了2017年，为了赎回永续债，恒大引入了3轮战略投资，才筹集到足够的资金。在私募融资方面，恒大获得了总计15亿美元的融资。然而，由于进行私募融资存在控制权转移的风险，恒大近年来并没有采用这种方法。

b. 盲目地多元化扩张

2010年，许家印花1亿元收购了恒大足球俱乐部的前身——广州市足球队，将产业布局延伸至了体育行业；同年，恒大立足于传统房地产行业，开辟出与之相关的旅游地产市场。

2013年，恒大正式迈开了多元化扩张的步伐，其将业务布局延伸至文化产业和快消产业，打造出恒大文化和恒大冰泉两大品牌。

2014年，恒大农牧业有限公司成立，旗下产品包括恒大粮油、乳液等知名产品；同年，恒大与阿里巴巴联手布局体育产业合作事宜。

2015年，恒大将业务拓展至健康产业和保险产业，并成立了恒大健康和恒大人寿。

2016年，恒大集团进入互联网金融行业，牢牢把握住了当时互联网新业务发展的风向；同年，恒大也入股了银行业。银行与互联网金融、线上与线下模式相辅相成、相得益彰。

2018年，恒大进入高新技术产业。新业务开发的早期阶段，恒大投入了很多资金用以巩固研究和发展硬件基础，同时注重提高软实力，不断加速发展的高科技，紧跟时代发展的步伐。

2019年，恒大正式进军新能源汽车产业，并成立了恒大新能源汽车投资控股集团有限公司。

2021年，恒大转型成功，旗下共拥有八大产业：恒大地产、恒大新能源汽车、恒大物业、恒腾网络、房车宝、恒大童世界、恒大健康、恒大冰泉，形成了覆盖衣食住行等领域的新型产业生态系统。恒大在进行多元化扩张时一直是以地产产业布局提升附加值为指导思想，文化、保险、健康产业等都是为了打造恒大"民生物业"产业链,以期在满足人们物质生活的同时打造多元化的服务体系,从而提升公司的整体竞争力。因此,恒大在进入快消品、农牧业等行业时,都专注于居民的日用品,目的是在促进居民健康生活的同时,可以迅速产生经营现金流,为地产业务提供资金。而其参与体育产业,为的是提升恒大的品牌知名度。

　　然而,想法很美好,现实是残酷的。由于恒大在进行多元化扩张时,速度很快,并且在所拓展的新业务还未完全实现盈利时就开拓了下一新业务,这使得恒大拓展的八大产业中,除了恒大地产处于高速增长,并带来丰厚的经营成果外,剩下的产业均未带来预期收益,甚至带来了亏损。由此可见,恒大的多元化扩张是盲目的。

　　c. 高息分红和高杠杆的经营模式,债务利息居高不下

　　第一,恒大自上市以来,每年都向股东和高管们进行巨额分红。依据 Wind 数据,2016—2020 年 5 年间,恒大的现金分红总额分别为 0 亿元,14836.39 亿元,18608.95 亿元,8611.36 亿元和 1982.84 亿元,股利支付率分别为 0.00%,60.87%,49.77%,49.83%,24.55%。而许家印持有恒大超过 70%＋的股份。也就是说,大量的现金分红资金都流向了恒大高管和股东的腰包。正是因为恒大每年都要把大量现金进行分红,使得恒大根本无力偿还欠款利息和本金。

　　第二,恒大高杠杆的经营模式为其债务危机的爆发埋下了隐患。由于恒大集团只有普通股,并无优先股。所以为了计算方便,用以下简易公式计算恒大的财务杠杆系数:DFL=EBIT/(EBIT−I)。其中,DFL 为财务杠杆系数,EBIT 为息税前利润,I 为债务利息。

　　表 4-31 中的利息采用的是实际利率计算所得,EBIT=企业的净利润＋企业支付的利息费用＋企业支付的所得税。通过表 4-31 可知,恒大的财务杠杆一直保持在较高水平。其中,2016 年的财务杠杆系数是最大的,为2.42,这主要是因为 2016 年恒大借入了 1160.02 亿元的永续债,且实际利率为 9.40%,债务利息较大,所以财务杠杆系数明显达到最大。2017 年由于偿还了全部永续债,所以财务杠杆系数明显变小。而 2018 年的财务杠杆系数

之所以最小，是因为该年公司的利润总额较大。2019—2020年的财务杠杆系数增大，是因为公司新增可转股这一融资方式，实际利率为1071%，债务利息大，同时利润总额下降。

表4-31　2016—2020年恒大的财务杠杆相关数据（单位：亿元）[1]

指　　标	2016年	2017年	2018年	2019年	2020年
利　息	524.00	559.99	547.15	716.28	680.26
利润总额	368.62	774.73	1267.65	741.72	682.45
净利润	176.17	370.49	665.47	335.42	314.00
EBIT	892.62	1334.72	1814.80	1458.00	1362.71
DFL	2.42	1.72	1.43	1.97	2.00

　　企业借入债务资本需要支付固定债务利息费用，但这部分利息费用可在企业缴纳所得税前扣除，因此对于企业来说，财务杠杆能够带来利息抵税效应。如图4-32所示，此处选择有息负债作为负债总额，其利息作为利息支出进行计算，所以计算公式为：

　　负债利息率=利息支出/平均负债×100%

　　利息抵税效用=债务金额×负债利率×所得税税率

表4-32　2016—2020年恒大利息抵税效应数据表（单位：亿元）[2]

指　　标	2016年	2017年	2018年	2019年	2020年
融资总额	6510.72	7326.25	6731.42	7968.95	7165.32
利　息	524.00	559.99	547.15	716.28	680.26
负债利息率（%）	8.05	7.64	8.13	8.99	9.49

---

[1]　数据来源：企业年报。

[2]　数据来源：企业年报、Wind数据库。

续　表

指　标	2016 年	2017 年	2018 年	2019 年	2020 年
所得税率(%)	25	25	25	25	25
利息抵税效应	131.00	134.00	136.79	179.07	170.07

当企业财务杠杆高时,企业经营的风险也在增大,即使高额的利息可以给企业带来抵税效应,巨大的偿债压力也不利于企业的稳定发展。据表4-32可知,恒大的财务杠杆系数很高,因此其经营的风险也比较大。

(2)恒大面临的财务风险

恒大所面临的财务风险主要有融资风险、流动性风险和经营投资风险三大类。

①融资风险

对于房地产行业而言,筹资风险多表现为企业在为自身经营借款的过程中最终可能遭受损失的风险。首先,恒大进行多元化扩张需要大量的资金支持。其次,恒大新业务增长相对缓慢,短时间内难以产生正现金流,也需要不断补充资金。这使得恒大仅仅依靠其通过主营业务所获得的资金来支持多元化扩张,并巩固新开发的业务是远远不够的。因此,恒大需要进行外部融资。

恒大主要通过银行及其他借款、优先票据、中国债券、可换股债券和永续债等5类融资渠道来满足其多元化的战略资本需求。恒大之所以能够发行永续债,主要得益于其多元化的经营战略。在2013年以前,恒大资金来源除了自有资金外,主要来自银行贷款、优先票据、中国债券;而在实施多元化战略后,恒大就新增了发行永续债这一融资渠道,并且在2016年永续债总额超过1100亿元。2018年,恒大引入可转股债券这一新的融资渠道,但是其融资成本非常高,这也对其后续的财务稳健埋下了巨大的隐患。[1]

由上可知,恒大存在融资风险的主要问题在于其融资规模大,且融资方

---

① 许悦.恒大集团多元化战略下的财务风险管理研究[D].南昌:华东交通大学,2020.

式相对单一,主要为债务融资。

②流动性风险

恒大上市初期,资产负债率和权益负债率均处于合理水平。然而,自2015年以来,随着恒大集团多元化产业的深度布局,资产负债率和权益负债率都大幅上升。2016—2020年的资产负债率均超过80%的行业警戒线,并远高于行业平均水平,负债权益比均在5倍以上。整个集团一直处于高负债状态,并且随着时间的推移,债务压力还将进一步上升,对恒大未来的健康发展构成潜在威胁。因此,恒大必须在改善债务结构的前提下继续控制和投资其他行业,这些都是对企业发展的考验。

依据前文偿债能力的分析可知,恒大的流动比率均低于2,速动比率均低于1,且逐年下降,这说明恒大的短期流动性风险持续上升。依据表4-33可知,虽然恒大整体现金水平较高,但经营活动、投资活动和筹资活动产生的净现金流在2016—2020年5年间均存在负值,尤其是投资活动产生的净现金流一直为负值。这是因为现金流增长缓慢与恒大的快速扩张在一定程度上形成了反差。未来,恒大必须增加新的现金流增长点,才能有效降低公司的流动性风险水平。恒大集团现金流变化具有明显的双高特征,即高净投资现金和高净融资现金。由于恒大的大规模多元化发展,其净融资现金迅速增长,但增加的净融资几乎全部用于投资项目,经营活动占用的净现金相对有限,这对恒大的现金流动性形成了潜在风险。

表4-33　2016—2020年恒大现金流状况(单位:亿元)[①]

指　　标	2016 年	2017 年	2018 年	2019 年	2020 年
经营活动产生的净现金流	−586.10	−1509.73	547.49	−673.57	1100.63
投资活动产生的净现金流	−1195.59	−474.82	−203.63	−553.08	−241.28
筹资活动产生的净现金流	2730.79	1529.13	−176.51	1431.63	−768.85

---

① 数据来源:Wind数据库。

续表

指　标	2016 年	2017 年	2018 年	2019 年	2020 年
现金及其等价物增加额	848.10	−455.42	−232.65	204.98	90.50
期初现金及等价物余额	1030.90	1984.20	1520.08	1293.64	1500.56

综上,恒大的流动风险上升主要体现在资产负债率和权益负债率过高、流动比率和速动比率处于危险值,短期内流动现金总额和现金总额增长压力大,而投资需求的增加和短期债务规模占比的上升需要大量的现金,流动性风险继续加剧。

③经营投资风险

恒大经过多元化的产业布局后,其业务范围从房地产开发拓展到体育、食品、农牧业、健康、金融、文化旅游、高新技术、新能源汽车产业,经营风险也从房地产行业广泛分布到多个行业。通过对事件梳理的方法可以看出,恒大集团在多元化过程中涉及的7个行业有4个都经历了一定的危机事件,如表4-34所示。未来,恒大可能继续深化在不同行业的布局,这意味着恒大集团在不同行业仍有可能遇到新的经营问题,未来的经营风险仍有可能进一步上升。

表4-34　2016—2018年恒大集团跨行业经营风险事件统计

时　间	事　件	行　业	经营风险来源
2016 年 9 月	恒大 27 亿元人民币打包出售恒大冰泉、恒大粮油、恒大农牧	食品、农业	自身经营策略失利
2017 年 6 月	恒大出售所持万科全部股份,亏损超 70 亿元人民币	金融、证券投资	投资失利
2018 年 4 月	恒大金服下架理财产品,恒大金服官网下线	金融、互联网金融	P2P 行业爆雷
2018 年 10 月	恒大集团与法拉第的未来投资纠纷公开	高科技、新能源汽车	与战略合作者产生公司经营策略分歧

此外，恒大作为香港上市公司，主要通过自身的投资和股权收购来完成其多元化的产业布局。目前，恒大旗下的控股公司已在香港股票市场、中国A股市场和新加坡股权交易所市场开展资本活动，业务涉及中国市场和美国市场。因此，恒大目前的经营业绩受到多个资本市场波动的影响。同时，考虑到恒大的一些研发和市场业务分布在美国、瑞典等国家，其业务性能也会受到国际形势变化的影响。自2014年以来，恒大的外汇风险快速上升，到2017年人民币升值5%，恒大增加了超70亿元人民币的债务。对于恒大来说，外汇债务的来源已经从美元扩大到美元、港元和欧元。

尽管恒大一直在积极尝试多元化布局，但其房地产开发以外的非核心业务增长速度相对缓慢。在新开发的业务完全盈利之前，恒大就进入下一个行业。可见，恒大的投资风险主要是由资金的滥用和盲目投资造成的。多领域盲目选址导致恒大的投资项目质量不高；并且由于所投项目之间不存在关联性，协同效应差。例如，恒大冰泉——矿泉水公司在3年内亏损40亿元，最终被迫低价出售；恒大粮油和恒大乳制品业务经营业绩很差，最终也惨淡收场。恒大如风般进入快消品行业，又如风般迅速撤退，这说明恒大在进行多元化扩张时，行业定位不够准确，市场分析把握不到位，从而增加了其投资风险。

4. 案例启示

（1）企业应改善其资本结构

①适度负债经营

资产负债率的大小会影响财务杠杆系数的大小，较高的资产负债率必然伴随着较高的财务杠杆，同时必然导致财务风险的增加。2016年，恒大的净负债率（包括永续债）达432%。即使赎回永续债后净负债率降至187%，仍远高于行业平均水平。如此高的债务给恒大带来了巨大的财务压力，固定利息支出的增加也会导致财务杠杆的增加。因此，当债务利息越高，财务风险就越大。

恒大有息负债占负债总额的近一半，再加上计息的永续债，有息负债就占到一半以上，那么支付固定利息成本将增加，债务风险和偿债压力也会增加。当风险压力过大，投资者对企业发展的信心就会受到影响，这不利于恒大的长期稳定。根据风险管理理论，我们需要降低企业所面临得风险带来的不利影响，所以面对如此大的债务利息，特别是当企业有更多的现金余额，可以考虑支付其短期借款，同时降低有息负债的比例，适度负债经营。

同时，由于房地产行业存在存货较大的特性，可以利用速动比率来监测流动负债的比重。速动比率一般以1为安全值。当速动比率低于安全值时，企业应当适时调整流动负债的规模以保障企业的偿债能力。

②拓宽融资渠道

恒大之所以会爆发债务危机，除赌错了国家政策外，最主要的原因还是其融资渠道过于单一，主要采取的是债务融资，并且银行及其他借款在2016—2020年5年间占据了有息负债的70%以上；与此同时，恒大主要通过将新债换旧债来偿还债务，这使其总债务居高不下。因此，在融资过程中，企业应选择多种融资方式来分散风险，而不是单纯依靠债务融资，以缓解企业过度负债造成的资金链断裂风险，降低企业和股东的融资风险。

除债务融资外，企业还可以发行可转换股票、股票或引入战略投资等方式进行融资。其中，可转股不仅可以帮助企业降低负债率，还可以优化企业的产权结构，从而帮助企业改善资本结构。一旦企业的负债率降低，财务杠杆水平和财务杠杆效应也会随之降低。因此，可转股适合像恒大这样一个高负债、高杠杆、快速扩张的企业。它可以帮助恒大缓解债务偿还压力，提供更多的资金支持。但可转股对房地产企业的帮助有限，不应过度使用。

（2）企业应提高资金管理能力

企业的现金流主要有3类，分别为筹资活动产生的现金流、投资活动产生的现金流以及经营活动产生的现金流。一般而言，企业的自有资金一般会用于经营和投资，当自有资金不足以支撑企业的经营和投资活动时，筹资活动所获得的资金将会被用于经营和投资。所以没有稳定的现金流，企业的资金链就会面临断裂的危险。通过表4-33可知，恒大2016—2020年的经营和投资现金流几乎均为负值，这表明恒大有着非常大的财务风险；并且恒大的自有资金通常不足以满足其经营和投资活动所需，这使得恒大为了保持现金流的稳定性，一直不断地向外部借款，进而导致财务杠杆负效应的累积。因此，企业应建立完善的内部控制制度，及时提供资金使用情况的信息，最大限度地提高资金使用效率，监督决策的沟通和完善，最后发挥财务杠杆的积极作用。

(3)企业应避免盲目扩张

第一，企业在进行扩张时，应当以主营业务为核心。恒大在进行扩张时，所进军的产业与房地产相关度并不高，不存在协同效应；并且在进行业务扩张时，需要大量的资金投入，不存在关联性的新业务往往需要投入更多的资金来巩固。当企业未进行资金的合理分配时，就有可能影响企业的正常运营，并导致财务危机。

第二，企业的扩张速度应当与融资规模相匹配。恒大的扩张速度很快，并且所扩张的领域与其主营业务的关联性不大，这使得其需要大量的资金。仅依靠企业的自有资金并不足够，因此需要进行外部融资，但是即使是进行外部融资也不能满足其对资金的需求。因此，企业的扩张速度应当与融资规模相匹配。

第五章

公司股东责任与权利的法律风险控制

一、公司股东出资责任

股东出资是公司成立和对外承担责任的基础,公司资本原则是公司存在的基石。注册资本非因法定程序不得变更,注册资本必须金额确定,注册资本非因公司解散清算必须维持不得挪作他用。这3个公司资本原则,并不是将公司的资产和偿债能力与公司的实际资产相等同,旨在强调公司的注册资本必须是一个确定金额,而不是一个区间金额,股东的实缴或认缴出资必须按时缴纳,公司运营时必须能够独立经营、财产独立,且作为独立民事主体开展市场交易。

(一)公司结构类型

常见注册公司的结构类型分为有限公司、股份公司、一人公司,这些公司类型仅是在运营模式、股东人数、责任方式等方面有所不同。有限公司具有资合性和人合性,侧重人合性;股份公司股东数量较多,相对侧重资合性;一人公司是一个自然人设立的公司,且一个自然人仅能设立一个一人公司。股东设立公司时,有些股东不了解上述类型公司之间的区别,不清楚股东承担责任的方式和股东权利等事项。因此,建议股东设立公司时先了解不同性质的公司之间的区别,选择适合自己的公司形式。

（二）股东资本维持原则

1. 股东资本须维持

公司的成立具有人合性与资合性。股东如果退出公司，并不一定导致公司注册资本的减少，退出股东可以将股份出售给股东以外的人或公司，也可以将股份出售给其他股东。公司的注册资本非因股东的变更而减少，除非股东会决定将公司注册资本金额减少，并履行一定的减资程序；否则，股东资本不得擅自变更，这也是为了保障债权人利益不受侵害。

2. 股权转让资本须维持

股东是公司的投资人，但是股权转让的合同相对方并不是目标公司其他股东和目标公司本身，而是出让目标公司股权的股东与受让方。目标公司并不是股权转让合同的当事方。目标公司既不承担支付股权款的义务，也不承担回购股权的责任。如果目标公司支付股权转让款，那么等同于购买自己公司的股份，帮助股东变相抽逃出资。因此，股权转让中目标公司不得代替股东支付任何款项，资本须维持不变。

3. 股东抽逃出资的违约责任

股东按照认股协议和公司章程足额按期缴纳出资后，非经正常减资程序不得抽逃出资。制作虚假的财务报表达到虚增利润的目的再进行利润分配；制作虚假的债权债务凭证，利用借贷关系达到将出资转移的目的；利用关联公司之间的往来交易将出资以业务往来款方式转移至其他公司；以及其他未经法定减资程序将出资抽回的行为，均是抽逃出资的惯用形式。股东擅自抽逃出资的，公司或者其他股东可以要求抽逃出资的股东承担违约责任，并可以一并要求向公司返还出资本金和利息。

（三）出资人在公司成立前的责任

1. 股东应签订书面出资协议

各个出资人之间拟共同出资成立公司，出资协议作为出资人行使各项权利的基本依据，应当书面签订，并在书面出资协议中明确约定出资的主体、出资金额、出资方式、出资期限、债权债务的承担等因出资和成立公司应当具有的股东权利和应当承担的义务，防止因口头协议约定形式的不固定性而引发争议。因此，建议采取书面形式订立出资协议，并明确约定相关出资人的权利义务。

2. 发起人股东的出资督促义务

公司的各个创始人共同出资设立公司时，各个创始人不但要自身全面履行认缴的出资责任，而且应当监督和督促其他创始人按照出资协议或公司章程的规定按期、足额履行出资义务；否则，虽然自身已经履行完毕出资义务，也可能因为其他应当出资的股东没有履行出资承诺，那么需要未出资股东对公司债权人承担责任。虽然出资股东在对外承担责任后，可以向未履行出资义务的股东追偿，但这无疑增加了投资风险。

3. 公司未成立时发起人责任

设立公司的所有发起人，公司发起成立之前所有事务及因此而对外欠付的费用，均由全体发起人承担连带责任，而不是按份承担责任。如公司因故未成立，所有因公司设立而享有债权的人有权请求全体发起人就因设立公司而产生的所有债务承担连带清偿责任。设立公司过程中给第三人造成的损害，公司设立成功的，由设立后的公司承担；如公司未成立，则所有债务由全体发起人承担连带赔偿责任。

(四)出资协议与公司章程的区别

出资协议是出资人之间为了设立公司而签订的合作协议。出资协议一般约定了出资人之间的权利义务以及公司未成立时出资人的责任承担。公司章程是公司成立后约束股东及其董事、监事、高级管理人员及其他员工的公司根本依据，规定公司决策层、管理层在公司的职责权限及管理流程。两者的作用和功能区别较大，存在两者生效的时间不同、决定流程不同、法律后果不同、责任人的责任不同等区别。因此，公司设立过程中，出资协议和公司章程缺一不可，二者在各自阶段发挥对出资人、股东等的约束力。

(五)股东出资不实连带责任

1. 出资不足的连带责任

法律对土地使用权、房产等实物出资、经注册合法拥有的知识产权等非货币财产出资,已经不再强制性规定价值评估,但并不意味着股东以上述资产出资的定价可以不遵守市场价值。股东成立公司后,发现作为设立公司出资的非货币财产的实际价额显著低于公司章程所定价额的,应当由交付该出资的股东补足其差额,公司设立时的其他股东承担连带责任。因此,公司章程应当明确房产等实物、知识产权等非货币财产的估值金额,且明确约定该财产明显低于章程所定价额的,该实物出资股东应当补足差额、其期限以及承担未按时补足差额的违约责任,这样可使其他股东最大限度减轻责任。

2. 股权转让未出资股权的责任承担

股东是否按期缴纳认缴的出资,以及是否抽逃出资,均不影响受让方受让该股权时,一般亦不会影响股权转让的法律效力,受让方应当通过查询工商登记档案,查阅工商会计账簿等方式审查出资义务的履行情况。但是股东没有履行或者没有全部履行出资义务,而进行转让股权时,股权受让方对此种情况明知或者应当明知的,公司或其他股东要求该股东全面履行出资义务的,股权受让方对股权转让方未出资的金额应当承担连带责任。

3. 公司分立时的连带责任

公司可以分立也可以合并,完全取决于公司的运营需要和股东经营需要。如果公司分立,公司分立前形成的债务应当由分立后的公司承担连带责任,当然这并不妨碍分立后的公司之间订立内部债权债务分担协议,但是最终取决于债权人是选择由分立后公司承担连带责任还是选择其中一家作为债务人,未达成协议的由分立后的公司承担连带责任。

4. 股东出资加速到期责任

公司对外欠付债务,公司资产不足以清偿全部债务或者缺乏明显清偿能力,无财产可供执行,已具破产条件,但又不申请破产的,未届出资期限的股东应当将其出资加速到期,归入债务人财产,实现所有债权人公平清偿。"在注册资本认缴制下,股东依法享有期限利益。债权人以公司不能清偿到期债务为由,请求未届出资期限的股东在未出资范围内对公司不能清偿的债务承担补充赔偿责任的,人民法院不予支持。但是,下列情形除外:(1)公司作为被执行人的案件,人民法院穷尽执行措施无财产可供执行,已具备破产原因,但不申请破产的;(2)在公司债务产生后,公司股东(大)会决议或以其他方式延长股东出资期限的"。因此,特殊情况下股东出资可以加速到期,并承担未出资金额部分的责任。

5. 股东未按期足额缴纳出资的债务补充责任

股东作为公司的创建者,应当严格按照事先各个股东之间拟定的公司章程中约定的期限和金额足额将认缴的出资金额予以缴纳到位,否则公司或者其他股东均有权要求未按期足额缴纳认缴出资的股东履行出资义务,而且其他已经按期足额缴纳认缴出资金额的股东,可以要求未足额按期缴纳出资的股东承担违约责任。债权人在公司不能清偿全部债务时,有权要求未足额按期缴纳出资的股东在未出资本息范围内对公司债务不能足额偿还的部分承担补充还款责任。

二、公司股东权利

公司是独立的法人单位,公司财产和生产经营均独立于股东个人,而且公司章程可以规定公司决策和经营管理的相关事情,只要法律没有强制性规定的,都属于公司、股东意思自治的范围。

(一)公司股东自决事项

1. 自主选择法定代表人

法定代表人是公司的法定代表。公司的法定代表人人选系依据公司章程的规定来决定,只要没有法律限制担任法定代表人的情形,不分年龄、学历、职称、民族、职业等,均可以担任法定代表人,但是一般由董事长、执行董事或总经理担任。

2. 注册资本自主决定

公司分为有限公司、股份公司、一人公司，无论是何种类型的公司均须在公司章程中载明公司的注册资本金额及其各个股东的出资金额、出资方式、出资时间等事项。股东应当按照章程约定足额缴纳章程规定的认缴金额和阶段性实缴金额。股东以货币出资的，应当将实缴的货币足额存入公司账户；以不动产等非货币财产出资的，应当依法办理不动产所有权的转移登记手续。股东可以根据公司发展规划确定和调整注册资本金额以及认缴出资时间，当约定的出资时间到期，股东可以通过修改公司章程的方式延迟出资时间；同时还可以根据业务的开展情况增加或减少注册资本，以便实时适应公司的发展之需。

3. 自主决定分红比例

同股同权是法律规定的基本决策原则。实践中，各个股东之间可能存在价值取向和利益追求的差异性，往往不是完全按照股权比例进行分红，而是按照实缴的出资比例分取红利；公司新增资本时，股东有权优先按照实缴的出资比例认缴出资。但是，全体股东约定不按照出资比例分取红利，或者不按照出资比例优先认缴出资的除外。大股东为了实现对公司的控制权，往往要控制投票权或较大股权比例，但为平衡股东之间利益，自主决定其他股东多分红少投票的方式。无论是同股同权还是同股不同权，均是法律授权给股东的选择权利。

4. 自主决定对外投资和担保

公司可以自主决定对外投资和提供担保。凡是不违反法律关于投资金额、投资行业、担保金额及相关金额比例的强制性规定和符合国家大政方针政策的行业和领域，均不需要任何国家机关的批准，可以自主决定投资与否。凡是不属于公益性单位等法律禁止性担保的单位，均可以对外自主担保与否。无论公司是对外投资还是对外担保，均由公司章程、股东会、董事会决定，而且投资和担保的决策必须不损害任何股东、第三人的合法权益，经过符合法律规定的股东投票的股东决议或由经过授权的董事会决策。为了控制风险，股东会最好对投资或者担保的总额、单项投资比例或者担保的金额,通过决议明确作出限制性的授权。

(二)股东决定董事会结构及职权

1. 决定董事会组成

有限公司一般股东会授权董事会决策,董事会的成员为3—13人,但是,董事会设董事长1人,可以设副董事长。董事长、副董事长的产生办法由公司章程规定。也可以不设董事会,只设1名执行董事。董事长是董事会的召集和主持人。也就是说,董事长不召集董事会,董事会就无法召开。但董事的人数、召开会议时间等事项完全由章程规定的事项,法律不加干涉。

2. 决定董事会任期、届数

董事会是公司经营管理层面的决策机构。董事的能力合适与否,直接决定公司的未来发展。董事任期由公司章程规定,但每届任期不得超过3年。董事任期届满,可以连选连任。法律仅规定了董事任期年数,并没有限制任职届数,说明法律对于董事工作的好坏不做肯定性或否定性评价,完全以业绩说话,但在改选出的董事就任前,原董事仍应当依照法律、行政法规和公司章程的规定履行董事职务。

3. 决定董事会职权

公司治理架构中,一般是董事会对股东会负责,经理对董事会负责,董事会对股东会负责,行使召集股东会会议,并向股东会报告工作职权以及公司章程规定的其他职权。股东会、董事会、经理的职权都有法定和意定之分。不同的是,董事会、经理的意定职权必须在章程中明确,即章程中无授权即视为无权力。股东会则不然,章程未授予董事会、经理的职权均可由股东会行使。

4. 决定董事会议事方式和表决程序

董事会是公司决策的授权机构。董事会的议事方式和表决程序,法律并没有明确详细的规定。因为董事会是股东会决定的授权决策机构,代表的是公司内部运营问题,很大程度上属于私权自治的范围,法律过多干涉有干预公司经营之嫌，但为了董事会的工作能够正常开展，董事会议能正常召开、正常作出决议，避免发生争议无法决定，法律交由公司章程对董事会的决策等事项进行具体、明确规定。除董事每人一票制外，其他如董事会的召集方式、通知方式、开会时间、出席人数、表决机制等均由公司章程自由决定，即法律不予禁止的均可为，且具有法律效力，但建议公司将董事发表的意见完整记入会议记录。

（三）股东决定监事会组成

1. 决定监事任期

监事是公司的监督者，应当保证工作的连续性。法律规定监事的任期每届为3年，监事任期届满连选可以连任。监事任期届满未及时改选，或者监事在任期内辞职导致监事会成员低于法定人数的，在改选出的监事就任前，原监事仍应当依照法律、行政法规和公司章程的规定履行监事职务。因此，公司可以在章程中细化监事任期机制，保障监事会的监督效率。

2. 决定监事会或监事职权

监事会或监事是监督公司经营管理的，监事有权检查公司财务，监督公司董事、高级管理人员，法律规定有限公司设监事会，其成员不得少于3人。股东人数较少或者规模较小的有限公司，可以设1—2名监事，不设监事会。监事会应当包括股东代表和适当比例的公司职工代表，其中职工代表的比例不得低于三分之一，具体比例由公司章程规定。监事会中的职工代表由公司职工通过职工代表大会、职工大会或者其他形式民主选举产生。监事如何监督、监督方式、监督次数、如何提起诉讼等均授权由公司章程决定。可以说，监事会具体职责作用取决于公司章程。

3. 决定监事会议事方式及表决程序

监事会的召开类似董事会召开形式，法律规定监事会每年度至少召开一次会议，监事可以提议召开临时监事会会议，监事会的议事方式和表决程序，除《公司法》有规定的外，由公司章程规定，监事会决议应当经半数以上监事通过。监事会也有定期会议和临时会议，详细规则同样应当由公司章程决定,如监事出席人数、会议通知形式、表决的程序与方式等都可以由公司章程规定,既保障了会议效率,更有利于决议的科学性、合法性。

(四)可以决定经理层的职权

经理是公司日常经营管理和行政事务的负责人。法律规定有限公司可以设经理,由董事会决定聘任或者解聘。经理对董事会负责,主持公司的生产经营管理工作,组织实施董事会决议以及行使董事会授予的其他职权,公司章程对经理职权另有规定的,从其规定。关于经理的职权,法律规定完全由公司章程自主决定。公司章程既可以限制经理的职权,也可以增加经理的职权。公司完全可以根据业务和经营实际需求自主决定经理的权限范围。

(五)股东知情权

1. 召开股东会应通知股东

公司召开股东会必须提前通知全体股东。召开股东会会议,应当于会议召开15日前通知全体股东,但是,公司章程另有规定或者全体股东另有约定的除外。召开股东会的通知必须符合两个前提条件:一个是必须合理地提前通知;一个是通知采取的方式,如电话、邮件、微信、短信等方式,建议由章程明确约定提前的具体天数、通知的具体方式,实践中应当对通知的时间和方式予以明确。

2. 股东知情权的限制

股东知情权并不是绝对的。股东知情权的基础是不损害公司的利益,否则,公司有权拒绝股东对知情权的请求。一是股东应当证明自己是股东,具有股东身份,对公司的经营有知情权;二是如果公司有理由相信股东行使知情权可能损害公司利益的,公司应当提供证据予以证实;三是公司已经掌握股东自营或者为他人经营与公司主营业务有实质性竞争的,那么,股东不能够推翻公司证据的,公司显然可以拒绝股东行使知情权。

3. 股东知情权性质

股东作为公司的出资人，有权监督公司的运营。虽然股东有权参与股东会，并以股东决议的形式间接对公司重大事项进行决策和监督，但是法律规定股东在股东会的投票权并不是为了满足某一个股东的利益需要，而是全体出资人的共同利益。因此，股东知情权不应当过分扩张为干涉公司管理层对股东会决议的具体执行层面。

4. 股东查阅原始会计凭证的限制

股东作为公司的出资人，当然具有查阅、复制公司会计账簿的权利，同时该种查阅应当是股东基于正当合法且不损害公司利益的前提下行使权利，需要查阅的股东亦应当作出正当理由和不损害公司利益的承诺，但是为了平衡股东利益和公司利益，股东不宜查阅原始会计凭证，同时根据会计账簿的制作基础也可以认定会计账簿的真实性和客观性。《中华人民共和国会计法》第十五条第一款规定"会计账簿登记，必须以经过审核的会计凭证为依据"，即会计账簿是根据原始凭证制作的，查询会计账簿完全可以满足股东了解公司财务信息的目的。因此，股东无权查阅详细的原始会计凭证，但是股东可以在公司章程中予以明确规定，也可以通过股东会决议等方式，明确规定股东具有查阅原始会计凭证的权利。

5. 股东代表公司诉讼权利

公司股东发现公司生产经营过程中违反法律规定或侵害股东利益的行为，这种侵害利益行为应当包括内部和外部两种情形，公司股东会不作出制止或者维权决定，董事会、监事会及其相关人员仍不出面维权的，不论股东身份取得的时间长短，只要股东身份存在时发生或侵害行为正在持续即可。因此，股东可以提起股东代表诉讼，以维护自身及公司的合法权益，但是提起诉讼前，必须将法律规定的公司内部启动维权程序用尽。

(六)公司股东投票权与表决权

1. 股东会会议投票权

股东会是公司的最高决策机构。股东会会议分为定期会议和临时会议。定期会议按照公司章程的规定定期召开,也可以确定定期股东会召开的具体时间、召开地点、召开次数等事项。一般章程中规定一年召开两次股东会会议较为适合,既能防止长期不召开股东会,导致公司经营决策迟缓,又能及时了解公司经营状况,防止公司陷入决策僵局。至于股东会每年召开的次数法律完全不作规定,完全由股东根据实际状况进行决定,充分给予经营者决策的自主权。

2. 股东享有表决权

公司股东一般按照股权比例行使股东权利,股东会会议由股东按照出资比例行使表决权,但是公司章程另有规定的除外。股东的各项权利根据股权比例确定是法律的基本原则,股东行使表决权是参与公司经营决策的重要方式,更是小股东控制公司决策的惯用方法,或者规定单独的一票否决权,即同股不同投票权和一票否决权。因此,股东之间如何行使表决权,法律并不加以绝对限制,而是授权股东行使。

3. 股东会议事方式和表决程序

小股东有时要联合制约大股东,可以由章程中增加需三分之二以上表决权的决策事项。股东会的议事方式和表决程序,除《公司法》有规定的外,由公司章程规定。股东会会议作出修改公司章程、增加或者减少注册资本的决议,以及公司合并、分立、解散或者变更公司形式的决议,必须经代表三分之二以上表决权的股东通过。公司的股东有时比较分散,且有些股东居住在国外,集中到一起面对面开股东会,可能会存在不便捷之处,同时可以结合现代信息技术进行远程电话会议、视频会议。因此,股东会议可以自主决定会议方式,并选择会议地点和方式。

4. 股东签名被伪造的效力

股东在股东会决议上的签字系他人代签,并不一定影响股东签字和股东会决议的法定效力。股东会决议的效力以投票权数为发生法律效力要件的,股东会决议上股东的签名虽然是伪造的,如被伪造签字经过股东的确认,或者股东以其行为表明了对股东会决议内容的认可,伪造签字或未签字并不必然导致股东会决议不成立。此时,股东如果出于其他目的以签字系伪造或者未签字作为抗辩股东会决议不能成立的理由,显然不能成立。因此,股东会决议上股东签字的伪造与否,并不必然导致股东会决议无效。

(七)股东股权转让权

1. 股东股权优先购买权

股权代表了股东在公司的出资份额,可以内外部转让。有限公司的股东之间可以相互转让其全部或者部分股权。股东向股东以外的人转让股权,应当经其他股东过半数同意。股东应就其股权转让事项书面通知其他股东征求同意,其他股东自接到书面通知之日起满30日未答复的,视为同意转让。其他股东半数以上不同意转让的,不同意的股东应当购买该转让的股权;不购买的,视为同意转让。经股东同意转让的股权,在同等条件下,其他股东有优先购买权。两个以上股东主张行使优先购买权的,协商确定各自的购买比例;协商不成的,按照转让时各自的出资比例行使优先购买权,公司章程对股权转让另有规定的从其规定。鉴于公司的人合性特点,股东之间组成公司是基于资合还是人合,如果股东之间成立公司是基于相互之间的某种技术、资源等,应当在公司章程中特别约定股权的退出机制。

2. 股权转让未经变更登记不具对抗效力

股权转让合同仅仅是受让方与转让方的内部协议,对受让方、转让方、其他股东之外的第三人没有任何的对抗效力,虽然工商变更登记不是股权变动的生效条件,但是股权工商变更登记的公示效力是可以对抗善意第三人的法定效力,股权工商变更登记完成后亦可以防止转让方因债务纠纷或质押而使受让方行权不能,并遭受财产损失。

3. 股权行权时间点

公司部分股东转让股权,受让方和转让方在股权转让合同中无特别约定的情况下,一般应当自股权转让合同生效后,即产生新股东资格,同时发生股权变动的效力,除非转让协议约定或公司章程规定自变更公司股东名册、变更公司章程记载事项、办理工商变更登记、向新股东签发出资证明等变更手续开始行使股东权利,否则,以此股权转让合同股权变动时间点为行权起点。

4. 股权比例的认定标准

股东之间设立公司时均需要认购一定比例的股份,但是有时候股东出资协议中约定的持股比例与公司工商登记中公示的股权比例不一致,应当以约定为准还是登记为准,工商登记的股权比例具有对外部第三人公示的效力,具有对抗性和善意性,而协议约定的股权比例具有内部性,适用于股东内部。因此,股权比例具体以哪个为准,要具体区分是内部股东行权还是外部善意第三人行权。

(八)股东兼职高管的身份重叠责任

1. 高管与股东身份重叠的责任认定

公司的股东同时也被公司聘请为公司高级管理人员、董事的,股东以公司管理人员的身份参与管理和经营公司的过程中,如果因为违反法律法规、公司章程的规定而给公司造成损失的,一般应当依据忠实与勤勉义务作为认定和追究股东责任的依据和标准。因为,虽然董事、高级管理人员也是公司的股东,但是只要其没有利用股东的身份损害公司利益,或者没有证据证明利用股东的身份损害公司利益,均应当按照忠实与勤勉义务与否作为责任认定的标准。因此,股东身份与高管身份重叠时,应当区分股东权利和高管义务,准确区分监督决策权与管理权,所以,应当按照高管身份追究责任。

2. 股东兼高管时账户不应混用

公司的董事、高级管理人员可以从外部聘请,也可以由股东担任,法律并不禁止股东担任公司的董事、高级管理人员。股东在公司担任职务参与管理公司,股东在公司开展经营活动时,禁止为了开展业务方便、转账便利等,经常使用股东银行账户,甚至以股东名义转账,可能导致债权人要求股东对公司的债务承担连带责任。因此,股东兼任公司高管时应当明确拒绝将私人账户借给公司使用,甚至混同使用;而且在公司与相对方签订的合同,应当避免股东名义收付款等事宜,规范财务制度,避免公司账户与股东账户之间经常转款。

三、股东资格及其权利限制

股东作为公司出资的创始人，并不是公司股东的身份不发生变动，股东可能因为除名而失去股东资格，也可能因为股权转让而失去股东资格等，股东所享有的各项权利也随之发生变动。

(一)股东的权利丧失

1. 股东的除名

有限公司的股东未履行章程规定的出资义务或者抽逃全部出资，该股东被公司催缴出资或返还出资，但该股东在通知的期间仍拒绝出资或返还抽逃的款项，公司其他股东可以召开股东会，并由股东会决议决定解除该股东的股东身份，该解除行为具有法律效力。因此，股东身份除名必须符合股东违反出资义务、公司催告、股东会决议。一是股东完全没有按照公司章程履行出资和擅自抽逃全部出资，不包括部分未出资；二是公司必须向未出资股东进行催告，催告出资是除名的前置程序，即给予未出资股东履行出资的机会；三是股东会召开程序合法，并形成股东会决议。需要强调的是，未出资股东对于是否被除名无表决权，但有权参加股东会会议，并可以就未出资进行申辩，公司不得以未出资股东不具有表决权为由，拒绝其参加股东会的股东除名事项。

2. 未出资股东的表决权行使

股东应当按照认缴出资及其出资期限缴纳出资金额，如股东没有按照公司章程的规定履行出资，公司章程没有对未按时履行出资期限的行为后果作出规定的，应当按照认缴的出资金额比例实行股东表决权，但是如股东会作出不是按认缴出资比例，而是按照实际出资比例确定表决权的决议，那么该股东决议并不必然有效，应当审查股东会决定是否三分之二以上有表决权股东通过。因此，未出资股东并不是必然没有表决权，只有拟将未出资股东除名的股东会议中没有表决权，除非公司章程另有约定。

（二）股东资格的取得

1. 股东资格的继承

股东股权具有资合性和人合性的双重属性，应当将股权的资合性和人合性进行区分。如果公司章程不加以区分和限制，继承产生时，继承人成为股东，很容易破坏股东之间的人合性平衡，不利于公司的治理结构，这与有限公司人合性的特征不符，毕竟股东之间的人合性是需要时间磨合和合作积淀的。因此，建议公司章程具体规定股东资格是否能够继承，继承人不具备取得股东资格的，可以就被继承的股权应当如何处理，包括股权退出机制、股权作价评估方式、股权对价的支付方式和支付对价来源等作出详细规定，避免决策困境。

2. 股权转让中的优先购买权

股东虽然一般都是公司的创始股东，创始股东的身份并不意味着创始股东不会退出公司，在股东转让公司股权时具有资合性质，而且股权转让在公司运行中较为常见，但是转让股权应当通知公司其他股东，其他被通知的股东知晓股权转让后，如要求行使同等条件下的优先购买权，那么，公司股东对外转让股权时应当征得其他股东的同意或者提前30天通知其他股东，防止股权转让的目的无法实现。因此，股权转让时应提前通知其他股东，否则，无论股权转让经过多长时间，均可能导致转让合同目的无法实现，所以股权转让中不可能"生米煮成熟饭"。

（三）股权转让解除权的行使

转让方和受让方达成转让目标公司的股份后，受让方如发现转让方隐瞒了应当公开的事项，符合协议约定的解除权情形的，受让人在合理期限内可以行使解除权。《中华人民共和国民法典》第五百六十四条第二款规定："法律没有规定或者当事人没有约定解除权行使期限，自解除权人知道或者应当知道解除事由之日起一年内不行使，或者经对方催告后在合理期限内不行使的，该权利消灭。"权利失效规则作为防止权利被滥用的衍生规则，享有解除权的受让方如果长期不行使解除权，又不履行合同权利义务，致使合同权利义务长期处于不确定的状态。因此，司法实践和法律均通过解除权的行使期间对解除权予以限制。

(四)投资人未取得股东资格的投资须返还

公司在增加注册资本时，增资程序决策未按照《公司法》规定及签订股东资格确认协议，投资人认缴公司增资部分的出资后，未依法取得公司股东资格，如要求公司返还认缴的增资股款或依法提起股东资格确认之诉，最终会出现增资无效或无法达到增资的目的，返还投资款，并给公司带来不良影响。

四、公司解散及股东的清算责任

公司有成立就有解散。当然股东的权利在公司成立时和公司解散时已经做了确认，同时股东在公司解除后应当由股东等承担清偿责任。

(一)公司解散的标准

公司只有在经营发生严重困难的时候方可以解散；但是公司经营管理出现严重困难的条件标准如何认定，一方面，判断公司的股东会能否正常对公司的经营进行决策，股东会能否正常召开，股东会决策是否正常，股东之间矛盾是否严重激化，是否处于严重僵持状态；另一方面，股东会虽然无法正常召开和决策，但是公司的管理层仍然可以正常运营管理公司，各项管理顺畅，仅仅是决策机构僵持。因此，公司经营管理出现严重困难的标准应当是决策和经营管理均严重困难，致使公司无法正常运转。

(二)股东清算义务

股东之间纠纷、吊销营业执照等原因，均可能导致公司进行清算。公司因故而解散的，有限公司的所有股东，股份公司的董事、控股股东，均应当在产生解散事由之日起15日内成立清算小组，开始清点公司的所有债权债务，如清算小组履职不力,未及时进行清算导致公司原有的不动产、动产、用益物权等财产贬值、毁损、灭失,所有公司的债权人均可以主张在财产损失范围内,由清算组成员对公司债务承担赔偿责任。如清算小组履职不力,造成公司的主要财产、财务资料、重要财产证明等灭失,并导致无法正常进行清算的,所有债权人可以要求全体清算组成员对公司债务承担连带清偿责任。

(三)股东虚假清算的法律责任

公司清算应当真实全面盘点公司现有的全部资产,有限公司的股东、股份公司的董事、控股股东、实际控制人在公司解散后,如果恶意变卖、出租、丢弃公司财产而给所有债权人造成经济损失的,或者没有进行法律规定的清算程序,拟定虚假的清算报告,进而骗取工商登记部门的认可,办理公司法人注销登记手续的,所有债权人有权主张其对公司债务承担相应的赔偿责任。

五、股东股权转让

股东转让股权时,受让方和其他股东应当对股权价值交由第三方评估。股权交割后,应当及时进行工商变更,及时对外确认股权受让方,防范股权被查封等风险。

(一)确定股权转让目的

股东转让股权时,应当根据股权转让的目的,寻找适合转让目的的受让方,引进适合公司发展战略和经营理念的新型股东,并充分评估公司股权转让对治理结构和决策的影响,是否对公司的上市计划、业务开拓等事项产生影响,是否因此而引发法律纠纷。因此,股权转让时要明确定位,是单纯融资、股权变现、引入战略投资者,还是助力公司上市等不同目的,而选择不同的投资者。

（二）确定股权估值标准

公司经营业务不同，发展阶段不同，股权的价值和评估方法也不相同。不同的评估机构对股权价值的评估方法不同，股权价值也相差甚远，股权价值的不确定性会导致股权转让或增资扩股的目的难以达到。因此，股权价值应当多角度分析，多种方法并用，综合评估股权价值，特别是紧密围绕公司主营业务的盈利状况和可持续性，最大限度降低股权价值评估失误的风险。

（三）股权转让的特殊约定

股权的转让及股东资格法律充分授权公司章程予以规定，无论是受让人还是转让人，在签订目标公司的股权转让协议前，均应当重点查阅公司章程中是否对股权转让和股东资格作出特别规定，调取工商登记，核查是否存在股权质押、股权冻结等司法强制措施，事前评估股权转让的可行性及相关转让风险。

（四）股权结构的重置

股权转让或者增资扩股后，应当改组原有的股权结构和董事会决策机制，防止因增资扩股导致股权比例被相应稀释和防止丧失实际控制公司经营管理的话语权，或者防止因股权的过分分散，不能形成决策合力，造成公司决策经营的内耗，影响公司经营，甚至导致公司破产。因此，股权转让或增资扩股后，一定要重视股权结构的重置调整。

（五）股权变更应办理工商登记

受让方和转让方达成目标公司股权转让的合意后，应当及时办理公司股权登记的工商变更手续，备案修改后的公司章程，包括股东名册变更、股份比例变更等事项。公司股权变更只有在依法进行工商变更登记后，才产生法定的公示效力，才能最大限度预防股权被质押、冻结、违约等交易风险，防止引发纠纷。

六、股权代持的权利享有和风险防范

股东作为公司的出资人,有的基于各种考虑,将股权交由他人代持,但是因股权代持可能产生相关风险,并做好相应的防范措施,最大限度防止损失的产生。

(一)股权代持的权利享有

1. 股东资格有效性要件

公司增加注册资本时,一般应当重点考虑意思表示和客观要件是否满足,并予以股东资格认定。一方面,增加注册资本时,必须要在公司原有股东与认股人之间、认股人与原公司之间形成投资入股的一致意思表示。一般情况下,公司股东形成有效的股东会决议、增加注册资本的协议均可以作为证明投资入股意思表示一致的有效形式。虽然没有形成股东会决议,投资人已经实际参与了公司的经营管理、正常行使了股东权利,且其他股东均没有提出不同意见的情况下,也可以认定为原股东之间形成了一致意见。另一方面,投资人的投资资金必须成为公司的注册资本金。股权的存在形式是以出资份额体现在公司注册资本金中,作为出资人若要成为股东,必须要将自己所实缴及认缴部分的出资以公司注册资本金的形式予以体现。相反,投资人的出资如果未体现在公司注册资本金之中,投资人投资款所对应股权的客体没有创设,那么相应的股权也就没有存在的平台。公司增加注册资本一般情况下是投资人向公司增加注册资本金投资,仅仅股东会决议以及增资协议本身并无法导致注册资本的增加,只有进行工商变更登记手续,投资人的投资才会转化为公司资本金。

2. 显名股东可能侵害隐名股东权益

一般的股权代持协议中,隐名股东选择的显名股东可能是自身比较信任的亲信或亲戚,相对较少发生显名股东侵害隐名股东合法权益的事实,但鉴于实际出资人的隐名股东隐于幕后决策指挥,由显名股东行使法定或约定股东权利,难以保证显名股东在面对各种利益诱惑时,不会违反股权代持协议的约定事项,发生损害隐名股东利益的情形。如显名股东不向隐名股东转交或少交股权收益;显名股东违反约定行使损害隐名股东利益的权利;显名股东不对外披露代持事实,转让或质押代持的股权等侵害隐名股东权益的情形。因此,隐名股东应当在代持协议中详细约定双方的权利义务和赔偿责任。

3. 股东资格有效性的特别注意事项

投资人入股公司时,应当要求公司及其原股东作出股东决议,保证投资人投资入股的形式有效性;投资人应当与公司签订增资协议,并由新旧股东予以一致确认;投资人入股时应当对增加资本的财务安排作出特别约定,保证增加资本的资金运用方向。因此,公司增加注册资本时,不但要注意上述事项,同时要注重股东权利的实际行使方式、途径,如何参与公司管理等方面予以细化,确保股东资格的有效性。

4. 股权代持协议的法律效力

创立公司的股东因各种原因,选择作为隐名股东,由他人代持自己股权,自身作为公司实际股东隐形控制着公司运转和决策。司法实践中股权代持的法律效力是有效的,但隐名股东违反法律规定由他人持股的无效,包括股东身份违法、行业特许违法等情形,如公务人员违反法律规定,由他人股权代持的形式进行经商的;非中国籍股东为进入外资限制或禁止投资行业,通过中国籍公司或自然人持股和签订股权代持协议的方式进入特定行业的。因此,如果拟投资行业或隐名股东本身是违反法律规定的,应当谨慎股权代持,防止代持协议无效为他人作了嫁衣。

(二)股权代持的法律风险

1. 隐名股东的股东身份确认风险

隐名股东与显名股东之间代持协议的效力,仅代表的是投资权益,并不能直接转化为等同于股东的权益,投资权益仅能向显名股东主张,权利维护存在局限性。况且,隐名股东的显名化还要符合公司章程和经过其他显名股东的表决认可,仅凭代持协议是无法直接实现的。面对利益变换和人员磨合,不排除显名股东的人合化,只有经过其他显名股东的表决认可,方能顺利进行公司股东变更,隐名股东记载于股东名册和公司章程,并办理工商变更登记。因此,隐名股东一定要尽可能做到实质上的显名化,同其他显名股东互相认同,方能最大限度预防股权代持产生的身份确认风险。

2. 代持股权被执行的风险

隐名股东的股权由显名股东代持并置备于公司和工商登记,具有公示的法定效力,一般情况下足以让第三人产生信赖,由于股份是登记在显名股东名下,法律上被认定为显名股东的股权。如显名股东存在经济纠纷,被强制执行股权,那么,隐名股东的股权就有被执行抵偿显名股东债务的风险,且事后可能无法执行回转。因此,隐名股东进行投资时,一方面要审查显名股东的人品、经济状况、风险控制力;另一方面要审查其司法诉讼状况,并定时跟踪,做到早发现早预防,及时提出执行异议,从而避免股权被执行的风险。

(三)未出资股东对公司债务补充责任的特点

公司股东未出资或未完全出资的,当公司资产不足以清偿债务的,未出资股东或未完全出资股东需要承担未出资部分的补充责任。该补充责任具有以下特点,一是责任的法定性。就责任产生的原因而言,债权债务关系原本发生于公司与债权人之间,本来不涉及股东的责任。只有公司不能清偿债务时,为保护债权人利益,才使未出资股东负有责任。二是责任的补充性。就责任承担的顺序而言,公司是真正的债务人,处于第一顺位,而未出资股东处于补充的顺位。也就是债权人只有在公司不能清偿其债务时,才能就不能清偿的部分向未出资股东主张赔偿。三是责任的有限性。未出资股东向全体债权人承担赔偿责任的范围,只能是以股东未履行出资义务的范围为限。从抗辩层面,未出资股东对债权人只承担补充赔偿责任,享有先诉抗辩权,公司债权人必须先对公司提起诉讼或仲裁,待公司无财产可供执行时才能向其主张权利。

七、股权转让的税务风险

股东作为公司的出资人，在转让公司的股权时，应当根据股权转让的目的、股权转让的方式、股权转让的资产置换情况等事项，结合自身实际，筹划股权转让的税务风险。

（一）股权代持的纳税认定

1. 显名股东的纳税认定

公司注册成立时，一部分真实的创始人股东将持有的股权交由他人代持，但是在股权转让时，代持人作为法定的显名股东，股权转让时是应当负有缴纳税款义务的。根据《中华人民共和国税收征收管理法实施细则》第三条第二款的规定，"纳税人应当依照税收法律、行政法规的规定履行纳税义务；其签订的合同、协议等与税收法律、行政法规相抵触的，一律无效"。显名股东作为登记在股东名册上的股东，可以依股东名册主张行使股东权利，依据《中华人民共和国企业所得税法》《中华人民共和国个人所得税法》，是符合税法规定的转让股权和取得投资收益的纳税人，其取得股息红利所得、股权转让所得，应当依法履行纳税义务。《公司注册资本登记管理规定》（国家工商行政管理总局令第64号）第八条"股东或者发起人必须以自己的名义出资"，明确了行政管理的方式是要求股东以自己的名义出资。而《最高人民法院关于适用〈中华人民共和国公司法〉若干问题的规定（三）》第二十五条的相关规定，仅说明人民法院认可代持合同具有法律效力，规范的是代持当事人内部的民事法律关系，不属于对《公司注册资本登记管理规定》中关于股东出资规定的调整或变化。因此，税法上的纳税人不同于民事法律上的纳税人，税法纳税人的认定以法定登记记录为准，代持人代持的股权转让时，纳税人系代持人而非隐名股东，并由此可能产生双重纳税的情形出现。

2. 隐名股东的纳税认定

自然人和公司均可以成为新成立公司的股东，股权代持人也可以是个人或公司，但是隐名股东的主体身份不同，纳税主体亦有所不同。《中华人民共和国个人所得税法》第二条明确了应当缴纳个人所得税的9种所得,显名股东将取得的税后股息红利所得、股权转让所得,转付给隐名股东(自然人),不属于法律规定应当缴纳个人所得税的所得。《中华人民共和国企业所得税法》第六条规定,企业以货币形式和非货币形式从各种来源取得的收入,为收入总额,包括其他收入;第七条、第二十六条分别列明了法定的不征税收入和免税收入。据此,隐名股东(企业)从显名股东取得基于代持合同关系产生的所得,不属于法定的不征税收入和免税收入,应当按照企业所得税法规定缴纳企业所得税。因此,隐名股东在选择股权代持人时,应当根据自身规划合理选择自然人或公司作为代持人,从而避免不必要的纳税支出。

(二)公司转让股权的纳税适用

1. 上市公司法人股东对外转让股权纳税

上市公司的股权转让与普通公司的股权转让纳税并没有重大区别,股权转让收入属于企业所得税纳税收入,同时股权转让收入也可以弥补亏损。《中华人民共和国企业所得税法》(中华人民共和国主席令第63号)第六条规定:企业以货币形式和非货币形式从各种来源取得的收入,为收入总额,包括转让财产收入。《中华人民共和国企业所得税法》(中华人民共和国主席令第63号)第五条规定:"企业每一纳税年度的收入总额,减除不征税收入、免税收入、各项扣除以及允许弥补的以前年度亏损后的余额,为应纳税所得额。"《国家税务总局关于贯彻落实企业所得税法若干税收问题的通知》(国税函〔2010〕79号)规定:"关于股权转让所得确认和计算问题企业转让股权收入,应于转让协议生效且完成股权变更手续时,确认收入的实现。转让股权收入扣除为取得该股权所发生的成本后,为股权转让所得。企业在计算股权转让所得时,不得扣除被投资企业未分配利润等股东留存收益中按该项股权所可能分配的金额。"因此,无论是上市公司转让股权还是一般公司转让股权的收入,均是在股权转让协议生效后确认收入,而不管是否真实收到款项,并以此作为纳税的纳税收入依据。

2. 公司无偿转让股票的纳税

公司将持有的其他公司股票予以出售时，不论是溢价出售还是无偿转让，均应当精细化核算相关增值税金额。根据《财政部、税务总局关于明确无偿转让股票等增值税政策的公告》（财政部、税务总局公告2020年第40号）：纳税人无偿转让股票时，转出方以该股票的买入价为卖出价，按照"金融商品转让"计算缴纳增值税；在转入方将上述股票再转让时，以原转出方的卖出价为买入价，按照"金融商品转让"计算缴纳增值税。因此，公司将股票无偿转让时，应当做好财务纳税的核算，避免重复纳税和增加运营成本。

3. 合伙企业财产转让的纳税

自然人作为合伙企业的合伙人，转让合伙企业的财产份额时，应当按照财产转让所得缴纳个人所得税，根据《中华人民共和国个人所得税法实施条例》（中华人民共和国主席令第707号）规定："第六条，个人所得税法规定的各项个人所得的范围：财产转让所得，是指个人转让有价证券、股权、合伙企业中的财产份额、不动产、机器设备、车船以及其他财产取得的所得。第十七条财产转让所得，按照一次转让财产的收入额减除财产原值和合理费用后的余额计算纳税。依据《中华人民共和国个人所得税法》第三条，个人所得税的税率包括：利息、股息、红利所得，财产租赁所得，财产转让所得和偶然所得，适用比例税率，税率为20%。因此，自然人、合伙人转让合伙财产时的纳税及其税率均按照个人所得税征收。

（三）股权转让的纳税标准

1. 股权转让的纳税计算

股权的转让价格并不是最终计算纳税的金额，而是应当减去取得股权的原始价值或购入金额和合理费用后的金额，才是应纳税所得额，根据《国家税务总局关于发布〈股权转让所得个人所得税管理办法（试行）〉的公告》（国家税务总局公告2014年第67号，下同）规定：第四条，个人转让股权，以股权转让收入减除股权原值和合理费用后的余额为应纳税所得额，按"财产转让所得"缴纳个人所得税。合理费用是指股权转让时按照规定支付的有关税费。第七条,股权转让收入是指转让方因股权转让而获得的现金、实物、有价证券和其他形式的经济利益。第八条,转让方取得与股权转让相关的各种款项,包括违约金、补偿金以及其他名目的款项、资产、权益等,均应当并入股权转让收入。因此,股权转让时可以采取资产置换等方式,避免因资产出售方式不当而增加成本。

2. 股权转让偏低的风险

股权转让的价格并不是越低越好,也不是双方商定什么价格就是什么价格,如果股权转让的价格低于同类价值、明显不合理的情况下,根据《国家税务总局关于发布〈股权转让所得个人所得税管理办法(试行)〉的公告》规定,"第十二条,符合下列情形之一,视为股权转让收入明显偏低:(1)申报的股权转让收入低于股权对应的净资产份额的。其中,被投资企业拥有土地使用权、房屋、房地产企业未销售房产、知识产权、探矿权、采矿权、股权等资产的,申报的股权转让收入低于股权对应的净资产公允价值份额的。(2)申报的股权转让收入低于初始投资成本或低于取得该股权所支付的价款及相关税费的。(3)申报的股权转让收入低于相同或类似条件下同一企业同一股东或其他股东股权转让收入的。(4)申报的股权转让收入低于相同或类似条件下同类行业的企业股权转让收入的。(5)不具合理性的无偿让渡股权或股份的。(6)主管税务机关认定的其他情形"。上述情形下的股权转让均属于明显不合理的低价,不但要补缴相关税款,可能还要面临税务机关的处罚。因此,股权转让应当根据公司的资产负债情况合理定价,最好由独立第三方出具股权价值评估报告,保证股权估值的客观性。

3. 股权转让收入的核定风险

股权转让时应当根据公司的真实资产和负债及营业收入情况核算公司资产负债比例,并据此计算股权转让价格。根据《国家税务总局关于发布〈股权转让所得个人所得税管理办法(试行)〉的公告》规定,第十一条符合下列情形之一的,主管税务机关可以核定股权转让收入:(1)申报的股权转让收入明显偏低且无正当理由的;(2)未按照规定期限办理纳税申报,经税务机关责令限期申报,逾期仍不申报的;(3)转让方无法提供或拒不提供股权转让收入的有关资料；(4)其他应核定股权转让收入的情形。股权转让时，有些公司因营业停止等原因未申报纳税以及财务资料不全的，应当在股权转让前及时申报和完善会计资料，避免核定收入。

4. 股权转让价值的例外

股权转让的对方一般是与转让方无关的第三人，但是转让方也有可能将股权以较低的价格转让给具有某种血缘或法定关系的亲属，或者受到国家政策影响而价格相应降低，如现时国家对教育学区房和房产市场的政策调整，学区房因受到政策影响而价值降低等情形，根据《国家税务总局关于发布〈股权转让所得个人所得税管理办法（试行）〉的公告》规定，"第十三条，符合下列条件之一的股权转让收入明显偏低，视为有正当理由：(1)能出具有效文件，证明被投资企业因国家政策调整，生产经营受到重大影响，导致低价转让股权；(2)继承或将股权转让给其能提供具有法律效力身份关系证明的配偶、父母、子女、祖父母、外祖父母、孙子女、外孙子女、兄弟姐妹以及对转让人承担直接抚养或者赡养义务的抚养人或者赡养人；(3)相关法律、政府文件或企业章程规定，并有相关资料充分证明转让价格合理且真实的本企业员工持有的不能对外转让股权的内部转让；(4)股权转让双方能够提供有效证据证明其合理性的其他合理情形"。因此，公司经营的业务受到国家产业政策调整等影响，而股权转让价值明显偏低的不属于不合理低价，股权转让时应当充分运用税收优惠政策，保证股权转让的合理合情合法。

5. 股东借款跨年归还须纳税

实务中公司从股东处借款和股东从公司处借款时有发生，但是两种情形的纳税后果截然不同，特别是股东从公司借款的，不但涉嫌抽逃出资的事实，而且根据《财政部、国家税务总局关于规范个人投资者个人所得税征收管理的通知》(财税〔2003〕158号)第二条规定，纳税年度内个人投资者从其投资的企业(个人独资企业、合伙企业除外)借款，在该纳税年度终了后既不归还，又未用于企业生产经营的，其未归还的借款可视为企业对个人投资者的红利分配，依照"利息、股息、红利所得"项目计征个人所得税。因此，股东从公司借款如跨纳税年度的,将面临增加税务成本的可能,建议借款应当在纳税年度内结算完毕。

八、公司股权激励的实施方案、决策程序与业绩考核

(一)股权激励的目的与实施效果

股权激励是公司投资者为进一步完善公司法人治理结构,建立、健全公司长效激励约束机制,吸引和留住核心骨干,充分调动其积极性和创造性,有效提升核心团队凝聚力和企业核心竞争力,有效地将股东、公司和核心团队三方利益结合在一起,使各方共同关注公司的长远发展,确保公司发展战略和经营目标的实现。

股权激励的模式主要有股权期权激励、限制性股权激励、虚拟股权激励、股权增值权激励,该4种股权激励方式相对常用,但是股权激励的模式不限于此4种。股权激励模式与工具的选择,每个企业所在行业不同,所处的发展阶段不同,员工的素质和诉求不同,股权激励的目的不同,其股权激励模式和工具应有所区别,或者多种工具配合使用。股权激励的企业应当结合自身情况,制定符合自身实际需求的股权激励方案。

公司经营发展的激励模式有多种,股权激励模式只是公司各种激励体系中的一种,股权激励也并不能解决公司发展中的所有问题,股权激励效果的最大化,做股权激励的同时考虑其他激励方式配合,更需要公司文化、员工薪酬体系、岗位设置、经营模式等内部制度的配合,才能发挥最大效益。

就公司决策角度来说,应当特别关注66.7%,51%,34%的占股比例。66.7%意味着对公司重大事项的决定权、51%意味着对公司的实际控制权、34%意味着在重大事项上具有一票否决权。因此,公司股权激励决策应当注意股权分散的界限。

（二）股权激励的基本决策程序

1. 股权激励需履行的前置法定程序

（1）拟订具体激励计划

公司有关部门需拟订《实施股权激励计划决议》《实施股权激励计划首次授予激励对象名单》，并提交公司董事会审议和出具审议文件。

（2）独立董事出具的独立意见

公司独立董事需对《实施股权激励计划决议》《实施股权激励计划首次授予激励对象名单》，书面发表是否有利于公司的持续发展，是否存在明显损害公司及全体股东利益的情形等事项发表独立意见。

（3）公司监事会监督意见

监事会需对《实施股权激励计划决议》《实施股权激励计划首次授予激励对象名单》进行审议，对上述方案实施是否将有利于公司的长远发展、是否存在损害公司及全体股东利益的情形发表审议意见。

2. 股权激励需履行的法定决策程序

（1）股东会决议

公司将发出召开股东大会的通知，提请股东大会审议《实施股权激励计划决议》《实施股权激励计划首次授予激励对象名单》。

（2）股权激励对象公示

公司将在股东大会召开前，通过公司内部公示系统或者其他途径，在公司内部公示激励对象的姓名和职务，公示期不少于10日。

（3）监事会对于股权激励对象的意见

公司监事会应对《实施股权激励计划首次授予激励对象名单》进行审核，充分听取公示意见；公司应在股东大会审议前3日，披露监事会对《实施股权激励计划首次授予激励对象名单》审核及公示情况的说明。

（4）公告激励对象

公司股东大会审议通过本激励计划60日内，董事会根据股东大会授权对激励对象进行股权授予并公告。

(三)股权激励的对象选择、空间预留与业绩考核

1. 股权激励的对象选择

股权激励计划的激励对象一般是对公司以前和今后的发展,特别是今后能够对公司发展起到引领作用的公司董事、高级管理人员、核心技术人员/核心业务人员,纳入股权激励计划的对象应该符合实施股权激励计划的目的。公司有关部门应当根据激励计划拟定激励对象范围的人员名单,并且经由公司监事会核实确定。

股权激励是要对现有及未来需要招募的公司核心管理人员、技术人员、核心骨干人员等进行激励,而不是做全员激励,其中能够对公司业务独当一面或不可或缺的技术人员才是股权激励的重点激励对象,同时应当从激励对象角度考虑其出资能力,并做好相应的解决预案,才能够对激励对象真正起作用。

股权激励应当根据指定的激励计划、激励对象,依据《中华人民共和国民法典》及相关司法解释等法律、法规、规范性文件和股东会决议、公司章程、员工手册等公司内部制度的规定,结合公司实际情况确定。

2. 股权激励的空间预留与业绩考核

(1)预留企业高管与未来核心员工激励空间

预留高管激励方案公司确定中长期激励计划,下一阶段的具体激励对象、激励份额、激励对价、激励条件后,形成相关具体激励方案、搭建相关平台、落实相关具体协议。提供公司后续股权激励的扩容余地,增进公司持续发展动力。

公司计划未来进行核心员工激励,考虑到激励股权价格低于一般股权转让价格及增资价格,兼顾引入投资人后投资人对核心员工激励的意愿以及公司估值稳定性因素,可考虑在新引入的投资人前以低价增资方式预留核心员工激励平台,引入投资人后也不会影响核心员工激励的进行。

(2)股权激励的业绩考核

股权激励的作用是使对公司发展起到推动作用的人更加能够推动公司

的发展，而不是享受股权激励后失去工作动力和为公司谋取利益的积极性。所以，股权激励的核心就是对激励对象进行预期管理，从而激励与提升公司员工的工作能力和工作主动性。因此，公司制定的股权激励方案，需要一套全面、详细、完整的激励制度与规则与之配套实施，并明确被激励对象的股权授予条件和退出机制，且通过完善公司的绩效考核制度，确保激励机制的相对合理。

第六章

公司合同交易风险防范

交易双方在签订合同前，一般应当对相对方的主体信息、资信等事项进行调查核实。合同履行过程中，充分分析和防范可能出现的风险及其应对措施，避免因一方违约导致合同不能履行，致使中途解除合同。那么，需要收集何种证据，如何才能达到法定证据要求和证明标准，并防止今后类似风险的产生。

一、交易主体、合同审查、担保效力和权利保障

合同签订的过程中，一定注重交易相对人的履约能力、合同的事项是否全面、是否有利于己方，己方的相关权利是否能够得到保障。因此，应当重视交易过程中的细节风险。

（一）交易主体及标的物审查

1. 合同交易主体风险

公司对外签订合同，一定要核对交易对方主体是否正常经营，并核实有无虚报注册资本、是否具有与交易事项相对应的资金实力、是否存在歇业及被吊销营业执照。联系交易主体核实法定代表人及业务人员名称，并核对专用章、介绍信等是否交易主体真实授权，是否存在挂靠他人公司从事业务交易，防止被骗，损害公司利益。因此，公司交易主体的相关基本情况，在交易前和交易过程中一定要核对真伪和履约能力。

2. 防范交易标的物风险

交易标的物一般没有限制，只要符合合同双方约定的名称、质量、数量等标准，均可进行交易，但是国家限制流通、限制买卖、交易主体限制、交易许可的动产、不动产等应当取得国家相关机关的批准、许可，最好在进行交易前办理相关审批手续，防止交易标的物系禁止流通、限制流通的财物，尽可能防止因交易标的物无法交易而交易不能。

3. 防止过桥交易主体

合同交易过程中，相对方为取得不正当利益，达到取得货物后逃避债务的目的，有时会采用交易前新注册一家公司，单纯用于货物交易，交易完毕后转让给法律上没有紧密关系的关联公司，利用破产进行交易欺诈，然后将财产通过合法方式转移至其控制的公司或个人，当合同相对人要求与之交易的公司承担责任时，通过合法方式申请交易公司破产，致使相对人的债权无法实现。因此，在选择交易相对人时，应当重点考察交易相对方的注册时间、交易模式是否单一、交易价格是否正常、交易体量是否与自身实力相符、办公及员工是否异常等基本情况。因此，防止过桥交易主体，审慎甄别。

4. 合同的审查

（1）格式合同的审查

公司在开展业务的过程中签订的合同，有的是格式合同，有的是协商合同，特别是在签订格式合同时，一定要认真严格审查格式合同的内容，对于存在疑惑或者歧义的条文一定要求对方书面解释清楚，避免对格式条款理解存在法律争议的情形出现，公司作为商事主体，自然具有风险识别和风险承担能力，对相应的法律后果具有明确的认识。因此，公司相关人员应对格式条款仔细阅读、认真研究，避免签订之后，通过司法程序否定格式条款效力。

（2）合同主要条款审查

公司对外签订的合同内容主要条款应当明确精细，如果合同中对于合同双方的主要权利义务约定不明确，有的是质量检验标准，有的是附属义务，有的是对于如何办理手续约定不明，如实践中约定交付的花生油应当为质量合格,又如对履行行为约定为交付产品相关资料等,只要没有标明国家标准、行业标准、企业标准规定的,均属于约定不明,并在订立合同期间予以明确。

（3）不动产抵押登记情况审查

他物权的取得并不是以抵押权登记为要件,抵押登记仅是具有公示效力和法定抵押优先,但是如果抵押人签订抵押合同后,不予配合办理抵押登记手续,可以提起诉讼的方式强制办理抵押手续。因此抵押权的享有并不是以完成抵押登记为先决条件,仅是权利享有的先后不同,但是建议签订抵押合同后予以办理抵押登记。

（4）过桥资金使用审查

①使用过桥资金要审慎

公司在经营过程中,因资金紧张,需要通过过桥资金缓解暂时资金压力的,通常情况下会通过使用过桥资金的方式,将银行的贷款进行借新还旧的方式进行续贷。此时,公司应当全面评估自身资金流、经营状况及银行继续发放贷款的概率,防止公司还清借款后,银行抽回贷款不予续贷,造成公司资金链断裂和增加债务负担。

②融资用途要规范

公司经营应当具有规划性,耐得住行业寂寞,坚决不轻易进入陌生行业,特别是防止进行短平快的经营业务,公司融资的款项一定要用于预定用途,不得挪作他用,实践中有的公司将从其他公司的借款、向职工的借款、向银行的借款等高利转贷给他人的,民事法律上可能面临借贷合同无效,刑事上可能涉嫌高利转贷的刑事犯罪的法律后果。因此,公司间的借贷资金应以本公司闲置的财务资金为限,而不应当高利转贷,更应当规范资金使用,严格按照发展规划和业务需求进行融资。

③关联公司资金拆借要合规

公司法人和自然人均可以参股多家公司,关联公司之间进行资金拆借应当严格按照股东会决议和公司章程的规定进行,做到程序规范,结果合规合法,同时公司高管等管理层应防止私下拆借,事后补充材料的发生,且应当完整保存各项会议决定及会议记录。

(二)约定送达地址及方式的必要性

1. 合同约定送达方式的必要性

双方在合同未经注明的地址并不当然为送达地址,如果合同中没有对送达地址进行特别约定,合同一方在变更住址后可能未通知另一方,就算是向该地址送达商业信函、诉讼文书等文件,也有可能被对方拒收、退回,从而无法完成有效送达。完善的送达条文包括送达方式、送达地址、适用范围、指定人员、联系方式等,约定有利于合同双方及时履行通知义务。有利于诉讼案件进程的有效推进,如在合同中约定送达地址适用为法律文书的送达,届时双方因履行合同一方发起诉讼,能够按照合同中地址送达法律文书,避免采用公告送达增加诉讼时间成本、诉讼费用,有利于案件的迅速推进。

2. 地址约定的有效性

合同中应当尽可能详细地约定关于送达地址的各项约定及其法律后果,送达信息应当包括但不限于指定联系人、联系地址、联系电话、主体名称、联系人联系电话、微信号码、电子邮箱等。并约定可以适用的送达方式,包括但不限于EMS送达、当面送达、微信送达等。而且应当约定该地址适用往来信函、司法文书、行政机关文件等文书适用范围,同时应当明确约定送达产生的法律后果,双方须对自己提供送达信息的有效性、真实性负责,并按照该送达信息与送达方式进行送达。如果相关文件无法送达,同样会产生送达的法律后果,送达条款约定的核心就是视为送达,并由此产生相应的法律后果。

(三)公司对外担保

1. 公司担保的效力

由于联营联保互保等因素的影响,公司在生产经营过程中可能存在向其他主体提供担保的情况,但是对外担保时应当按照公司章程的规定,由股东会或董事会出具决议,经过授权的对外担保协议方能生效,才对公司具有担保的约束力。没有经过公司内部有权机构决议,导致担保无效的,债权人与公司根据各自过错程度承担赔偿责任。

2. 公司对外担保效力的例外

公司对外提供担保,必须符合公司章程的规定或者经过股东会决议,否则,擅自加盖公司印章对外提供担保的行为无效,但是公司本身从事特定行业或公司本身及股东与担保对象具有某种特殊关系的担保除外,如公司以提供担保为主营业务、银行或者非银行金融机构保函业务、为关联公司的债权人提供担保、公司之间已经存在互保关系、达到三分之二以上表决权股东在担保决定上签字确认。因此,在上述几种担保的例外情形下,没有公司股东会决议的对外担保,也应当认定对外担保决定符合公司真实意思的表示,具有法律约束力。

(四)合同交易中的权利保障方式

1. 约定保留所有权权利

买卖合同中,如果买卖双方没有对所有权转移进行特别的约定,一般情况下,应当自卖方交付买方或买方指定的收货人时标的物所有权转移。标的物交付后,如果标的物对价款没有完全支付完毕的,买方欠付外部债务较多,且存在司法诉讼案件时,将极大增加卖方的风险。此时,卖方可以在买卖合同中约定标的物交付后,对价款未全部支付完毕的情况下,约定所有权保留条款以防范风险,即标的物对价款未支付完毕前仍归属于卖方所有。

2. 合同涉税的约定

公司与交易相对方签订合同时要考虑服务提供方是一般纳税人还是小规模纳税人,发票的开具是否符合本公司的要求,明确对方需要提供发票的类型、税率、开具发票的时间,特别是营改增以后,需要在合同相应价款中表明是否包含增值税,并应当将提供增值税发票作为合同交易相对方的义务作为合同的相关条文;要求达到物流、资金流、票流三流一致的标准,避免合同约定不清或未约定因发票事宜产生纠纷或造成不必要的损失。

3. 违约解除合同的违约金适用

双方当事人签订的合同因一方违约或其他事项而解除合同，在合同没有特别约定的情况下，合同约定的违约事项不因合同的解除而无效，根据《中华人民共和国民法典》第五百六十六条第二款的规定，"合同因违约解除的，解除权人可以请求违约方承担违约责任，但当事人另有约定的除外"。第五百六十七条规定，"合同的权利义务关系终止，不影响合同中结算和清理条款的效力"。显然，合同的解除并不影响合同违约责任的条款适用，除非合同具有特别约定，但是合同约定的违约金明显超过损失金额的，可以予以调整。

4. 黑白合同的适用效力

建设工程领域，有时合同双方基于各种考虑会签订数份建设工程合同，导致中标合同与真实合同不一致。国家基于保护可信赖利益的原则，招标人和中标人另行签订的建设工程施工合同约定的工程范围、建设工期、工程质量、工程价款等实质性内容，与中标合同不一致，一方当事人请求按照中标合同确定权利义务的，人民法院应予支持。国家为防止中标价款过低造成工程质量问题，招标人和中标人在中标合同之外就明显高于市场价格购买承建房产、无偿建设住房配套设施、让利、向建设单位捐赠财物等另行签订合同，变相降低工程价款，一方当事人以该合同背离中标合同实质性内容为由请求确认无效的，人民法院应予支持。因此，合同一方当事人要求以白合同进行结算的，应当依据有效的白合同进行结算。

二、授权、代理行为

一般来说，企业的法定代表人是对外签订合同的代表，但是因为企业的生产经营规模扩大，企业的法定代表人不可能参与到每一份合同的签订当中，由此需要委托、授权其他的业务人员进行合同的签订。

(一)授权员工的风险

授权员工进行对外业务扩展和合同签订时，需要出具书面的授权委托书和介绍信。授权书的内容需要完整的包括代理人的姓名、代理的具体事项、合作业务的范围、代理期限,以及被代理人的签名和盖章等。如果授权书中的事项不明确,发生代理人超越代理权限的范围签订合同的情况,被代理人则需要承担责任。

(二)无权代理与表见代理的区别

关于无权代理与表见代理,没有代理权限的人以被代理人的名义进行代理事项,最终责任由无权代理人承担。如果没有代理权限的人,或者有权限的代理人超越代理权限对外签订合同,合同相对方有理由相信代理人有代理权限的,构成表见代理。表见代理一般的结果是合同有效,被代理人需要承担责任,但是可以在赔偿之后向无权代理人或超越权限的代理人进行追偿。

(三)无权代理的效力

当企业授权、委托的代理人对外进行超越权限的代理,或者企业其他员工出现无权代理行为的,企业应当在知道情况的第一时间与合同相对方进行核实,并且否认该代理人的代理权限。对方要求企业进行追认的,如果企业不追认,就认为代理权限不存在。同时企业在此期间不能有履行合同的行为,倘若企业履行合同,则视为承认代理权限,最终导致合同有效。

(四)授权的风险规避

企业应当尽量采取措施避免出现表见代理要求企业承担责任的情况。首先,对于授权委托书的出具,尽量填写完整,不要随意使用空白委托书,以避免授权委托书的滥用。其次,做好员工离职的交接工作,并及时通知之前与其对接的合同相对方,告知该员工已经解除劳动合同。授权员工对外进行经济合同签订,是企业生产经营活动中所必需的。因此一定要注意相关细节的处理,减少不必要的损失。

三、税务风险规避

企业签订的合同决定了企业的业务流程，也是企业在降低税收成本与控制税收风险层面最有力的工具。

（一）明确税务条款

合同中涉税条款在签订合同时应当予以明确，特别是税款由一方承担的情况下，更应当明确约定缴纳税款的时间、开票及其类型、税率等事项，而不仅仅是重视合同标的、权利义务、违约责任、争议条款等方面事项。

1. 明确纳税时间节点

合同当事人的纳税义务在何时发生，企业在合同中明确付款方式、交易时间、地点等，能够确定企业缴纳增值税的时间。一般对于增值税的缴纳时间，主要是基于收款、交货、合同权利义务履行时间，直接收款的，发票的开具时间，收到或者索取款项的时间，发生在前的是增值税的缴纳时间。先付款再交货的合同，增值税的纳税时间为货物出发的时间。

2. 明确发票开具类型及时间

签订合同时需要明确发票提供的时间，要注意出卖方应当按照规定提供开具发票的义务，一般在采购合同中会注明，出卖方必须要提供增值税专用发票，同时在合同中应当写明金额、增值税额、价外费用等等。企业应当严格按照规定时间开具相应类型的发票及其金额等，如果使用不符合规定的发票应当承担相应的法律责任。

3. 明确标的物纳税责任

订立合同之时，合同标的物未标明是否含税的，一般认为是含税的价格。当订立采购合同时，双方约定最好不要采用含税的价格，并且可以约定相关的税费由买受方或出卖方承担。如果在采购合同中使用的是含税的价格，那么买受方就会承担出卖方所需要承担的税额。在合同中订立含税条款的时候，如果约定了买受方承担税款，一定要注意可能会存在的税收风险，承担了相应税款时也承担了一定的法律责任。如果不缴税、延期缴税，买受方就可能要面临税务处罚。在订立合同时,如果约定了税款由对方承担,那么就一定要监督对方将税款缴纳完毕之后,才能够付清价款,这样可以有效地规避税务方面的法律风险。

(二)分公司与子公司纳税资格

企业的分公司以自己的名义签订合同,但因为其没有法人资格,订立合同造成的民事责任就需要总公司承担。对于公司增值税的处理,需要依据总公司与分公司的业务,按照税法的相关规定汇总、分别申报。企业所得税一般要根据总公司的计数进行缴纳。子公司是独立的法人,独立承担责任,独自享有权利。如果母公司对纳税金额及其发票开具有一定的限制,那么,一般可以与子公司开展业务,并以子公司名义开具发票。因此是设立分公司还是子公司的纳税问题,应当根据自身需要而选择。

(三)保证资金、发票、货物的合规性

企业的生产经营活动和交易中,要保持资金流、发票流、货物流的一致,就必须要保持收款方、开票方和销售方在法律主体上的一致性,要保证合同与企业的账、税、发票相匹配,要保证企业的会计凭证、税务凭证、法律凭证相一致;如果不一致的,必须要保留资料证明该项业务的真实性,确保企业生产经营和交易的真实性、合规性。如果不签订书面合同,可能会面临企业所得税无法进行税前扣除的风险。在日常经营中,企业必须将合同、付款凭证等进行税前扣除的资料予以留存,从而保证该项业务的真实、合法。如果发票不合规,其他的外部凭证也不合规,就需要采取相关的补救措施来予以佐证。

(四)业务类型应分别列明

企业签订合同时,必须要事先对涉税的条款进行仔细地琢磨,对合同中不利的涉税条款进行积极分析,这样可以避免对企业造成损失。签订合同时可以采用分期付款的方式,这样纳税时间也可以相应延长,有效缓解企业

在资金方面的压力。再者,由于增值税的税率有多种形式,所以在签订合同时,如果涉及多项业务,可以将减税、免税的业务同普通业务进行分拆,或者分别注明销售额,那么就可以使用多种税率计算方式来计算增值税了。如果税收政策进行了调整,那么企业签订的合同与发票也会发生相应的变化。在签订合同时,一定要注意价格是含税价格还是非含税价格,这样就可以规避因为税收调整所带来的法律风险。

四、合同履行中的风险防范

合同履行作为交易的重要环节,关系到合同交易事项是否能够顺利完成,更关系到合同风险的防范。

履行合同前应当再次核验交易的物品质量是否符合约定,交付的物品数量是否正确,以及对方违约不接收物品时的防范措施,交接货物的人员是否对方指定人员,防止对方重复索要标的物,从而做到交付标的物质量、数量等都符合合同约定,防止纠纷的发生。

1. 明确合同标的物

买卖合同中约定的标的物要明确、具体、可确定,合同标的物是合同买卖双方权利义务的核心,当事人在合同中一定要具体规定标的物产品的具体名称、什么品牌、何种规格型号、哪个生产厂家、具体数量等能够具体确定标的物的详细细节,预防因标的物具体细节约定不明确而产生歧义和纠纷。

2. 明确标的物质量标准及检验期间

买卖各方应当在合同中明确规定标的物的质量标准及检验方法和检验期间,并以此作为判断标的物是否存在质量问题的标准和依据。而且检验条款要明确,包括检验期间、检验人员、检验方法、检验依据、检验结果确认等质量检验和质量确认的事项。作为合同的买方,一定要依据合同约定的提出标的物质量问题的时间、方法等事项,及时地对收到的标的物进行外部检查和内部查验,确认标的物是否符合约定标准,并及时提出质量书面异议。作为合同的卖方,一定要在合同中明确约定标的物的检验期间,提出质量异议的确认方法,逾期检验的法律后果,并书面约定没有在约定的质量检验期间内提出书面异议的,视为标的物的数量、型号、质量等完全符合合同规定的质量要求。

3. 标的物的风险承担

买卖实践中,合同标的物不一定是从卖方直接发货,特别是电商时代,由第三方发货也较为常见,但是标的物的风险何时转移、如何约定等,发生不可抗力怎么办?比如某次河南洪灾,买卖双方应通过约定标的物的交付方式、交付时间,将标的物灭失、损毁的风险降至最低。买卖合同没有约定标的物交付的具体时间、交付方式的,应当以交付作为标的物风险转移的分界点,也就是标的物交付之前的风险由卖方承担,交付之后的风险由买方承担。如果买方不按照约定期限提取标的物,而且经催告后仍不提取的,买方应当承担逾期提取标的物之日起标的物毁损、灭失的全部风险,这也是诚信原则的应含理念。如果买卖双方约定的标的物是由他人在途运输的标的物,除非合同对在途标的物的毁损、灭失做了特别约定,否则标的物毁损、灭失的风险自合同生效时起由购买人承担。买卖双方没有约定具体的标的物交付地点,或者中途改变交付地点尚未确定具体交付地点的,出卖方将标的物交付给第一承运人后,标的物毁损、灭失的风险由购买人承担。

4. 核验标的物的权利完整性

买卖合同中,双方当事人应当核验标的物的所有权是否存在瑕疵,能否实现合同约定的目的,卖方应当保证出卖给买方的标的物享有完全的所有权或符合合同约定的所有权、使用权等事项标准,保证交付给购买人的标的物不会被第三人主张权利。特别是作为购买人,应当在双方订立买卖合同时,重点核验出卖方对出卖的标的物是否具有完全法律意义上的使用权、处分权等权利状态,预防标的物交付后被第三人追索而产生经济纠纷。如果因出卖方未取得标的物的使用权、所有权致使标的物不能进行相应的权利转移,此时买卖双方签订的买卖合同仍然有效,如果卖方标的物可以更换的,买方可以要求卖方继续履行合同,并承担违约责任。如果标的物是不可替代物,买方可向出卖方主张违约责任,并要求解除合同和赔偿损失。

5. 购买人及时验货义务

买方在对采购的相应货物进行验收时，发现购买的货物不符合双方合同约定的标准，应当在合同约定和法律规定的期限内，采用书面方式或约定电子信函的方式向卖方提出具体明确的质量异议。买卖双方没有约定货物的质量检验期限的，买方应当在合理期限内检验，并将检验中发现的标的物数量、质量等事项不符合合同约定的，在合理期限内通知卖方。标的物有质量保证期或者无法当场发现是否存在质量问题的除外，但是买方在合理期限内未书面通知或者自标的物收到之日起两年内仍未书面通知卖方的，一般视为标的物的数量、质量等符合合同约定。

6. 合同约定的自动解除效力

合同双方当事人为了便于合同的履行，在合同中约定满足约定事项时自动引起合同解除，约定的合同解除条件成就时，是否可以不通知对方。根据《中华人民共和国民法典》第五百六十五条第一款的规定，"当事人一方依法主张解除合同的，应当通知对方。合同自通知到达对方时解除；通知载明债务人在一定期限内不履行债务则合同自动解除，债务人在该期限内未履行债务的，合同自通知载明的期限届满时解除。对方对解除合同有异议的，任何一方当事人均可以请求人民法院或者仲裁机构确认解除行为的效力"。合同解除的成就条件虽然是合同双方当事人的权利，但是该权利违反了法律的强制性规定，即解除合同必须通知对方。因此，即使合同双方在合同中约定一定条件成就时自动解除合同，也仍然需要通知合同相对方。

五、合同履行中的责任规避方式

合同履行过程中，不可避免出现人为或非人为因素的影响，导致合同的履行出现波折，守约方或合同双方应当充分运用法律赋予的权利进行抗辩或止损，并选择最有利于自身的方法进行责任规避。

（一）抗辩权的运用

1. 不安抗辩权的运用

卖方在合同履行过程中,如买受方恶意隐瞒自身无法全部履行合同义务或无法履行部分合同义务的事实时,可以充分运用法律规定的不安抗辩权维护自身合法权益,如卖方现有证据证明买方的经营状况已经严重恶化,且资不抵债足以影响合同的履行,为逃避债务恶意转移财产,使用变相方法抽逃资金,丧失的商业信誉已经足以让第三方拒绝与其进行商业交易,以及其他有丧失或者可能丧失履行债务能力的情形,此时,卖方可以行使不安抗辩权中止合同的履行,并第一时间通知买方,如对方提供足以继续履行合同的担保和在合理期限内能够恢复履行能力担保的,可以继续履行合同,否则可以有权解除合同。

2. 购房遇上限购的过错公平责任

房屋买卖合同一般在当事人双方签订合同后,支付房款,房屋过户即可,但随着部分城市限购政策的出台,购房人因卖房人违约而正好遇到限购政策生效,该如何继续履行合同? 此时应以购买人是否具有购买资格而区分认定。如果购买人违约且不符合限购政策的,房屋买卖合同显然无法继续履行,应当予以解除合同;根据《中华人民共和国民法典》第五百八十条第二款的规定,"有前款规定的除外情形之一,致使不能实现合同目的的,人民法院或者仲裁机构可以根据当事人的请求终止合同权利义务关系,但是不影响违约责任的承担"。如果购买人具有购房资格,应当判决继续履行合同,并按照违约过错承担违约责任。因此,购房遇上限购并非不可以继续履行合同,应当因购房资格而定及确定司法责任承担方式。

3. 股权让与担保

名股实债即受让方只享受目标公司固定收益、不参与目标公司经营、受让方债权实现时由转让方零对价回购。此种情况实质上是股权让与担保,而不是真正的股权转让。具有几个典型特征:一是受让标的是目标公司的股权,但股东的权利义务仍由出让方实质性管理;二是股权收益仍由原股东享受,仅过账受让方账户;三是出让股东无论是否有股权分红,均应当按时、定期、足额支付受让方利润;四是当达到受让方和出让方约定的款项收回条件时,出让方无对价收回股权。因此,通过以上分析可知,股权受让方并无买入约定标的股权,并承担相应股权风险的真实意思表示,受让方与出让方真实的交易目的是为借款提供股权的出让与担保。

(二)合同附属义务

1. 解除合同应通知及提出异议

买卖合同的双方任何一方在接到对方发送的解除合同通知时,应当在第一时间回复对方,买方应当说明货物交付是否延迟及是否影响合同目的实现、接收的货物是否达到合同约定质量等事实,卖方应当说明延迟付款、质量确认等足以证明完全履行了合同约定的交付合格货物,自身经营状况良好的证据,买卖合同的任何一方均应当在对方提出异议时及时回复,并进行相应的反驳,而不是清者自清的被动不作为。如果在约定期限届满后提出异议并向法院起诉的,法院不予支持;如果合同中没有约定异议期间,应在解除合同通知到达之日起尽快向法院起诉,否则法院将不能支持对合同解除的异议。

2. 法定止损义务

合同履行过程中,对方当事人违约的,守约方应当及时提醒违约方继续履行合同,并采取合理措施防止损失的进一步扩大,由此产生的防止损失扩大的合理费用应当由违约方承担。因此,正如老话所说的,得饶人处且饶人。当对方违约时当然需要承担违约责任,但守约方如果怠于行使法定权利和止损义务,没有采取适当措施致使损失扩大的,对于扩大的损失则无权要求对方承担。

(三)涉他合同的当事人认定

合同具有相对性,合同约定的权利和义务仅约束合同双方,但是一方在合同上签字确认,合同相对方之外的第三人却代替合同相对方一方履行了合同义务和享有了合同权利,已经实际履行合同权利义务的第三人是否可以认定为合同当事人?《中华人民共和国民法典》第四百九十条第一款规定:"当事人采用合同书形式订立合同的,自当事人均签名、盖章或者按指印时合同成立。在签名、盖章或者按指印之前,当事人一方已经履行主要义务,对方接受时,该合同成立。"显然根据该条合同相对性原则,在合同上签字或者盖章的当事人就是合同的权利义务人。合同的相对人虽然必须是合同上签字或盖章之人,但是合同内容可以具有涉他性。涉他性合同分为利他性合同和他人履行义务的合同,利他性合同即合同双方在合同中为第三人规定合同权利,由第三人取得利益的合同。《中华人民共和国民法典》第五百二十二条规定:"当事人约定由债务人向第三人履行债务,债务人未向第三人履行债务或者履行债务不符合约定的,应当向债权人承担违约责任。法律规定或者当事人约定第三人可以直接请求债务人向其履行债务,第三人未在合理期限内明确拒绝,债务人未向第三人履行债务或者履行债务不符合约定的,第三人可以请求债务人承担违约责任;债务人对债权人的抗辩,可以向第三人主张。他人履行义务的合同即合同双方与第三人约定或者债务人与第三人约定,由第三人向债权人履行合同义务的合同"。《中华人民共和国民法典》第五百二十三条规定:"当事人约定由第三人向债权人履行债务,第三人不履行债务或者履行债务不符合约定的,债务人应当向债权人承担违约责任。"因此,无论合同双方在签订的合同中是否约定向他人履行义务,还是为他人设定合同义务,由他人向合同相对人履行合同义务,均只是合同相对方各自履行合同权利和义务的履约方式,但均不能成为合同的当事方。

(四)租赁物租赁期间损毁灭失责任

租赁物在承租人占有、使用期间,如果租赁物出现毁损、灭失的,通常情况下由承租人承担,但是可以采取对租赁物购买商业毁损险,减少承租人对租赁物因毁损而承担的责任;在合同中限定毁损灭失的赔偿责任范围,赔偿范围应当先定位出租人因此而受到的损失;以及因租赁物毁损解除合同而按照折旧后的现值进行补偿所有权人等方式最大限度防范和减少风险。因此，无论租赁物是因承租人的原因而毁损还是因为第三人的原因，或者不可抗力而损毁，均应当根据客观、公正原则及所有权人的租赁物的经营价值进行合理的赔偿或者补偿，只要租赁物是在租赁期间，均适用合同的相对性。

六、合同履行后续收尾及其风险

合同事项履行完毕，并不意味着履行合同的所有事项已经完毕，后合同义务仍然需要继续跟进，仍需保存履行合同的相关证据，防止后合同风险的产生。

（一）合同履行后风险预防

合同的买卖双方在合同履行过程中，买方应当完整保管支付凭证、验货资料、维权资料、商谈来往文书、电子文件（包括电子邮件、传真、微信聊天记录、QQ聊天记录等），卖方应当完整保管交货确认单、支付凭证、验收记录等资料，双方均应当在合同发生纠纷时防范自身履约风险，保证有足够的证据证明自身已经完全履行了合同约定的交付合格货物或支付约定对价的事实。

（二）货物交付应核对，保存证据

1. 货物交付证据要保存

买卖合同中双方当事人以支付货款和交付货物完成交易，卖方一定要和买方或买方指定的第三人确认接收货物的人员名称、联系方式以及收货人与买方的关系，防止将货物错误交付给他人，或者将货物交付给买方员工或者业务人员后，买方主张没有收到货物，因为谁主张谁举证，且买卖合同中卖方应当举证证明已经交付了合同约定的货物。因此，卖方在交付货物时一定要对方在收货清单上加盖公章，或由指定人员在收货清单上签字确认，如临时变更收货人的，一定要通过电子信息等确认收货人名称、地点、联系方式以及与买方的关系，以便保证货物的有效交付。

2. 循环买卖合同应定期核对账目

买卖双方长期合作的,双方可以签订循环使用的合同,同时应当明确约定每次交付货物的收货人和收货地点,并应当在合理期限内定期核对货物和账目,在对账单上由指定收货人签字或盖章确认。同时,双方应当尽可能避免现金交易,或者对现金支付的款项予以注明货物批次、金额、收付款人等事项,从而最大限度保证交付货物数量清晰,款项准确。

3. 定作人提出承揽成果的异议期限

承揽合同是定作人提供原材料,承揽人提供工具和技术完成承揽成果的合同。定作人应当对承揽人交付的工作成果进行验收,承揽合同中对承揽标的物、数量、质量、承揽方式、材料提供、履行期限等作出明确约定,且双方一般会在合同中约定提出异议的合理期限,根据《中华人民共和国民法典》第七百八十条的规定,"承揽人完成工作的,应当向定作人交付工作成果,并提交必要的技术资料和有关质量证明,定作人应当验收该工作成果"。显然民法典没有明确规定承揽合同中提出质量异议的期限,但是并不意味着承揽成果可以拖延很长时间检验,只要是承揽成果交付,均应当根据承揽成果的多少、大小、肉眼是否可以识别、查验时间长短等设定合理期间,特别是已经实际使用,且已经支付了相关承揽费等费用的,超出合理期间主张质量问题的不予支持。

4. 拒认收货签字人的法律风险

实践中,交易双方有的收货人员固定,有的收货人员不固定。如果买受方认为送货单上的签字并非其员工,且合同中亦没有授权送货单上人员签收货物,此时应当使用举证责任非完全倒置,并由其提供登记证、劳动合同及用工登记等资料,以查明案件事实,买受方无正当理由不得拒绝提供。实践中,通过比较举证能力和优势,可以据此认定买受方承担因拒不说明送货单的签字不是买受方的授权人员的举证责任。因此,非固定或指定的收货人签字的,应当将举证责任非完全倒置,即拒绝承认收货签字人身份亦不提供员工名册的法律风险由买受方承担。

七、合同解除的风险

合同的解除一般应当采用书面的方式,并将解除合同的通知告知对方,方能产生合同解除的法律效力,预防合同解除风险的产生。

(一)合同解除效力

1. 解除合同的通知效力

合同的相对人以发送解除通知的形式解除合同的,是否产生解除合同的法律效力,并不是只要向相对人发出解除合同的通知,合同就自然解除;只有具有法定或合同约定解除权的一方,才能向相对方以通知方式解除合同。如果是没有合同约定解除权的一方向对方发出解除合同的通知,对方即使没有在约定的提出异议的期限内采取救济措施,也不会产生合同解除的后果。

2. 合同约定解除的效力

合同双方虽然在合同中明确约定了解除合同的情形,但是并不必然导致解除合同。如果守约方已出现合同约定情形请求解除合同的,应当审查对方的违约情形及情节是否足以使合同无法继续履行,合同目的是否无法实现。如果违约方已经履行了合同约定的大部分义务,且剩余合同义务仍具有履行能力及继续履行的意愿和实际行动,不能产生合同解除的效力。因此,合同是否解除,主要看合同目的能否实现。应当以维护交易安全,促成合同交易事项为先。

3. 合同履行后风险预防

在合同履行过程中,买方应当完整保管支付凭证、验货资料、维权资料、商谈往来文书、电子文件(包括电子邮件、传真、微信聊天记录、QQ 聊天记录等),卖方应当完整保管交货确认单、支付凭证、验收记录等资料,双方均应当在合同发生纠纷时防范自身履约风险,保证有足够的证据证明自身已经完全履行了合同约定的交付合格货物或支付约定对价的事实。

(二)催收公告能否中断诉讼时效

催收公告能否中断诉讼时效,不能一概而论。如果债权人在债权诉讼时效到期前进行公告或者债权转让及催收公告的,完全可以引起诉讼时效中断的效果;如果债权人在债权诉讼时效过期后,而转让债权或债权转让及催收公告的,显然不能使诉讼时效中断。根据《中华人民共和国民法典》第一百九十五条的规定,"有下列情形之一的,诉讼时效中断,从中断、有关程序终结时起,诉讼时效期间重新计算:1.权利人向义务人提出履行请求;2.义务人同意履行义务;3.权利人提起诉讼或者申请仲裁;4.与提起诉讼或者申请仲裁具有同等效力的其他情形"。因此,根据民法典的上述规定,债权催告显然是引起诉讼时效中断的情形之一,但前提必须是催告前诉讼时效仍然存续。

(三)未按约定开发土地而出租的租赁合同效力

实践中开发商拿地后,基于各种因素的影响和考量,长时间不对土地使用权进行开发利用,其间又将土地出租给第三方用于其他用途的,那么开发商与第三方签订的租赁合同效力如何?《中华人民共和国城市房地产管理法》第二十六条规定:"以出让方式取得土地使用权进行房地产开发的,必须按照土地使用权出让合同约定的土地用途、动工开发期限开发土地。超过出让合同约定的动工开发日期满1年未动工开发的,可以征收相当于土地使用权出让金20%以下的土地闲置费;满2年未动工开发的,可以无偿收回土地使用权;但是,因不可抗力或者政府、政府有关部门的行为或者动工开发必需的前期工作造成动工开发迟延的除外。"该条法律应当属于强制管理性规范,并且对土地使用权的使用年限做了规定,仅是对开发商单方行为的限制,并不影响开发商对外签订合同的效力。因此,强制管理性规范规定的事项仅对行政管理的方面进行约束,并不针对第三方,第三方合同具有法律效力。

八、违约责任的承担及其规则

合同签订、履行的过程中双方均有可能违反合同约定，当一方违反合同约定时，守约方如何减少损失，如何维护权利，如何将因对方违约而给自身造成的损失量化，这些问题均须在合同中予以明确，并在对方违约时及时收集证据予以证明，争取最大权利。

（一）违约责任的承担

1. 违约损失赔偿原则

合同双方当事人如果一方违约，违约方应当赔偿守约方因违约所受到的全部损失。根据《中华人民共和国民法典》第五百八十四条的规定，"当事人一方不履行合同义务或者履行合同义务不符合约定，造成对方损失的，损失赔偿额应当相当于因违约所造成的损失，包括合同履行后可以获得的利益；但是，不得超过违约一方订立合同时预见到或者应当预见到的因违约可能造成的损失"。违约方的赔偿仅限于自身违约给对方造成的全部损失，即合同违约的赔偿必须符合利益损失填平原则，守约方不能因此而获得超额利润，否则可能会引导不良履约行为。

2. 可得利益的损失赔偿

合同履行过程中，违约方除应当赔偿守约方因合同违约所受到的损失之外，还应当赔偿守约方因履行合同可能获得的收益，并且该种收益不但是守约方可以预见的收益，更需要考量违约方是否可以对履行合同给守约方带来的利益具有预见性，且违约方是否可以预见因违约可能给守约方造成的损失。收益和损失的预见性虽然不是同一个衡量标准，但是应当综合衡量两者的结合点和平衡点。因此，如果守约方的收益和损失，违约方均可以予以预见，那么应当按照可以预见到的收益进行赔偿。

3. 违约损失的可预见性

违约损失的赔偿应当具有可预见性。这种可预见性首先应当是普通社会大众的可预见性，也就是一般情况下不得超出社会大众对于违约损失的后果预见,然后才是违约方作为专业领域人员对于合同违约的预见性。《中华人民共和国民法典》第五百八十四条规定:"当事人一方不履行合同义务或者履行合同义务不符合约定,造成对方损失的,损失赔偿额应当相当于因违约所造成的损失,包括合同履行后可以获得的利益;但是,不得超过违约一方订立合同时预见到或者应当预见到的因违约可能造成的损失。"本条款规定的就是违约责任的可预见性。这种预见性应当是合同订立时的预见性,而且普通大众的预见性是前提,且违约方预见性必须建立在普遍预见性的基础之上。因此,违约的可预见性应当使用签订合同时,合同双方在基本常识基础上具有预见性。

4. 违约损失扩大的防止义务

合同履行中,如果一方违约,守约方应当采取积极措施防止合同违约损失的继续扩大,否则扩大的损失不予赔偿。根据《中华人民共和国民法典》第五百九十一条第一款的规定,"当事人一方违约后,对方应当采取适当措施防止损失的扩大;没有采取适当措施致使损失扩大的,不得就扩大的损失请求赔偿"。防止损失的扩大应当基于守约人有能力防止损失扩大,违约人不再积极推动违约损失的扩大,违约人积极推动或放任损失扩大的,守约人能够采取措施抵消违约人的积极或放任损失扩大的阻止能力。应当从守约方保护自身利益出发,不应当仅仅考虑守约方的防止损失扩大的技术、经验等能力,更应当考虑守约方是否可能因此产生更多的损失。如果守约方防止损失扩大,但本身可能导致更大损失或额外支出,而没有采取防止损失扩大的措施时,不应当认定为守约人没有防止损失的扩大。

(二)违约责任计算规则

1. 损失如何计算

合同标的物是实物即动产、不动产的情况下,应当计算如果双方的合同正常履行的,守约方合同履行可以获得的收益与合同违约后守约方财产权益的差额就是守约方的可得利益损失。建设工程施工合同纠纷、承揽合同纠纷等合同,违约方应当赔偿同类工程的守约方可以获得的利益。买卖合同纠纷、服务合同纠纷等损失难以计算的情况下，一般应当参考合同的履行、双方过错责任的大小、同类行业的利润率及利润空间等因素计算赔偿金额。如果双方履行的是股权转让合同等难以固定和比较的纠纷类型，如股权的虚拟性和公司行业特点等特征，一般应当综合公司的行业、成立时间、利润增长趋势、资产状况等综合计算守约方因违约方违约的损失金额。

2. 损失赔偿的计算

合同双方当事人为了在合同一方违约时，方便损失的计算和固定赔偿金额，有时可能在合同中规定简单明了的损失金额的计算方法和计算规则。此种违约金额的计算方法与违约金具有一定的目的相似性，但违约金有明确的法律规定，即《中华人民共和国民法典》第五百八十五条第一款规定"当事人可以约定一方违约时应当根据违约情况向对方支付一定数额的违约金，也可以约定因违约产生的损失赔偿额的计算方法"。违约损失的计算方法及确定金额没有法律规定可以进行调整，但违约金的比例及金额法律对如何调整做了规定。《中华人民共和国民法典》第五百五十五条第二款规定："约定的违约金低于造成的损失的，人民法院或者仲裁机构可以根据当事人的请求予以增加；约定的违约金过分高于造成的损失的，人民法院或者仲裁机构可以根据当事人的请求予以适当减少。"因此，约定损失赔偿额的计算方法与约定违约金，虽然赔偿的规则不一样，但实质上都是一种损失赔偿，均可以按照公平原则予以调整。

3. 损益应相抵

合同任何一方不能因为违约而受益，即买卖合同的一方当事人因对方违约而获得了利益，违约方因此而主张将违约造成的损失赔偿金额中扣除守约方获得的利益，应当予以扣除，也就是合同守约方的损失和收益必须相抵扣。损益相抵原则应当适用于所有合同领域，而不仅仅限制于买卖合同纠纷，其他民商事纠纷同样适用。因此，损益相抵不仅仅是法律原则，更是合同双方诚信履约的基石。

4. 过失责任相抵

合同双方对合同违约造成一方损失，守约方也具有相应过错的，双方应当对损失的结果区分过错而相抵扣。根据《中华人民共和国民法典》第五百九十二条第二款的规定，"当事人一方违约造成对方损失，对方对损失的发生有过错的，可以减少相应的损失赔偿额"。这种守约方的过错是合同义务之外的过错，应当区分于双方违约行为，双方违约即合同双方都违反合同义务的行为，本质上是独立的违约行为，需要评价各自的违约行为对违约损失结果的出现的推动力大小，都要向对方承担相应的违约责任。过失责任相抵仅是一方有违约行为，而另一方的过错行为致使违约方的损失赔偿额减少，但不承担违约责任。

第七章

市场交易主体外部风险识别与防范

一、交易主体的履约能力审查

公司在对外经营过程中,因生产经营需要而与相对方合作的,应当对相对方提供的相关财产性质及其可执行性进行辨析,并采取应对措施。

(一)相对方履约能力的专属性审查

1. 甄别相对方财产属性

公司与相对方交易时,注意甄别资产或账户资金属性,应当避免企业将党组织的党费作为企业财产。党费是由各级党委组织部门代党委统一进行管理,单独设立账户,专款专用,该费用不属于企业自由支配的财产。工会经费相关部门是按比例逐月向各级工会和中华全国总工会拨交,与企业自有资金无关。在企业对外欠债时,工会经费不应该视为所在企业的财产。

2. 防止履约财物的生活专属性

如果交易相对方提供的都是对每个或某个群体生活进行保障的财务或相关权益,如相对方及其所扶养家属生活所必需的衣服、家具、炊具、餐具及其他家庭生活必需的物品;相对方及其所扶养家属所必需的生活费用,当地有最低生活保障标准的,必需的生活费用依照该标准确定;相对方及其所扶养家属完成义务教育所必需的物品。因此,上述交易相对方的这些财产具有人权保障的性质,不应当将其计入资产和履约能力范围。

3. 防止履约财物的权益专属性

财产或相关权益有时具有人身专属性,该财产仅限于特定用途,相关使用权、收益权专属于特定人员行使,如相对方未公开的发明或者未发表的著作;相对方及其所扶养家属用于身体缺陷所必需的辅助工具、医疗物;相对方所得的勋章及其他荣誉表彰的物品。因此,交易过程中不仅应当避免交易过程的细节风险,同时应当注意财产或相关权益所具有的人身专属性风险。

(二)相对方履约能力的公益性审查

1. 区分办公费用、资产与经营性资产

国家机关、事业单位、人民解放军、武警部队、政法机关在改革前,应当严格区分开办单位的国库款、军费、财政经费账户、办公用房、车辆等其他办公必需品与经营收益的区别;中国人民银行及其分支机构承担办公楼、运钞车、营业场所的措施,人民法院亦不宜进行查封。公司对外交易时也应当重点甄别办公费用、资产与经营收益资产。

2. 甄别履约款项是否指定用途

公司对外交易时,应当让相对方说明相应款项是否具有指定用途,如国有企业下岗职工基本生活保障资金,具有专项资金的性质,不得挪作他用,不能与企业的其他财产等同对待;社会保险基金仅能适用于社会保障事项,不得用于偿还社会保险机构或其下属单位对外欠付的债务;特定补贴政策而支付的粮棉油政策性收购资金;金融机构缴存在人民银行的存款准备金和备付金是风险备用金,无法挪作他用。

(三)相对方履约能力预先评估

公司对相对方提供的尚未转化为财产权或将来可能归属于相对方的财产进行合理评估,如药品批准文号系国家药品监督管理部门准许企业生产的合法标志,该批准文号受行政许可法的调整,本身不具有财产价值;开户户名为相对方在银行的贷款账户,不但要评估其未来可能产生或可转化的

财产效益,更要评估将来转化为财产效益的风险系数,从而评估交易的相对
风险性。

二、交易主体、资产信息及信用状况的核实

合同交易中,应当对相对方的履约能力和资信状况做基本调查,无论是
交易主体还是标的物等均可通过裁判文书网等网站予以核对和查阅,以便
最大限度核实交易相对方的资产信息。

(一)交易主体查询途径

1. 利用全国企业信用信息公示企业信息核查

公司在日常生产经营过程中,对外签订合同时,建议对交易相对人进行
简要的信用风险调查核实,尽最大努力防范和减少风险。全国企业信用信
息公示系统可以查阅公司的基本档案信息,企业外档显示企业注册资本、股
东、法定代表人、成立日期等形式内容,企业内档可以显示房产证、房屋租赁
合同、各种会议决议等事项,这些均可以查询和核实,但一般须现场查询。

2. 利用全国组织机构信息查询

公司因生产经营需要查询和核实当地的国家机关、事业单位等单位的
法定代表人等基本信息,可以通过(http://www.nacao.org.cn/)网站查询
国家机关、事业单位等单位的组织机构代码等,便于公司经营决策,核实相
关人员身份真伪。

3. 核实户籍人口信息

户籍信息,一般除了国家机关、司法公安机关等之外,只有律师可以查
询。律师可以凭借身份证号码、名字或具体身份信息登记地址进行查询,但
需提交律师事务所介绍信、律师执业证、授权委托书等相关资料。

(二)交易主体的财产状况核实

1. 房产信息核查

房产相关信息一般可以在当地的不动产登记中心查询,关于房屋、土

地、房地产抵押、预购房屋及抵押、建设工程抵押、房屋租赁、房地产权利限制、地役权、文件等，均可根据需要进行相应的查询。

2. 商标相关信息核查

公司在进行商标的开发、商标的注册、商标的转让、授权的使用，特别是拟购买第三人的商标使用权时，应核实商标基本情况，可以通过中国商标局商标网（http://sbcx.saic.gov.cn:9080/tmois/wscxsy_getIndex.xhtml）具体查询注册商标的近似查询、注册商标的综合查询、注册商标状态查询及错误信息反馈等事项，通过查询研判购买和使用相关商标的风险。

3. 瑕疵资产核查

人民法院诉讼资产网是人民法院执行资产拍卖、公示的专业网站，具有真实性、权威性。登录该网站能够查询到人民法院司法拍卖标的物的名称、所有权人、是否抵押、是否具有租赁等详细具体资产信息，并可以查阅参与报名、竞买、结算等信息。

（三）交易主体的资信状况核实

1. 合适相对方的失信情况

公司因生产经营需要而与第三人签订合同或产生交易时，应当核实第三人的资信状况，规避公司经营交易风险。可以通过最高人民法院的全国失信名单系统（http://shixin.court.gov.cn/index.html）进行查询，并输入需要查询的被执行人姓名、身份证号码，即可以查看相关被执行人是否属于失信被执行人及具体的失信和执行信息，如执行案件的立案时间、具体负责执行的法院、执行案件的案号、执行案件的履行情况等具体信息。

2. 诉讼情况查询

公司在与交易相对方交易时，可以通过裁判文书网（http://www.court.gov.cn/zgcpwsw）查询全国各级人民法院绝大多数生效裁判文书，包括判决书、裁定书、执行法律文书等法律文书及其涉及的法律关系和具体涉案金额、纠纷内容等案件的详细信息。

3. 税务资信查询

公司通过税务局网站(http://www.csj.sh.gov.cn/pub/bsfw/xxcx/)，可以查询纸质发票和电子发票真实性、纳税人资格情况、涉税事项办理情况、公司缴纳税款名单(包括正常缴税和欠缴税款)、公司纳税被评信用等级、注册税务师事务所及所属税务师名单等信息，进而研判交易对方的基本经营状况及风险点。

三、保证合同的效力、责任分担及其属性

公司的经营者应充分认识互保联保的法律风险。互保联保时一定要慎重决定是否担保。实践中公司为借款人提供担保的情况时有发生，担保人在借款人到期不能归还借款的情况下，将承担法定或约定的担保责任，这就在一定程度上增加了企业或然性的债务负担，应当根据公司的经营规模、盈利能力、偿债能力以及公司章程的规定对担保金额进行限定，明确担保人、抵押物之间的债务担保顺序、金额及其追偿权。因此，不能因为碍于面子而贸然提供担保。确定提供担保的时候，应当与借款人沟通由借款人提供抵押物、保证人等作为相应的反担保。

(一)保证合同的效力认定

1. 债权人与保证人口头约定保证责任的效力

保证合同不是以书面合同为唯一生效条件的合同，也可以口头形式成立保证合同关系。根据《中华人民共和国民法典》第六百八十五条的规定，"保证合同可以是单独订立的书面合同，也可以是主债权债务合同中的保证条款。第三人单方以书面形式向债权人作出保证，债权人接受且未提出异议的，保证合同成立"。《中华人民共和国民法典》第四百九十条规定，"当事人采用合同书形式订立合同的，自当事人均签名、盖章或者按指印时合同成立。在签名、盖章或者按指印之前，当事人一方已经履行主要义务，对方接受时该合同成立。法律、行政法规规定或者当事人约定合同应当采用书面形式订立，当事人未采用书面形式但是一方已经履行主要义务，对方接受时

该合同成立"。可见,口头保证合同的成立必须具备以下几个条件:

◎担保人和债权人之间达成担保的口头意思表示。

◎口头的保证不违反法律法规的强制性规定,若政府机关负责人代表政府担保的无效,当然履行国际义务或担保的例外。

◎保证人以其实际行为履行了担保责任,如债权人向其催收款项时支付相应金额款项的行为。

因此,如未签订书面合同,也没有证据证明已经履行了主要担保义务时,保证合同不成立,保证人无须承担保证责任,但是建议在日常交往中谨言行事。

2. 保证人受欺诈而提供保证的效力

保证人因债权人隐瞒真实资金来源、资信状况等事项,债务人隐瞒真实资金用途、债权人债务人之间关系等事项,隐瞒的事项足以影响保证人是否决定提供保证的,保证人可以行使撤销权,但是已经做出的保证在撤销决定未出且未产生效力的情况下,均是有效的。根据《中华人民共和国民法典》第一百四十八条的规定,"一方以欺诈手段,使对方在违背真实意思的情况下实施的民事法律行为,受欺诈方有权请求人民法院或者仲裁机构予以撤销"。《中华人民共和国民法典》第一百四十九条规定,"第三人实施欺诈行为,使一方在违背真实意思的情况下实施的民事法律行为,对方知道或者应当知道该欺诈行为的,受欺诈方有权请求人民法院或者仲裁机构予以撤销"。因此,保证人如因欺诈而违背真实意思表示作出保证的,可以通过诉讼或仲裁的方式予以撤销,恢复原有法律关系。

3. 主合同无效的担保责任效力

担保合同是借款合同的从合同,在合同本质上是服务于主合同的,担保内容和担保效力均处于从属性地位。根据《中华人民共和国民法典》第三百八十七条的规定,"担保合同是主债权债务合同的从合同。主债权债务合同无效的,担保合同无效,但是法律另有规定的除外。担保合同被确认无效后,债务人、担保人、债权人有过错的,应当根据其过错各自承担相应的民事责任"。因此,主合同无效的,担保合同无效,但是担保合同无效不是必然意味着不承担任何责任,应当结合债权人、债务人、保证人的职业、行业经验知识、生活逻辑等综合判断各方对主合同的无效及担保合同的无效是否具有行为上的过错,且该种过错是否有能力进行识别进行认定,并根据过错程度承担保证责任。

4. 保证合同无效的责任承担

保证合同无效时保证人并不是必然不承担责任。须等待保证权利人权利行使的责任期间,保证合同无效后,债权人应当在法定或约定的保证期间内向保证人主张权利,如在保证期间内没有及时主张权利,那么,无论保证人对于保证合同的无效是否具有过错,均不再承担任何责任。根据《最高人民法院关于适用〈中华人民共和国民法典〉有关担保制度的解释》第三十三条的规定,"保证合同无效,债权人未在约定或者法定的保证期间内依法行使权利,保证人主张不承担赔偿责任的,人民法院应予支持"。因此,债权人主张权利时,一定要使自身主张的权利具有可期待性和可预见性,而没有可期待性和可预见性的事实均不应作为权利对待。

5. 分公司对外担保的效力

实践中,有些分公司未经公司股东会或者董事会决议,违反公司章程规定,擅自以自己的名义对外提供担保。该担保一般不具有法律效力,无法约束公司。根据《最高人民法院关于适用〈中华人民共和国民法典〉有关担保制度的解释》第十一条的规定,"公司的分支机构未经公司股东(大)会或者董事会决议以自己的名义对外提供担保,相对人请求公司或者其分支机构承担担保责任的,人民法院不予支持,但是相对人不知道且不应当知道分支机构对外提供担保未经公司决议程序的除外"。因此,公司在设立分公司的过程中,一定要明确公司与分公司在行使对外事务时的权限,特别是应当一事一规则、一事一手续,避免使任何第三方信赖分公司具有相应行事权限,最大限度防止不必要的纠纷出现,避免经济损失发生。

（二）保证人保证期间

1. 一般保证担保责任期间

担保责任分为一般保证和普通保证，一般保证人的保证责任只有在债务人无力承担还款责任时才予以承担。根据《中华人民共和国民法典》第六百八十七条的规定，"当事人在保证合同中约定，债务人不能履行债务时，由保证人承担保证责任的，为一般保证。一般保证的保证人在主合同纠纷未经审判或者仲裁，并就债务人财产依法强制执行仍不能履行债务前，有权拒绝向债权人承担保证责任，但是有下列情形之一的除外：(1)债务人下落不明，且无财产可供执行；(2)人民法院已经受理债务人破产案件；(3)债权人有证据证明债务人的财产不足以履行全部债务或者丧失履行债务能力；(4)保证人书面表示放弃本款规定的权利"。因此，哪怕一般保证人同意承担一般保证责任，也一定要尽可能地对债务人的资产能力进行详细的尽职调查，如查阅是否成为失信人、是否被限制高消费及其原因、调查经营业绩是否稳定持续、融资资金去向等，而不是拍脑袋讲义气决策。

2. 债权人向保证人主张权利的时间限定

保证人的保证责任承担期间是有限定的，无论是一般保证还是普通保证，均以债权人在一定期间提起而发生效力。根据《中华人民共和国民法典》第六百九十三条的规定，"一般保证的债权人未在保证期间对债务人提起诉讼或者申请仲裁的，保证人不再承担保证责任。连带责任保证的债权人未在保证期间请求保证人承担保证责任的，保证人不再承担保证责任。没有约定或者约定不明的，保证期间为主履行期间届满后6个月"。因此，保证责任承担不但有期间限制，而且要有明示的行权方式，在一定期间内没有明示主张保证人承担保证责任的，保证人不承担保证责任。沉默意味着放弃权利。

(三)保证人及抵押物的责任承担

1. 债务人的抵押物与保证人的保证顺位

有保证人的债务中,如果有债务人提供抵押物和保证人提供的保证并存,应当优先由债务人的抵押物进行偿债,但债权人放弃抵押权或减少抵押物担保金额或变更价值较小的抵押物时,根据《中华人民共和国民法典》第四百零九条第二款的规定,"债务人以自己的财产设定抵押,抵押权人放弃该抵押权、抵押权顺位或者变更抵押权的,其他担保人在抵押权人丧失优先受偿权益的范围内免除担保责任,但是其他担保人承诺仍然提供担保的除外"。因此,保证人保证与债务人抵押物并存时,债权人未经保证人同意而放弃抵押权或减少抵押物担保金额或变更价值较小的抵押物的,保证人的保证责任相应减少。

2. 保证人之间的追偿

同一债权中既有物的担保,又有人的担保,且担保人是两个以上的,担保人如何承担担保责任,担保人之间如何相互追偿,如何最大限度保障自身权益?根据《最高人民法院关于适用〈中华人民共和国民法典〉有关担保制度的解释》第十三条的规定,"同一债务有两个以上第三人提供担保,担保人之间约定相互追偿及分担份额,承担了担保责任的担保人请求其他担保人按照约定分担份额的,人民法院应予支持;担保人之间约定承担连带共同担保,或者约定相互追偿但是未约定分担份额的,各担保人按照比例分担向债务人不能追偿的部分。同一债务有两个以上第三人提供担保,担保人之间未对相互追偿做出约定且未约定承担连带共同担保,但是各担保人在同一份合同书上签字、盖章或者按指印,承担了担保责任的担保人请求其他担保人按照比例分担向债务人不能追偿部分的,人民法院应予支持。除前两款规定的情形外,承担了担保责任的担保人请求其他担保人分担向债务人不能追偿部分的,人民法院不予支持"。因此,同一债务中提供担保的两个以上担保人之间能否进行追偿,不能一概而论,应当重点查看是否签署的同一份担保合同。签署同一份担保合同的,一方面说明双方相互认可,具有一定的信任度；另一方面，对担保责任的共同承担及追偿具有预见性。所以，企业在签署担保合同时，应当最大限度规避自身风险，选择对自身有利的方式签署担保合同。

(四)保证标的事项的明示

1. 借新还旧中保证人的责任承担

实践中，企业借款方式有定期借款、循环借款等，但当借款人无法按时偿还借款时，借款人经银行等金融机构审查，符合继续借款条件的，那么就可能发生借新还旧的事项，但此时担保人的担保责任不尽相同。根据《最高人民法院关于适用〈中华人民共和国民法典〉有关担保制度的解释》第十六条的规定，"主合同当事人协议以新贷偿还旧贷，债权人请求旧贷的担保人承担担保责任的，人民法院不予支持；债权人请求新贷的担保人承担担保责任的，按照下列情形处理：(1)新贷与旧贷的担保人相同的，人民法院应予支持；(2)新贷与旧贷的担保人不同，或者旧贷无担保新贷有担保的，人民法院不予支持，但是债权人有证据证明新贷的担保人提供担保时对以新贷偿还旧贷的事实知道或者应当知道的除外"。因此，担保人在向他人提供借款担保时，应当重点关注借款的来源和用途，更应当在承担法律担保责任时穿透式审查借款是否属于借新还旧，以便尽可能减轻或免除自身担保责任。

2. 债权人向保证人主张权利须明示

保证合同中有两个以上保证人时，若债权人在保证期间内仅向部分保证人主张权利的，视为对要求其他保证人承担保证责任权利的放弃。根据《最高人民法院关于适用〈中华人民共和国民法典〉有关担保制度的解释》第二十九条的规定，"同一债务有两个以上保证人，债权人以其已经在保证期间内依法向部分保证人行使权利为由，主张已经在保证期间内向其他保证人行使权利的，人民法院不予支持"。因此，债权人仅向保证人中的一人主张权利的，并不必然及于其他保证人。债权人要求保证人承担保证责任，必须以明示的方式主张权利，默示视为放弃权利。

四、诉讼财产保全的条件、主体、例外

公司提起诉讼是为了减少损失,采取财产保全措施是为了生效后的判决结果能够顺利执行,但是财产保全措施的运用需要具备一定的条件。

(一)财产保全的条件

公司诉讼时进行财产保全是为了保障诉讼的债权得以顺利实现,但一般必须符合几个条件:申请保全人与被保全人必须是本案当事人,不相关人员无权申请;所涉及案件是给付之诉、返还财产的效力确认之诉或撤销之诉;申请保全的财产系被保全人财产或与诉讼案件具有直接关联性的财产;申请保全的标的额不能超过诉讼标的额,防止恶意财产保全,平衡各方利益。

(二)财产保全担保的形式及主体

财产保全担保一般应当提供现金、易变现实物、具有担保资格的保险公司、担保公司、银行的保函。司法实务中,常用的是保险公司或融资担保公司的保函,此种形式方便快捷,而提供现金担保会加重申请人的资金成本和影响财务资金的流动性,一般很少使用。

1. 物的担保

不动产担保的,不动产必须具有不动产登记证书,评估价值足以覆盖保全金额,且具有可变现性。动产应当具有易保管、不易损耗、不易变质的特点。动产和不动产的上述要求特征,亦是法院在申请保全错误时能够快速实现对被保全财产损失的赔偿。鉴于物的保管需要投入人力物力等,物的担保亦较少使用。

2. 追加担保的使用

法院要求追加担保一般是申请人增加保全请求,或者案件情势或证据事实发生变化,如果不增加担保可能会给被保全人造成较大损失,此时申请人应当无条件按照法院的要求增加担保;否则,法院可能会驳回申请增加保

全的请求,甚至解除全案的财产保全。

3. 现金担保的例外

存在较大风险的财产保全申请,经审查,存在申请人的事实与理由及证明诉讼主张的证据可能不足以支持诉讼请求的,涉嫌恶意诉讼或虚假诉讼,采取保全措施可能造成对方生产经营等损害的,人民法院可以要求保全人缴纳不高于财产保全申请金额的30%现金作为担保保函的补充担保。

4. 依职权担保

法院对于案件事实清楚、主要案件事实均由证据予以证明,权利义务关系明确,发生保全错误概率较小的案件,不采取财产保全措施可能使国家集体利益遭受难以弥补的损失的,可能使妇女、儿童、老人的合法权益遭受难以弥补损失的,可能使诉讼案件中的标的物长期处于无人管理的状态、面临毁损灭失的危险而难以执行的,如果诉讼案件中存在以上情形,案件原告可以申请法院裁定保全措施,法院也可以依职权裁定采取财产保全措施。

(三)财产保全担保的例外

财产保全申请中,财产保全担保是必需,无须担保是例外。诉讼案件为追索赡养费、抚养费、抚育费、抚恤金、医疗费用、劳动报酬、工伤赔偿、交通事故人身损害赔偿;婚姻家庭纠纷中遭受家庭暴力且家庭经济困难的;人民检察院公益诉讼保全;事实清楚的见义勇为请求赔偿;国有金融资产管理公司追偿不良债权的;商业银行、保险公司作为申请人的保全申请等案件。上述案件一般标的额小或本身具有保证能力,事实清楚,资金需求迫切性强,一般可以不提供保全担保。

(四)担保主体的排除

国家机关、学校、医院以及以公益为目的的事业单位、社会团体、企业法人的分支机构及职能部门等,不得作为担保人,但法律法规另有规定的除外。如出于利用外资的需要,向国外进行担保等。因此,一般案件的诉讼中排除上述担保主体。

五、证据保全、主要电子证据及其鉴定程序

打官司就是打证据。可以说证据是诉讼之王,但是证据的收集需要一定的程序和方法,而且电子证据已经被纳入法律证据范围,但是某些专业性的证据还需要专业人员进行辅助。因此,证据是诉讼成功与否的关键,应当予以重视。

(一)证据的保全

1. 诉讼证据保全的条件

案件当事人申请法院进行保全的诉讼证据,一是申请保全的证据在形式证明力上对于案件事实的证明程度具有重要意义,必须是要保全的证据和案件待证事实之间具有紧密的关联性;二是保全证据必须具有紧迫性,证据具有灭失或者今后难以完整获取的可能性;三是证据保全的申请应当在举证期限届满前以书面的方式提出。同时,证据保全可以通过公证机构予以公证的方式作为司法证据保全的替代,而且效率相对较高,基本可以满足大部分的证据保全事项。

2. 逾期举证证据的证明力

中国使用大陆法系的法律规则,程序与公平同样追求,但更侧重于追求案件事实真相。一方当事人逾期举证的证据是否具有法律效力,另一方当事人是否需要质证,还是以对方逾期举证而对逾期证据不予质证。根据《最高人民法院关于适用〈中华人民共和国民事诉讼法〉的解释》第一百零二条的规定,"当事人因故意或者重大过失逾期提供的证据,人民法院不予采纳。但该证据与案件基本事实有关的,人民法院应当采纳,并依照民事诉讼法第六十五条、第一百一十五条第一款的规定予以训诫、罚款。当事人非因故意或者重大过失逾期提供的证据,人民法院应当采纳,并对当事人予以训诫"。可以看出,逾期举证的证据与案件具有实质性关联,能够证明案件基本事实的,法院依然会采纳。如果另一方对逾期证据不予全面质证,不但会丧失质证的机会,更有可能导致因不予质证而无法对相关事实发表本方法律意见,

最终导致不利于己方的结果。因此,对于逾期举证的证据亦应当积极质证,并主张是否具有证据证明力,及证明力的大小。

3. 申请法院调取证据的申请期限

关于申请人向人民法院申请无法自行调取的影响案件审判结果的证据,如果在举证期限逾期后是否仍然可以向法院申请的问题,根据最高人民法院《关于民事诉讼证据的若干规定》第二十条第一款的规定,"当事人及其诉讼代理人申请人民法院调查收集证据,应当在举证期限届满前提交书面申请"。同时根据最高人民法院《关于适用〈中华人民共和国民事诉讼法〉的解释》第九十九条第三款的规定,"举证期限届满后,当事人对已经提供的证据,申请提供反驳证据或者对证据来源、形式等方面的瑕疵进行补正的,人民法院可以酌情再次确定举证期限,该期限不受前款规定的限制";第一百零一条规定,"当事人逾期提供证据的,人民法院应当责令其说明理由,必要时可以要求其提供相应的证据。当事人因客观原因逾期提供证据,或者对方当事人对逾期提供证据未提出异议的,视为未逾期"。因此,举证期限逾期的情况下,并不是必然不能向法院申请因客观原因不能调取的事关案件判决结果的证据。一般情况下,经法院审查认为,需要调取的证据足以影响判决结果的,法院亦应当予以准许。

4. 法院不予准许调查取证的救济途径

申请人申请法院调取相关由国家机关等保存,无法自行调取的证据,法院不予准许的应当如何救济?原来最高人民法院《关于民事诉讼证据的若干规定》第十九条第二款规定,对当事人申请调查取证法院不予准许的,当事人及其诉讼代理人可以在收到通知书的次日起3日内向受理申请的人民法院书面申请复议一次。但是经修改后的该司法解释不再规定当事人的此项权利,这也并不是完全没有救济的途径,一方面可以通过证据之间的漏洞或疑点,对相关事项提出足以影响证据和事实认定的疑问,从而影响法庭对案件事实的内心确信;另一方面,可以向二审法院继续申请,积极争取。同时可以根据最高人民法院《关于民事诉讼证据的若干规定》第一百零一条"当事人逾期提供证据的,人民法院应当责令其说明理由,必要时可以要求其提供相应的证据。当事人因客观原因逾期提供证据,或者对方当事人对逾期提供证据未提出异议的,视为未逾期"的规定进行主张权利。

(二)电子证据

1. 电子数据效力认定

当今互联网等电子信息的发展和运用,使证据形式呈现多样化。根据最高人民法院《关于民事诉讼证据的若干规定》第十五条第二款的规定,"当事人以电子数据作为证据的,应当提供原件。电子数据的制作者制作的与原件一致的副本,或者直接来源于电子数据的打印件或其他可以显示、识别的输出介质,视为电子数据的原件"。电子数据的证明力与物证、书证等证据的证明力没有任何实质性区别,只是证据内容呈现的载体不同而已。因此,只要电子数据能够准确反映原始数据内容的输出物或显示物,只要输出物或显示物具有完整性和可供随时调取查用,如果电子数据在功能上等同或基本等同于物证、书证等原件的效果,就可以认定为合法有效的证据,具有证据的证明力。

2. 微信电子证据的采用

(1)何谓微信证据

微信使用较为普及,微信证据有哪些,如何保存微信证据,如何通过微信记录呈现为微信文字聊天、微信发送图片、微信发送语音、微信发送视频、微信发送网络链接、微信支付等? 微信文字聊天包括微信通讯录聊天、微信好友朋友圈动态、微信好友之间的电子文本、微信好友及朋友圈发布的图片、微信公众号文章等存在形式,例如微信发送的电子合同等。

(2)微信证据的保存

平时对关键性或事项比较重大的微信聊天记录应当注意予以保存,审慎进行微信清理和内存清理。一旦清理,将永久失去证据载体的表现形式,可以更换手机,最好由第三方予以见证,即去公证处进行证据公证保全。微信记录等内容经公证机构公证,或者具有技术上不可篡改的第三方存证平台确认,微信记录事项的真实性一般会得到司法认可。除非有其他证据予以证明该微信记录具有不完整性、虚假性等，不足以单独证明相关案件事实。因此，微信聊天应当完整保存或对相关事项予以证据保全，从而使证据具有真实性、合法性、关联性。

（3）如何提供微信证据

登录本人微信账户时，将用于证明持有微信聊天记录合法性和本人身份和微信好友身份真实性的首页界面、显示手机号码、头像、姓名、昵称等信息进行确认，固定双方当事人的真实身份，并对双方的微信聊天记录予以截图。

（4）微信证据展示

微信证据作为电子证据应当在法庭上予以展示、播放、查阅，但必须是微信记录的原始载体手机、电脑等，并在法庭上对微信文字记录、语音记录、图片、视频等进行逐一展示、播放、核对，并点击查看双方展示个人信息界面的微信备注名称、微信昵称、微信号、链接的手机号等具有身份指向性的事项，展示全部相关微信转账记录。

（5）微信证据须收集的内容

微信聊天记录系电子证据的一种，如果想要微信聊天记录能够让法庭查阅后进行相关事实的认定，必须呈现出法定的证据形式。因此，微信证据收集时应当注意通过聊天记录过程呈现出多方的真实姓名、身份号码、电话、所需要确认的事项（包括时间、地点、金额、用途等）。只有确定了上述事项，不知情的任何第三方才能够明确识别出所要确认的事项，才能够被法庭所采纳，才能够具有证据证明力。

3. 录音证据

录音作为证据的前提是能够确认在正常环境下录制，且能够明确辨认出录音双方的身份，录音反映的内容必须真实、完整、准确，音质应清晰，录制需合法，那么就可以作为证据予以使用。

（1）录音的对象应当是本人

被录音人必须是本人，且第三人可以通过录音认定被录音人姓名。因为只有承担法律义务的人讲话才能够代表本人的真实意思表示，才能够对其本人具有法律约束力。

（2）录音事项完整

录音所要证明的事项应当完整。如果是借款纠纷，借款人应当在录音中确认具体的借款金额（最好具体到主张金额）、借款时间及借款的经过，通过录音完整反映债权债务经过。

（3）录音内容完整

录音的内容不能够被剪辑、剪贴或者伪造，录音内容应当具有连续性，否则，录音可能是无效证据。录音的载体不得移动，应当保持录音的原始载体不变，但可以通过复制、拷贝等方式予以备份。

（4）录音获取合法

录音获取的途径应当合法，录音内容不违反公序良俗。如果录音是通过在他人住处安装窃听器、监控等不正当手段获取的，违反了法律规定，侵犯了个人隐私，那么此种情况下录音不具有任何法律效力，不会被法庭所采纳。

（5）录音代表本人意志

录音的事项必须是本人的真实意思表示，如果通过限制人身自由的绑架、损害人身健康的伤害、违反个人意志的胁迫等方法获得的录音，当属无效。同时，应当对录音聊天的气氛、语气、逻辑性、连贯性等进行判断。

录音作为证据的一种，在没有其他证据证明主张的事实时，事前不要惊动对方，对拟录音的事实进行梳理，挑选核心关键信息，将准备好的话术对关键信息予以固定。需要注意的是，关键信息不需要在一句话两句话中固定，只要整个录音能够呈现即可。

（三）鉴定程序的启动

1. 鉴定申请启动的形式要件

启动鉴定程序本质上是以法官查明事实的需要为前提，应当防止鉴定程序启动的任意性，予以形式上和关联上的审查。首先，申请人申请启动鉴定事项与案件中需要重点予以查明的案件事实是否具有形式上的关联性，即鉴定结果可以协助法庭查明事实；其次，申请鉴定的事项是否能够通过技术方法或者专门技术才能对相应的专门性事项予以确认，能否通过双方的举证、质证关于证据证明事实的细节予以查明，防止通过启动鉴定程序达到拖延诉讼时间等不当的目的；最后，启动鉴定程序应当具有鉴定所需的基础资料和鉴定材料，且取得各方的积极配合。

2. 鉴定程序的启动主体

案件审理过程中，因查明案件案情的需要，当事人可以申请进行鉴定；法庭认为应当进行鉴定的，也可以依职权进行鉴定。根据最高人民法院《关于民事诉讼证据的若干规定》第三十条的规定，"人民法院在审理案件过程中认为待证事实需要通过鉴定意见证明的，应当向当事人释明，并指定提出鉴定申请的期间。《最高人民法院关于适用〈中华人民共和国民事诉讼法〉的解释》第九十六条第一款规定情形的，人民法院应当依职权委托鉴定"。因此，鉴定程序的启动可以依申请和职权两种，而不是一般意义的当事人申请。

3. 专家意见的证据属性认定

专家意见的提出依附于原告或被告向人民法院进行申请，而不能够自行作为独立于原被告的第三方出席法庭活动。《中华人民共和国民事诉讼法》第七十九条规定，"当事人可以申请人民法院通知有专门知识的人出庭，就鉴定人作出的鉴定意见或者专业问题提出意见"。专家出席法庭的目的是辅助申请专家出庭的一方更好更充分地证明自己的诉讼主张和相关事实以及证据的可靠性，并且根据最高人民法院《关于适用〈中华人民共和国民事诉讼法〉的解释》第一百二十三条第二款的规定，"具有专门知识的人不得参与专业问题之外的法庭审理活动"。最高人民法院《关于民事诉讼证据的若干规定》第八十四条同样规定："审判人员可以对有专门知识的人进行询问。经法庭准许，当事人可以对有专门知识的人进行询问，当事人各自申请的有专门知识的人可以就案件中的有关问题进行对质。有专门知识的人不得参与对鉴定意见质证或者就专业问题发表意见之外的法庭审理活动。"可见，专家在法庭上仅是辅助人的角色，仅限于原被告双方及法庭需要了解的专门性问题。专门性问题之外的庭审活动，专家辅助人是无权参与的。因此专家意见具有证据和当事人陈述的双重属性。

六、强制性规范的分类适用

公司在生产经营过程中订立合同,是否需要对交易向对方进行初步的审查,答案是当然的。哪怕经常合作的交易相对方也要定期核查,最大限度排查风险,防止已经签订的合同违反法律法规的强制性规范而无效。《中华人民共和国民法典》第一百五十三条第一款规定:"违反法律、行政法规的强制性规定的民事法律行为无效。但是,该强制性规定不导致该民事法律行为无效的除外。"显然,该条将民事法律行为效力认定区分为效力性强制性规范和管理性强制性规范。二者的区分方法界定标准为以下两条。

(一)效力性强制性规范和管理性强制性规范的区分

效力性强制性规范旨在对某些行为的禁止,只要是法律规定的无效情形均是予以禁止的。该禁止规定是为了防止国家利益、社会利益、其他第三人利益受损,即立法目的在于这些领域属于禁区,不准踏足。而管理性强制性规范旨在以立法的形式进行行政管理,做到依法行政,具有执法依据。立法本身并不涉及民事主体之间的利益交易,二者最大的区别在于行政管理执法权与民事权利及其行为禁区,管理性强制性规范不排除对合同效力的认定。

(二)效力性强制性规范与管理性强制性规范的界定

1. 禁止行为结果不同

强制性规范所禁止的对象是做事的行为结果手段或者行为结果方式,而管理性强制性规范禁止的是实施行为过程的手段或方法,如街头摊贩的营业期间、经营地点等,而允许在规定的营业期间、经营地点实施该行为。此时,法律规定的本意是规范相关人员的行为举止,而不是禁止行为效果的产生,该类规范即为管理性规范。因此,违反法律规定的管理性规范,并不必然导致行为结果的无效。

2. 保护利益的主体不同

法律规定的强制性规范的目的是保护国家利益还是保护民事主体利益，即保护行为结果利益的不同，也是二者区别的重要方面。如果强制性规范的禁止目的是彻底制止此类民事行为实施，则属于效力性规范。如果强制性规范的禁止目的是制止实现民事利益的方式，而不是禁止民事利益的实现，且只是损害实施民事行为一方的附属利益，则属于管理性规范。

3. 受约束的主体不同

效力性规范保护的是国家利益、社会利益、每个自然人的利益，具有普遍的适用性，强制性不分时间、地点、范围，具有法律强制力。而管理性强制规范保护的是单方利益，对没有在一定时间、地点、范围、行业内实施该行为的任何自然人不产生法律强制效力，对于没有在前述条件下实施相关行为的自然人只是纪律性条款，仅起到警示性的作用。因此，效力性规范和管理性规范针对的主体是不同的。

因此，公司在对内管理和对外交易或合作的过程中，应当审查所从事的行业及行为是否违反效力性规范，以降低或避免公司运营产生的风险或损失，最大限度地防范合同风险。

参考文献

[1]W.钱·金,勒妮·莫博涅.蓝海战略[M].波士顿:哈佛商学院出版社,2005.

[2]罗伯特·卡普兰,大卫·诺顿.战略中心型组织[M].波士顿:哈佛商学院出版社,2000.

[3]迈克尔·波特.竞争战略[M].陈丽芳,译.北京:中信出版社,2014.

[4]加里·哈默,C. K. 普拉哈拉德.竞争大未来[M].李明,罗伟,译.北京:机械工业出版社,2020.

[5]亚德里安·斯莱沃斯基,大卫·莫里森,鲍勃·安德尔曼.发现利润区[M].吴春雷,译.北京:中信出版集团,2018.

[6]亚德里安·斯莱沃斯基,大卫·莫里森,特德·莫泽,等.发现利润区2:利润模式[M].张星,等,译.北京:中信出版集团,2018.

[7]艾·里斯,杰克·特劳特.定位[M].邓德隆,火华强,译.北京:机械工业出版社,2018.

[8]大卫·B. 尤费,迈克尔·A. 库苏马罗.战略思维[M].王海若,译.北京:中信出版集团,2018.

[9]王成.战略罗盘[M].北京:中信出版集团,2019.

[10]王昶.战略推演:获得竞争优势的思维与方法[M].北京:机械工业出版社,2019.

[11]山梨广一.麦肯锡简明战略:战略构筑的6个基本步骤[M].赵海涛,译.广州:广东人民出版社,2018.

[12]朱恒源,杨斌,等.战略节奏[M].北京:机械工业出版社,2018.

[13]拉里·博西迪,拉姆·查兰,查尔斯·伯克.执行:如何完成任务的学问
[M].刘祥亚,等,译.北京:机械工业出版社,2019.

[14]路江涌.共演战略:重新定义企业生命周期[M].北京:机械工业出版社,
2018.

[15]宋金波,韩福东.阿里铁军:阿里巴巴销售铁军的进化、裂变与复制[M].
北京:中信出版集团,2017.

[16]林文德,马赛斯,亚瑟·克莱纳.让战略落地:如何跨越战略与实施间的
鸿沟[M].普华永道思略特管理咨询公司,译.北京:机械工业出版社,
2017.

[17]三谷宏治.商业模式全史[M].马云雷,杜君林,译.南京:江苏凤凰文艺
出版社,2016.

[18]迈克尔·波特,吉姆·柯林斯,W. 钱·金,等.重塑战略[M].陈熙媛,陈志
敏,等,译.北京:中信出版集团,2016.

[19]马浩.战略管理:商业模式创新[M].北京:北京大学出版社,2019.

[20]帕蒂·麦考德.奈飞文化手册[M].范珂,译.杭州:浙江教育出版社,
2018.

[21]吉姆·柯林斯.飞轮效应[M].北京:中信出版集团,2020.

[22]黄卫伟.以奋斗者为本:华为公司人力资源管理纲要[M].北京:中信出
版集团,2014.

[23]殷雪松,黄申,袁显朋.混合模式向选择模式的转变——我国上市公司
治理的制度创新[J].中国注册会计师,2018(4):39-43.

[24]曾斌.上市公司治理准则最新修订:重点与趋势[J].清华金融评论,
2018(11):81-84.

[25]彭浪.我国上市公司内部治理结构的缺陷及对会计信息质量的影响[J].
财政监督,2011(32):36-37.

[26]秦廷奎.混合所有制改革背景下国有企业内部治理机制对社会责任绩
效影响的研究[D].杭州:浙江工商大学,2019.

[27]靖菁.从瑞幸咖啡事件谈上市公司治理的重要性[J].商场现代化,2020(7):110-111.

[28]陆瑶,彭章,冯佳琪.融资融券对上市公司治理影响的研究[J].管理科学学报,2018,21(11):92-111.

[29]王强.公司治理结构、外部治理环境与审计定价[D].南京:南京理工大学,2018.

[30]鲁桐,仲继银,吴国鼎,等.中国中小板、创业板上市公司治理研究(2016)[J].学术研究,2017(2):95-99,131,178.

[31]王文兵,张春强,干胜道.新时代上市公司治理:中国情境与国际接轨——兼评《上市公司治理准则》(修订版)[J].经济体制改革,2019(2):114-120.

[32]王虎刚.我国监事会制度运行中的问题及对策研究[J].改革与战略,2015,31(9):15-18.

[33]刘俊海.论控制股东和实控人滥用公司控制权时对弱势股东的赔偿责任[J].法学论坛,2022,37(2):81-97.

[34]许梅英,韩克勇.论控股股东公司控制权的约束[J].江汉论坛,2005(9):30-32.

[35]丁巍,王彦明.公司控股股东滥用控制权的法律规制[J].人民论坛,2017(25):100-101.

[36]侯霁桐.基于层次分析法的中国上市公司内部控制信息披露质量评价研究[D].沈阳:沈阳农业大学,2020.

[37]宋建波,谢梦园,荆家琪.数字经济时代提升企业内部控制信息披露质量探究[J].财会月刊,2021(11):69-74.

[38]王佳,乔少辉.上市公司差异化信息披露逻辑思路与制度展望[J].中国管理信息化,2021,24(1):41-43.

[39]封文丽,温霞.全面推进注册制与上市公司质量提升[J].财会通讯,2021(24):8-12.

[40]陈洁.科创板注册制的实施机制与风险防范[J].法学,2019(1):

148-161.

[41]张蓓.创业板注册制解读与思考[J].财会通讯,2021(2):19-23,100.

[42]王运陈,邱雨荷,贺康.创业板注册制为资本市场赋能[J].中国金融,
2020(14):51-52.

[43]张奥平.创业板注册制改革下的新方向[J].中国金融,2020(14):
47-48.

[44]陈峥嵘.落实并购重组注册制改革 优化科创板并购重组制度[J].国有
资产管理,2019(11):34-36.

[45]徐帆.科创板强制退市制度反思与完善路径[J].浙江金融,2019(11):
33-40.

[46]封文丽,薛银雪.注册制下科创板退市制度优化研究[J].华北金融,
2020(1):73-79.

[47]葛其明,徐冬根.多层次资本市场建设下的差异化信息披露制度——兼
论科创板信息披露的规制[J].青海社会科学,2019(3):132-141.

[48]富兰克·H.奈特.风险、不确定性和利润[M].北京:中国人民大学出版
社,2005:17-38.

[49]PLATT H. D, Platt M. B. Who Are Those Guys: Answers
From A Survey of The Turnaround Profession[J].Journal of
Restructuring Finance,2004(1):225-241.

[50]刘贤仕,黎明辉.企业财务风险的防范与控制[J].中国乡镇企业会计,
2007(9):69-70.

[51]张文慧.企业集团财务风险原因分析及管理对策[J].现代商业,2020
(35):190-192.

[52]张林玉.如何加强企业财务风险控制[J].中国外资,2019(14):
124-125.

[53]李波.上市公司财务风险控制存在的问题及完善对策[J].财务与会计,
2021(22):64-65.

[54]罗欣.企业财务风险的衡量[J].生产力研究,2011(4):198-199,211.

[55]刘波波,高明华.投资者关系管理对企业并购行为的影响研究[J].经济管理,2021,43(10):154-172.

[56]刘炳茹,吴君民.企业跨国并购财务风险管理与控制[J].财会通讯,2016(20):101-103.

[57]马昀.中国企业跨国并购中的风险控制问题[J].新金融,2008(10):55-59.

[58]陈岩.HT公司并购风险管理研究[D].天津:南开大学,2020.

[59]向涛.浅谈企业并购风险[J].财会月刊,2020(S1):85-87.

[60]谭光荣,黄保聪.税务风险、税收规避与企业资本结构调整[J].财经理论与实践,2021,42(2):82-89.

[61]文武康,王玉涛.内部控制、税收征管与企业税务风险[J].当代财经,2021(8):41-52.

[62]辛旭,刘春慧.审计风险分类及相互关系研究[J].经济问题,2002(3):24-26.

[63]孙莹.注册会计师审计风险的防范与控制[J].财务与会计,2019(11):69-70.

[64]曹林波.企业审计风险产生的原因及控制对策[J].中国国际财经(中英文),2017(10):108-109.

[65]王玉梅,姚晓蓉,马宇杰.我国科创板试点注册制IPO审计风险研究[J].财务与会计,2020(1):43-46,50.

[66]宋海珍.H公司经营法律风险管理研究[D].青岛:中国石油大学,2013.

[67]马刚.企业法律风险防范机制的构建[J].企业管理,2012(6):86-87.

[68]高洁.企业法律风险管控体系的构建路径探索[J].法制博览,2021(27):164-165.

[69]李青.上市公司法律风险对审计收费、审计意见的影响研究[D].天津:天津财经大学,2016.

[70]黄雷,郦雨忆.浅析"法律风险环境"的内涵(下)[J].中国集体经济,2013(32):61-63.

[71]国资委宣传工作局.加强法律风险防范 保障和促进中国国有企业改革与发展[EB/OL].(2005-03-21).http://www.sasac.gov.cn/rdzt/zt0037/200503210155.htm.

[72]邓江凌.企业法律风险及其防范[J].理论学刊,2010(7):99-101.

[73]常玉霞.论企业法律风险及防范[J].生产力研究,2009(24):3.

[74]方卫星.上市银行信息披露风险管控问题研究[J].新金融,2017(11):28-32.

[75]刘芳.上市公司表外信息披露的问题及启示——以博元投资有限公司为例[J].财会通讯,2018(34):28-32.

[76]李纪中.上市公司财务信息披露风险防范分析[J].时代金融,2017(3):128,140.

[77]徐利治.数学辞海(第四卷)[M].太原:山西教育出版社,2002.

[78]傅强,李永涛.Logistic模型在上市公司信用风险评价中的应用[J].重庆建筑大学学报,2005(5):116-119,125.

[79]李鹏梅.公司债券信用风险的溢出效应研究[D].成都:四川大学,2021.

[80]张志军,陈诣辉,陈秉正.债券市场的信用风险防范[J].中国金融,2016(19):61-63.

[81]田晓丽,任爱华,刘洁.信用风险防范视角下的数字金融探析[J].征信,2021,39(3):65-72.

[82]袁海霞.新发展格局下的信用风险防范[J].中国金融,2021(3):60-61.

[83]高达,王鹏.股票发行注册制改革背景下保荐人制度重构[J].学术探索,2016(12):98-102.

[84]江榕.注册制背景下保荐人法律责任承担问题研究[D].石家庄:河北大学,2021.

[85]曾毅,王晓丽.保荐人制度与证券市场诚信传导机制探析[J].金融与经济,2014(5):75-77.

[86]郭雳.中国证券律师:探索与梦想[J].中国律师,2013(5):3.

[87]NONE.司法部关于修改《律师事务所管理办法》的决定[J].中华人民

共和国国务院公报,2019(16):13.

[88]武国辉,夏庆利.中小会计师事务所审计质量管理存在的问题及完善建议[J].财务与会计,2021(21):75.

[89]孙杰.提升会计师事务所质量管理能力的思考[J].中国注册会计师,2021(6):17-18.

[90]白玺艳.ST公司异常扭亏、商誉减值与审计风险——基于盈余管理视角[J].财会通讯,2021(13):48-53.

[91]易德鹤.注册会计师行业发展存在的问题与应对[J].中国注册会计师,2020(6):34-36.

[92]文杰.会计师事务所职业责任保险法律制度的完善探讨[J].中国注册会计师,2022(2):97-101.

[93]张新民.从报表看企业——数字背后的秘密(第4版)[M].北京:中国人民大学出版社,2021.

[94]王曙光,董洁.康美药业财务舞弊案例分析——基于审计失败的视角[J].财会通讯,2020(23):116-120.

[95]叶凡,叶钦华,黄世忠.存货舞弊的识别与应对——基于康美药业的案例分析[J].财务与会计,2021(13):48-52.

[96]薛颖.康美药业财务舞弊案例分析[D].北京:中国财政科学研究院,2021.

[97]袁小平,刘光军,彭韶兵.会计差错与会计造假辨析——以康美药业为例[J].财会通讯,2020(11):138-142.

[98]宋建波,朱沛青,荆家琪.审判仍在路上:新《证券法》下康美药业财务造假的法律责任[J].财会月刊,2020(13):134-139.

[99]李建斌.公司治理失效对业绩预告"变脸"的影响[J].财会月刊,2019(S1):97-99.

[100]苗爱红.基于舞弊风险因子理论的上市公司财务舞弊治理研究——以尔康制药为例[J].财会通讯,2020(20):100-103.

[101]华生.万科模式:控制权之争与公司治理[M].北京:东方出版社,2017.

[102]郑志刚.驾驭独角兽[M].北京:中国人民大学出版社,2021.

[103]于培友,邵昂珠,李青格.优刻得双重股权结构对公司治理的影响[J].
财务与会计,2020(24):30-34.

[104]傅穹,卫恒志.表决权差异安排与科创板治理[J].现代法学,2019,41
(6):91-103.

[105]何瑛,舒文琼."天子"与"庶民"的狂欢——中兴通讯股权激励案评析
[J].财务与会计,2015(13):34-37.

[106]赵团结,李培辉,李少武.中兴通讯股权激励方案及其实施效果评价
[J].财会通讯,2011(26):121-122.

[107]钟敏.我国信息技术业股权激励与投资行为研究[D].成都:西南财经
大学,2014.

[108]马才华,何云佳.员工持股计划研究——基于华为与中兴通讯股权激
励模式的比较[J].财会通讯,2016(26):88-90,129.

[109]张玮.股权激励与企业成长性的关系研究[D].北京:北京交通大学,
2017.

[110]陈彤.股权激励实施效果影响因素研究[D].厦门:厦门大学,2018.

[111]马俊鹏.中兴通讯股权激励对财务绩效的影响研究[D].石家庄:河北
大学,2020.

[112]王汇迪.上市公司债券违约案例分析[D].成都:西南财经大学,2019.

[113]郭国卿.永泰能源债券违约案例分析[D].南昌:江西财经大学,2020.

[114]白继飞.永泰能源债券违约原因及经济后果研究[D].上海:华东交通
大学,2020.

[115]孟佳仪,孙金燕.国有企业混合所有制改革的若干思考——以格力电
器为例[J].科技创新与生产力,2020(8):10-12,15.

[116]沈红波,宗赟,杨慧辉.国企混改如何从管企业过渡到管资本——基于
格力电器的案例研究[J].中国管理会计,2021(1):89-101.

[117]朱文莉,白俊雅."乐视生态"视域下的乐视网财务风险问题研究[J].会
计之友,2017(23):62-66.

[118]王建新,曹智铭.乐视财务造假事件对我国会计监管的启示[J].中国注册会计师,2021(9):103–105.

[119]李涛,王健俊.基于"舞弊双三角"理论的关联方交易舞弊审计研究——以乐视网为例[J].财会月刊,2018(17):92–100.

[120]张继德,郭旭东.基于资金链视角的乐视网财务风险管理[J].会计之友,2020(4):129–133.

[121]刘建国.浅议关联方交易对审计风险的影响——以乐视网为例[J].中国注册会计师,2018(11):118–120.

[122]周定坤.恒大集团多元化经营下财务风险识别与控制[D].桂林:桂林理工大学,2019.

[123]刘艳丰.恒大集团多元化发展财务风险研究[D].长春:吉林大学,2019.

[124]朱淑平,戴军.从多元化看房地产企业财务风险——以恒大为例[J].中国经贸导刊(中),2021(9):94–96.

[125]许悦.恒大集团多元化战略下的财务风险管理研究[D].上海:华东交通大学,2020.

[126]伦淑娟.多元化战略下企业财务风险与控制——以恒大地产为例[J].财会通讯,2018(32):118–121.